西南大学教育学部
现代教育文库

学业负担问题解决：
模型建构与治理机制

罗生全 著

人民出版社

图书在版编目（CIP）数据

学业负担问题解决：模型建构与治理机制 / 罗生全 著. — 北京：人民出版社，2017

ISBN 978-7-01-017961-2

Ⅰ.①学… Ⅱ.①罗… Ⅲ.①学生作业—研究 Ⅳ.①G424.6

中国版本图书馆CIP数据核字(2017)第180797号

学业负担问题解决：模型建构与治理机制
XUEYE FUDAN WENTI JIEJUE:MOXING JIANGOU YU ZHILI JIZHI
著　　者：罗生全
责任编辑：阮宏波　韩　悦
出版发行：人　民　出　版　社
地　　址：北京市东城区隆福寺街99号
邮政编码：100706
印　　刷：廊坊市海涛印刷有限公司
版　　次：2018年1月　第1版
印　　次：2018年1月　河北第1次印刷
开　　本：710毫米×1000毫米　1/16
印　　张：23.25
字　　数：300千字
书　　号：ISBN 978-7-01-017961-2
定　　价：68.00元
销售中心：(010) 65250042 65289539

目　　录

前　言

　　中小学生学业负担过重问题一直是一个被广泛关注的话题，老生常谈却又常谈常新。过重的学业负担损害了青少年的身心健康，直接影响了教育质量的提高。作为理论与实践的"顽疾"以及素质教育和创新教育不断推进的"绊脚石"，学业负担问题贯穿于教育发展和政策决策的全过程，是新课程改革深入推进必须面对和解决的核心问题，也是教育改革和发展过程中待以攻克的坚固堡垒，我们迫切需要厘清学业负担的历史发展脉络，建构起学业负担的生成模型，才能制定出学业负担的监测和预警机制，及时避免因过重学业负担而产生的可能性危害。

　　目前，对学业负担的研究越来越理性化、立体化，对于学业负担的认识可畏仁者见仁，智者见智，研究范畴从概念厘定到因素分析再到现状把脉以及解决策略，这不仅体现了学业负担问题对于研究者的重要性，也说明了学业负担问题本身的"难缠"和"顽固"。鉴于此，任何学业负担问题的解决不能以简单的数据表征和线性的逻辑过程作为理论途径和政策依据，我们应该寻找减负的另一种思维——从系统论的视野和方法全面审视学业负担的根本要素以及以此形成的复杂理路：学业负担是多重因素共同作用的结果，是学生承担学习任务因其深度、难度和广度等引发的身体和心理的消耗，体现了外部任务和压力与学生个体的复杂交互，个体学习和教师教学是其基本关系，外部文化环境综合作用于个体学习和教师教学。学业负担的产生与学生的个体心理特征、教育过程中的外在因素以及社会环境的影响不无关系，本书在先前学者已有认识和理性思考的基础上，尝试建构起学业负担生成的心理模型和教育模型，由此提出学业负担治理的社会机制、监测机制和预警机制，以这样的旨趣来研究学业负担问题，希望将人们的减负思路引向另一种不曾涉及的境界，也期望能为切实减轻中小学生过重学业负担提供一点绵薄之力。

全书总共四个部分、九个章节，遵循"学业负担是什么——学业负担是如何形成的——学业负担现状怎么样——学业负担问题应该如何解决"这个逻辑思路展开。第一部分由绪论和第一章组成，绪论部分探寻了学业负担问题的起源，梳理了已有相关文献和本书的思路与方法，第一章主要探讨学业负担政策的历史发展，通过对学业负担政策的定量分析、内容分析和价值分析，为学业负担政策制定提供科学的方法和技术支持，从而使后续的政策制定和完善达到"善治"学业负担问题的目的。第二部分包含第二、三、四章，主要探讨学业负担的生成机理，勾勒出学业负担形成的心理模型、教育模型和层次模型。其中，第二章从心理学层面入手，分别从认知、情绪和期望三个方面揭示学业负担的内涵和影响因素，建构起学业负担形成的心理模型。第三章立足于教育学领域，着眼于学校效能、教学效能和学习效能对学业负担的影响，建构起学业负担形成的教育模型。第四章立足学业负担的地区差异和个体差异，描绘学业负担表现出来的区域模型、类型模型和层次模型。第三部分包括第五、六章，主要论述了学生学业负担目前的现实状态，第五章从学业负担的理论结构、多维特点、多重转换三个方面描绘了学业负担的现实图景；第六章主要从教师的视域描绘了学生学业负担的情况，包括教师认知学业负担的逻辑理路、现实表现和方向选择。第四部分包括第七、八、九章，主要探讨学业负担治理机制。其中，第七章探寻学业负担形成的社会机理，厘清学业负担解决的社会阻抗，寻找学业负担问题的社会出路。第八章制定出学业负担治理的监测机制，具体分析了学业负担监测机制的内涵、特点、监测的主体以及监测的指标体系。第九章制定学业负担治理的预警机制，构建预警系统，制定预警流程，切实保证预警机制的顺利运行。

本书凝聚了"新课程背景下的学业负担问题研究"课题组成员三年来的集体研究成果，课题组成员对学业负担的性质、水平、特点以及历史发展、形成原因、解决策略等问题进行了深入的思考与分析，这些思考与分析有利于人们更加理性地认识学业负担问题，从心理学、教育学等多维角度认识过重学业负担问题形成的原因，并且通过对全国不同地区不同学校及不同学生的学业负担的现状的实地调查与研究，制定出学业负担治理的社会机制、监测机制和预警机制，有助于切实解决中小学生学业负担过重的问题，促进学生身心和谐健康发展。

在本书的编写过程中，我们参考了大量的有关学业负担的著述，引用了同行们的许多研究成果，我们已经尽可能地标注出了文献出处。在此，我们对所有的作者表示衷心的感谢。

由于时间仓促，本书编写难免存在各种不如人意的地方，真诚欢迎各位读者提出宝贵意见和建议，以使本书在今后能够得以修改完善。

绪　论

一、问题起源

学业负担是学生之痛，也是教育之弊，更是民族之殇。学生负担之重也是全社会有目共睹的事实：学生的书包已由双肩包升级为"行李箱"，教辅资料多达十几本，十一点睡觉已是奢谈，作业之多、难度之大让家长也望而却步；"只要学不死，就往死里学"，"生时何必久睡，死后自会长眠"的标语让人胆战心惊；"何时青少年，真正有童年"的诘难也让我们无地自容……过重的学业负担会扼杀学生的学习兴趣和创造力、损害学生身心健康、制约教育本体功能和社会功能的有效发挥，更不利于整体教育质量的提升。

（一）觉醒于减负政策收效甚微的畴昔梦魇

学业负担问题是中国社会问题，也是中国教育的顽疾，作为学业负担问题解决的重要基础和思想导向，学业负担政策的法理效力和实践权力发挥着十分重要的价值，减负政策在深层次上表现为教育观念选择的价值问题，是政策制定者对当下社会问题和教育现实问题的根本认识，然而，从历史来看，相关部门虽然开出了多元策略的良方，但都没有取得实际性的效果，总体来看，2000 年 1 月 3 日，教育部发出教基 [2000] 1 号文《关于在小学减轻学生过重负担的紧急通知》；1 月 7 日，教育部在京召开新千年第一个会议——"减轻中小学生过重负担工作电视会议"，布置新千年头件事：切实减轻学生过重负担，全面推进素质教育。全国掀起减轻学生学业负担的热潮，力求不把学业负担问题带到新的千年。然而，新千年这场减负"围歼战"不敢说是以失败告终，却是在收效甚微中"烟消云散"。2000年2月，教育部发布紧急通知，要求"切实把小学生过重课业负担减下来"；2009年4月22日，教育部颁布《关于当前加强中小学管理规范办学行为的指导意见》，再一次要求减轻学生过重的课业负担；2010年，国务院印发了《国家中长期教育改革和发展规划纲要（2010－2020年）》，首次将"建立中小学生课业负担监测制度"写入教育规划纲要中；2013年，教育部制定下发《小学生减负十条规定》，从入学、考试、作业、补课、教学等多方位对教育活动提出要求。不留作业、"零起点"教学、规范考试、等级评价、严禁补课等，号称"史上最严"，却被讽刺为"一纸空文"，引发较大的争议：家长担心孩子跟不上、老师担心"换汤不换药"、校长担心砸了学校招牌、专家担心徒劳无功、学生担心负担越减越重，"良苦用心"的减负政策却遭遇多方诟病，减负再一次陷入"行路难"的困境。胡锦涛总书记史无前例地在中共"十七大"政治报告中提出，"要减轻中小学生过重的学业负担，全面实施素质教育。"

2013年3月教育部出组合拳为学生减负，在义务教育阶段学校开展"减负万里行"活动，并下发了《关于开展义务教育阶段学校"减负万里行"活动的通知》，要求各省级教育行政部门从省、地（市）、县（区）、学校等不同层面，组织开展规范义务教育学校办学行为自查工作，并将自查报告报给教育部。在各地自查的基础上，教育部将通过教育督导、明察暗访、记者调查等方式，对部分省份进行抽查，并向社会公布抽查结果。教育部基教一司司长王定华表示，提出"减负万里行"这个响亮的口号是为了引起大家的重视，并且集中一段时间推进这项工作。这是对这些年减负工作的延续和强化，也意味着减负工作任重道远，不可能一蹴而就。[①] 此次义务教育学校规范办学行为专项督查项

① 人民网：《教育部出组合拳为学生减负"减负万里行"将席卷全国》，http://edu. people. com. cn/n/2013/0327/c1053－20928538. html，2013年03月27日。

目，规范了义务教育阶段各学校的招生入学和分班、考试科目与次数、学生作息时间和作业量安排、教育教学活动和教育评价，取得了积极的成效。在此基础上，教育部决定自 2014 年 4 月起在全国范围内启动义务教育阶段学校"减负万里行·第 2 季"活动，全面深化综合改革，从源头上减轻学生过重的课业负担，加大治理力度，坚决纠正不规范的办学行为，开展巡视督查，确保减负工作落到实处，加重学生学业负担将进行追责。在教育部大刀阔斧的减负动作下，本书探讨学业负担的多维向度及其治理机制，力求为学生减负略尽绵薄之力。

在教育部门下达"紧急减负令"10 年后的 2010 年，课业负担不仅没有减下来，相当数量的中小学生还付出了健康的代价。数据表明，10 年间，小学生近视率翻了一番，由 20% 达到 40%；初中生近视率高达 67%，增长近 20 个百分点。人民日报指出，过重的学业负担压弯了孩子的身躯、扭曲了孩子的精神，也导致了家长行为的"变态"。中国式减负就像古希腊神话中西西弗斯手上的巨石，每天被推上山，然后又滚下来，如此周而复始、恶性循环，过重的负担已酿成"全民焦虑"，成为当今中国的一个明显标志，弥漫于社会各个阶层、各类人群。当政策的减负目标像西西弗斯的巨石那样年年推进、又每每回到原点的时候，损害的已不仅仅是青少年的身心健康，更是中华民族的美好未来。① 因此，过重的负担不仅是学生之痛，更是教育教学之弊、家国民族之殇。

回顾国家教育行政部门三令五申的减负政策，不断加强对学生学业负担的督查力度，强调有令必行，有禁必止，发现存在任何加重学生学业负担的行为立即处分。其决心不可谓不坚定、涉及范围不可谓不广阔、力度不可谓不彻底，可时至今日，学生学业负担问题依然严重，国内减负形势依然严峻。学业负担已经滋长为中国教育的一块"毒瘤"，时而隐隐作痛，却又难以根治。冰冻三尺，非一日之寒。学生学业负担

---

① 杜飞进、温红彦、袁新文、赵婀娜：《学生负担过重已成民族之痛》，《人民日报》2013 - 08 - 02。

过重也并非一朝一夕形成的，治疗学业负担这块"毒瘤"也不能妄想一针见效，解决学生学业负担过重是一场持久战，不是攻坚战，涉及教育、心理、社会等多个层面，因此，不能妄想毕其功于一役。

（二）聚焦于学生素质每况愈下的现实困境

青少年是祖国的未来和希望，他们身上承载着社会主义事业建设的重任和"中国梦"顺利实现的保障，然而，如今青少年身心遭受过重学业负担的百般折磨，身心俱损，幼小的身躯已经不堪学业负担的重负，要怎么承担起更大的责任和义务？其一，过重的学业负担造成中小学生身体素质和健康状况每况愈下。学生每天早出晚归，真可谓是"披星戴月"，"两头黑"地赶生活，睡眠时间严重不足。据中国青少年研究中心2013年发布的《中国少年儿童十年发展状况研究报告》显示，近年来，我国中小学生睡眠时间持续减少，其中有八成学生睡眠不足。该报告指出，2010年，我国中小学生在学习日的平均睡眠时间为7小时37分，比2005年减少了1小时22分；在周末的平均睡眠时间为7小时49分，比2005年减少了1小时47分钟。[①]"三更灯火五更眠"是学生每天生活的真实写照。其二，学生每天被埋在题海之中，压在书山之下，导致视力越来越差。据了解，全国青少年近视比率已达60%，而高中生视力有问题的人数比率已高达80%。教育部公布的学生体质健康调研显示，全国7至12岁的小学生、13至15岁的初中生和16至18岁的高中生的视力不良率分别高达40.89%、67.33%、79.20%。这就意味着，在学生高中毕业后，只有很少一部分学生的视力合格。[②]其三，过重的学业负担会让学生产生烦躁、焦虑、情绪不稳定、思维障碍等心理问题，还会产生暴力、违纪、违法、攻击、残忍等行为症状。此外，还会导致学生性格扭曲、个性泯灭、创造力和创造精神的丧失，总之，过重的学业负担对学生身体的极度残害和心理的精神虐待，让相关

---

① 杜丁：《报告显示我国中小学生近八成睡眠不足》，《新京报》2011 - 12 - 12。

② 王东亮：《近八成高中生视力不良》，《北京日报》2012 - 06 - 18。

研究者出发"让学生今天睡好明天不跳楼"的振臂一呼，认为我国的教育开始呈现反教育性，不是在"培养人"，而是在"阻碍"人的成长，过重的学业负担严重影响了学生的个性发展、全面素质的提高和国民素质的养成，已然"沦为民族之痛"。[①] 长此以往，必将致使中国教育岌岌可危，寻找学业负担问题的解决之路势在必行。

（三）着眼于新课改背景下学业负担的发展态势

在当前实施素质教育的战略背景下，减负要以此为契机，全面贯彻党的教育方针，着眼于时代的要求和学生未来的发展，面向全体学生，以全面提高学生的基本素质为根本宗旨、以培养学生的学习能力、创新能力和实践能力为重点。素质教育是教育改革发展的战略主题，是贯彻党的教育方针的时代要求。推进素质教育，培养全面发展的优秀人才和杰出人才，关键要深化课程和教学改革，创新教学观念、教学内容、教学方法；要为学生创造充分的自由发展空间；要尊重教育教学规律和学生身心发展特点；要切实减轻学生学业负担和学习压力，规范和从严控制各种教辅材料和课后班、补习班，让学生有更多的时间去思考，去锻炼，去选择性地读课外书，去了解社会，去接触书本上没有的知识，促进学生身心健康、全面发展。在我国新课程改革之后，学业负担更是成为了学校、家长和社会关注的热点问题，也是教育政策部门的工作重点。我国新课程改革秉持"一切为了每一位学生的发展"的核心理念，关注每一位学生的发展，不仅是关注学生智力的提高，要更加关注学生的情绪生活和情感体验、道德生活和人格养成，要求从课程观到教学观再到学生观都要体现"以生为本"的原则。强调课程是一种体验、一种过程，教师和学生不再是外在于课程，而课程的有机组成部分，教师和学生通过对课程内容的不断学习和创新，将给定的课程转化为"自我的课程"；强调教学的师生交往、积极主动、共同发展的过程，更应该

[①] 黄首晶：《学生负担过重沦为民族之痛》，《中国教育学刊》2014年第1期，第14–18页。

关注过程体验、学生发展和个体差异，创设能引导学生主动参与的教育环境；强调学生是"完整的人"，谋求学生智力与人格的协调发展。学生不是被动的知识接受者，而是意义的主动构建者。教学要为学生创设理想的学习情境，增进学生之间的合作。而传统的课程观忽略了学生的完整性。一方面，把学习等同于"读书"，读教科书、"专家的书"，忽视了学生非智力因素的发展，如学生的兴趣、动机、需要、情感、意志和性格，从而导致学生"读死书，死读书，读书死"的恶性循环，造成学生的片面发展和学业负担。另一方面，机械单调的灌输教学方式，也割裂了个体知识学习和精神构建，不利于学生的协调发展。鉴于此，在全面推进素质教育和新课程改革"春风细雨"的润泽下，减轻学生学业负担这项工程定能"开花结果"。

学业负担的"畴昔梦魇""当下困境"及"未来势态"一直都是困扰中国教育乃至世界教育的顽症之一，因此，学生的学业负担过重问题一直都是中国教育界乃至全社会普遍关注的焦点问题。学生学业负担长期过重，说明了三个问题，第一，说明了学业负担问题本身的复杂和"难缠"。体现在学业负担性质、内涵、外延、产生缘由和关涉因素上；第二，说明了对学业负担的认识不到位，跳过了发现问题—理解问题—分析问题—解决问题的学理逻辑，在没有认清学业负担的本质和根源的前提下盲目"减负"，必然陷入事倍功半的尴尬局面；第三，说明了现有教育研究从根本上缺乏力量，指导教育实践作用力小，不能从根本上解决教育实践中的问题。教育部长袁贵仁曾指出："在基础教育领域，要引导学校更加遵循教育教学规律，更加尊重科学，推进素质教育，提高办学质量，形成办学特色和风格。题海战术、拼时间、拼体力以及加重学生课业负担的做法，不符合教育规律。"① 因此，过重的学业负担不仅损害学生身心健康，也违背了教育教学的基本规律。

---

① 袁贵仁：《题海战术加重课业负担，不符合教育规律》，中新社 2009 - 11 - 13。

二、文献导读

教育历史和现实的经验教训告诉我们，我们什么时候认清了学业负担的内涵和结构、本质和属性，什么时候认识到学业负担问题的根源，才会找到切实的解决学业负担问题的办法，才会走出"减负"越减越重的泥潭。

（一）学业负担概念辨析与结构离析

我们要对学生学业负担问题进行研究，确立解决学业负担的切实归因，首先要辨析学业负担的概念和内涵，确定学业负担内在结构以及评判学业负担轻重的合理标准。学界研究者对此可谓见仁见智。

首先，关于学业负担内涵的研究。有研究者将其称为"学习负担"，定义为人类个体以个体经验的方式，在对人类经验吸纳、加工以认识和适应生存环境的过程中，对认定的目标、承担的任务和责任所带来的压力的一种体验，以及为此而消耗的生命。认为体验是主观的，消耗（生理、心理、时间）则是客观的。学生成长需要合理的负担，减负的实质在于寻求合理的负担。[1] 无独有偶，有研究者指出，学习负担是学生为实现全面发展的目的而应承担的任务和责任。[2] 有研究者命名为"课业负担"，是指由于特定教学活动和任务而产生并在学生身体和心理上反映出来的一种状态，是在一系列复杂情境因素的影响下，由主客观因素互动的产物。[3] 也有研究者指出学业负担表达学生在学校的学习和发展过程中承担课业任务、学习职责、学业竞争压力、身心发展代

---

① 肖建彬：《学习负担：涵义、类型及合理性原理》，《教育研究》2001 年第 5 期，第 53 – 56 页。

② 王彦芳：《减轻学生过重负担的理性思考与实践研究》，《课程·教材·教法》2001 年第 8 期，第 24 – 27 页。

③ 董辉、杨兰：《课业负担的学校层面变量研究综述》，《全球教育展望》2012 年第 6 期，第 18 – 24 页。

价和生命成本的付出。①

明析"学业负担"这个概念是本课题和本书的立论基点，回顾以往学术界对学生负担的研究，有研究者将其命名为"学生负担"、"学习负担"、"课业负担"、"作业负担"等等。但"学生负担"的范畴囊括得过于宽泛，显得过于笼统，无法说明负担的主要来源，属于"学业负担"的上位概念；"作业负担"显然过于狭隘，将负担等同于作业的多少，忽视了学习过程中其他因素造成的负担，也是"学业负担"的下位概念；"学习负担"与"学业负担"最为贴近，但"学习"也有广义和狭义之分，因此"学习负担"就显得不够精确；而"课业负担"一般指学生所承受的表现课业任务和所需要的时间成本，未能涉及学生的情感、情绪体验和心理压力方面，所以对负担的范围概括不全，显得较为狭窄，可以归属于"学业负担"的下位概念；也有学者指出"课业负担"和"学业负担"在意义其实是不谋而合的，只是视角不同而已，从学生的视角看是"学业负担"，而从学校和教师层面看则是"课业负担"。② 但减轻学生负担的出发点和落脚点不都是学生吗？我们应该从学生的视角来看待学业负担问题，因此，"学业负担"显得更为恰当，本书都采用"学业负担"这一概念。我们认为，学业负担是学生作为学业主体对学业客体的主观感受和身心体验。这个概念的提出，让我们明确两点：第一，学业负担的主观与客观的统一体，学业负担是客观存在的，学生对学业负担的感受也是客观存在的；第二，它包含了生理负担和心理负担两个成份。

其次，关于学业负担的内在结构的研究。从理论上弄清学业负担的内在结构，不仅有助加深对学业负担内涵的认识，而且对深入理解学业

---

① 刘合荣：《学业负担问题理性的事实判断与缓解策略》，《教育研究与实验》2008 年第 5 期，第 7 - 12 页。

② 昌庆钟、郭宾元：《新课程背景下高中生课业负担的调查研究》，《当代教育论坛》2011 年第 10 期，第 74 - 76 页。

负担的本质特征以及优化负担以提高教育教学质量有重要的现实意义。根据不同的标准，有研究者把学生的学业负担分为外加负担与自寻负担、生理负担与心理（精神）负担、学科负担与活动负担、校内负担与校外负担几种类型。① 有研究者认为学业负担的基本结构应该包括课业负担、心理负担和经济负担三个相互联系、互为因果的方面，其核心是课业负担和心理负担。② 针对学界长期存在的关于学生生理负担与心理负担过重的争端，有研究者提出"第三种负担"的概念，这是由学习方式不当所导致的负担，"第三种负担"既区别于客观的认知量负荷，也不同于主观的心理负担，而是一种由学习主体与学习客体不相匹配的学习方式所引起的。比如，"探究性玩中学"与"识记性接受学"这两种方式，对儿童的适宜度是有区别的，从而构成不同的学习负担。③ 有学者在剖析学业负担结构时总结了五种轻重失衡的现象：学习负担重而生活负担轻，智育负担重、德育、体育、美育和劳动技术教育负担轻，动脑负担重而动手负担轻，左脑负担重而右脑负担轻（即抽象思维负担重，形象思维负担轻），记忆负担重而思维负担轻。由此，指出学生的负担过重是一种片面的负担过重。④ 有研究者运用心理学的压力理论对学生的学业负担进行了比较深入的探讨，他们认为，学生学习负担指的是与在校学生习活动有关的各种负担，其中既包括主体以外的客观环境因素构成的学习负担（外源型负担），也包括主体本身心理因素构成的学习负担（内源型负担）。学业负担的心理实质是在个体与环

---

① 肖建彬：《学习负担：涵义、类型及合理性原理》，《教育研究》2001 年第 5 期，第 53 – 56 页。
② 鲁林岳：《综合辩证论减负》，《教育研究》2007 年第 5 期，第 69 – 72 页。
③ 王健敏：《转换"减负"的思路》，《长兴教育》（网络版）2008 年第 11 期。
④ 邬志辉：《关于学生负担问题的深层次思考》，《课程·教材·教法》1998 年第 1 期，第 13 – 15 页。

境的交互作用过程中，对个体提出要求而产生的学习压力。①

最后，关于学业负担轻重的评判标准研究。学业负担本身是一个不带价值的中性词，没有褒义和贬义的倾向，有学习就必然有负担，可以说，负担是与学生的学习活动相伴而生、相携而行的，合理的负担不仅对学生没有伤害反而能够促进学生的学习。然而，过重的负担就会对学生的身心产生不利的影响，才是应该减去的。关键就是要掌握区分学业负担轻重的"度"的问题。那么，究竟什么是过重的学业负担呢？对此，以往研究者主要从两个思路展开：一是直接描述过重学业负担的特征，或是直接地给出过重学业负担的评判标准。例如有研究者明确地归纳出评判学生学业负担是否过重的三个标准：一是教学"超标"、二是课时"超时"、三是作业"超量"。② 有研究者从多不多、难不难、累不累三个问题的追问，通过实地调研，描述了中小学生学业负担的现状。③ 二是通过间接的方式阐述，例如有研究者通过对学业负担概念的解析来引证过重负担的原因，认为"减负"存在着概念不清的问题，表现为"叫法繁多"和减"负"还是减"重"不清，也有研究通过对学业负担本质的论述来说明过重负担的实质，如有的学者认为"课业负担，不仅在于负担过重，而且在于负担的质，即负担的性质与结构问题。④ 因此，我们应该把握学生学业负担的本质特征：记忆负担重，想象、思维等负担轻；学习"量"的负担重，"质"的负担轻（即学生所承受是只是"劳其筋骨"的负担，很少有真正的"劳其心智"的负

---

① 阴国恩、吕勇：《学习负担的压力理论与对策》，《天津教育》2004 年第 10 期，第 14 – 18 页。
② 郭振有：《"减负"的难为与可为》，《中国教育学刊》2009 年第 4 期，卷首语。
③ 秦玉友、赵忠平：《多不多？难不难？累不累？——中小学生课业负担调查研究》，《课程·教材·教法》2014 年第 4 期，第 42 – 49 页。
④ 鲁林岳：《关于"减负"的两点思考》，《光明日报》2006 年第 6 期。

担）；被动学习负担重，主动学习负担轻。① 必要的负担是学生成长和发展的推动力，而过重的负担会成为学生成长和发展的阻力。"减负"只是减掉那些妨碍学生身心健康和全面发展的过重负担，绝不意味着降低对学生基础知识的学习要求，更不意味着降低人才的标准，降低教育教学质量。减负是手段，不是目的；减负的目的是提高教育教学质量，全面推进素质教育。远离质量和效率来奢谈减负，就会造成手段和目的的错位。②

（二）学业负担实质剖析与状态解析

对于学业负担问题，我们往往只是就事论事，缺乏系统、全面、深入的分析，因此，认清学业负担的实质、对于学业负担实质的剖析以及本质的追问是学业负担问题研究的逻辑起点。这一部分的研究主要回答三个问题：学生学业负担处于一个什么样的水平？学业负担有什么样的状态？学业负担有什么样的特点？

首先，关于学业负担的水平问题。有研究者指出，课业的多少只是学生负担的表象，家庭、学校、社会等对学生各种特定身份的行为要求和期待，与学生实现身份（即角色扮演）的兴趣、能力与水平之间的矛盾冲突程度才是负担的实质。这种矛盾冲突程度的直接表现就是学生的心理负担程度。③ 笼统地说"中小学生学业负担过重"是一个不够准确、不够深刻、不够理性的教育事实判断。人们往往关注负担的量的方面，忽视负担的更重要的质的方面，或者说结构合理性方面。学业负担问题不只是数量上的"过重"问题，解决问题的出路也不只是一个

---

① 刘合荣：《学业负担问题理性的事实判断与缓解策略》，《教育研究与实验》2008 年第 5 期，第 7 - 12。

② 王彦芳：《减轻学生过重负担的理性思考与实践研究》，《课程·教材·教法》2001 年第 8 期，第 24 - 27。

③ 陆国娟：《中小学生负担结构优化研究》，苏州大学 2010 年，第 6 页。

"减"字，为了"减负"而"减负"的"减负运动"走入了误区。① 对中小学生学业负担问题应该有一种辩证、复杂的思维方式，即既要认识到学习负担有过重的一面，又要看到负担过重背后所隐匿的较轻乃至过轻的一面。重与轻是相对的，有重必有轻，有轻必有重。② 某研究者指出，判断学生负担适当与否的标准应有两条：一是"度"的标准，二是"面"的标准。"度"的标准是从纵向上划出了学生负担经线，"面"的标准则是从横向上划出了学生负担的纬线，从而构成了一个经纬交织的学生负担网络。科学的学生负担应该是在一定基准"纬度"上的"经面"所构成的环球带。③ 学生学业负担不是过重或过轻的问题，而是一个水平问题，在不同历史条件和教育背景下，针对不同的学习者的个体差异，学业负担是完全不同的。迄今为止，对学业负担的水平的把握，还无人能给予明确的界定，学生书包超过多少算负担过重？作业完成时间多长算负担过重？作业难度达到何种程度算负担过重？目前为止恐怕还无人能给出一个标准的度量衡。

其次，关于学业负担的状态问题。基于对以往文献的分析，我们发现，大多数研究都认识到学业负担是客观存在的，学生对学业负担的主观感受也是客观存在的，认识到学业负担是主观与客观的统一体。即消耗（生理、心理、时间）是客观的，体验是主观的。但也有研究者基于心理学的视角探讨学业负担的本质内涵和本体特征，认为学习的心理实质就是认知加工，而认知加工就要占用主体的认知资源，就会形成认知负荷，认知负荷就是学业负担。所以学业负担的内在本质是学生在学习过程进行认知加工所形成的认知负荷，学业负担过重实质上就是认知

---

① 刘合荣：《学业负担问题理性的事实判断与缓解策略》，《教育研究与实验》2008 年第 5 期，第 7 – 12 页。
② 扈中平、刘朝晖：《减负：不仅仅是"减"》，《教育研究与实验》2004 年第 3 期，第 45 – 48 页。
③ 邬志辉：《关于学生负担问题的深层次思考》，《课程·教材·教法》1998 年第 1 期，第 13 – 15 页。

负荷过重。① 侧重于学业负担的主观层面，而忽视了学业负担的客观层面，把学业负担等同于主观负担，存在一定的片面性。对此，有学者指出，从心理上讲，"负担"是一个主观概念，而"学业"则是客观概念，因此，"学业负担"这个概念本身就是主观和客观的混合体，减负应该区别到底是主观上的负担，还是客观上的负担。并且追问如果只把"减负"落脚到主观上，会不会出现只减"负"不减"重"的困境?② 从以往的研究看，研究者们大都聚焦于学业负担主客层面的分析，但很少有人意识到学生的学业负担也是静态与动态的结合体。学生的身心发展具有阶段性的差异，而学生对负担的承受能力在每个阶段也是不一样的，学生在低年级阶段学业负担过重，到了高年级阶段，学生可能因为身心的发展、能力的提高就不会觉得负担过重了，因此，学生的学业负担也是绝对与相对的统一，我们要用发展的眼光看待学业负担问题。

最后，关于学业负担的特点问题。通过对相关文献的梳理发现，不同研究者基于不同的视角对学业负担的特征进行了不同的论证和描述，认为学生学业负担主要有三种特点，即存在个体差异、时间差异和空间差异。在个体差异上，有研究者认为政府通过政策法规干预学生负担问题是基于均质性假设的出发点，即默认学生都有相同的负担和相同的负担承受力，掩盖了学生能力和需求的多样性，也忽视了人类的广泛差异性，往往适得其反。因此，基于差异性假设视角，即承认中小学生内在能力、家庭期望、个人抱负以及所在学校环境和氛围都有很大的不同，该学者认为学生的学业负担更多地属于私人领域问题，而不是公共领域问题。认为基于差异性假设及其行动逻辑，建立多元的英才制度才是破

① 赵俊峰：《解密学业负担学习过程中的认知负荷研究》，科学出版社 2011 年版，第 4 页。
② 山子：《过重课业负担的概念分析及问题求解》，《基础教育》2011 年第 5 期，第 27—33 页。

解中小学生减负瓶颈的根本途径。① 在时间差异上，有研究者认为学业负担的本质属性是时间分配在量的规定性与质的规定性上的统一。在量的规定性上，学生在学习事务上所全花费的时间量是反映学业负担数量特征的重要指标；在质的规定性上，学生在学习事务上时间分配的内容与结构决定了学业负担的质的特征。② 在空间差异上，有研究者通过综观人类生产劳动与教育从融合到分离再到紧密结合的发展过程，以及这个过程中教育和学习的发展情形，总结出了一种规律：学业负担在迄今的人的发展史中是从无到有、从轻到重、从不被认识到被重视的变化过程，是人不断地获得发展或发展地走向自由和全面的全过程的一个缩影和标志，同时，它也是一个永恒的现象，不会消失。并大胆憧憬，在未来自由、发达、和谐的社会形态中，学业负担必将像那个时代人所投入的一切劳动一样，作为一种高级形式的脑力劳动、作为一种学习的责任和义务，成为人的第一需要而促进人的更为全面、自由、和谐的发展。③ 有研究者指出，学生一方面承受着过重的学业负担，另一方面他们承担的各种负担又处于一种失衡的状态，具体表现在：学业负担在学校"五育"上的分布是不均衡的、在学校各学科的分布是不均衡的、学业负担在地区和学校的分布是不均衡的、学生对学业负担的承受阈限和能力是不均衡的。这两个方面的因素相互叠加，加重了学生学业负担的体验和感受。④

（三）学业负担归因综析与解决路径探析

过重的学业负担是一种反教育性和反人道主义的行为表现，而要彻

---

① 张灵：《也谈减轻学生课业负担：差异性假设视角》，《中国教育学刊》2012 年第 2 期，第 12 – 15 页。

② 马健生、吴佳妮：《为什么学生减负政策难以见成效?》，《北京师范大学学报》（社会科学版）2014 年第 2 期，第 5 – 14 页。

③ 刘合荣：《对学业负担问题的若干规律性认识》，《内蒙古师范大学学报》2007 年第 8 期，第 18 – 22 页。

④ 褚远辉：《从学生课业要素及负担的不均衡性看"减负"》，《现代教育管理》2009 年第 9 期，第 20 – 23 页。

底解决学生学业负担问题的实质就是要回答几个根本问题，即社会生活中有没有"人"存在问题、学校教育教学过程中有没有"学生"参与问题、家庭生活中孩子有没有"童年"的问题。梳理已有相关研究，发现相关研究主要集中在外部归因和内部归因两个层面，而外部归因明显多于内部归因。

从外部归因看，众多研究者将学生学业负担问题认定为教育问题，认为是教育教学过程的某一环节出了问题才导致了学生过重的学业负担。例如，有研究者从教育目的出发，认为教育目的的社会功利性越强，转嫁到学生身上的学业负担越重。综观世界教育目的的发展可以发现，凡是强调社会本位，重知识轻学生，或者当教育带有强烈的功利性时，往往学生的学习处于被动地位，相互之间的竞争加剧，学业负担较重。反之，当强调个人本位，重视学生发展的自身需要时，由于学生在学习中处于主动地位，学习围绕着满足学生的个体需要，因此学业负担相对较轻。① 有学者通过对教育史的回顾以及对学业负担产生过程的探讨，认为教育价值的异位是导致学生负担过重的根本原因，认为教育价值的偏颇导致了教育的功利化，教育的功利性越强，转移到学生身上的学业负担就越重。因此，只有超越教育的功利化，才能最终解决学业负担过重问题。② 有学者认为应试教育是学生学习负担过重的根本原因，机械学习是学生学习负担过重的直接原因，教师素质偏低是学生学习负担过重的现实原因。减轻学生学习负担、提高教学质量的主要出路在于实施素质教育，倡导有意义学习和提高教师素质。③ 中小学生学业负担过重从根本上说是"应试教育"结出的恶果，指出学生负担过重主要

① 顾志跃：《积极探索新世纪的教育模式》，《上海教育科研》1996 年第 4 期，第 1 – 4 页。
② 刘延金、刘建华：《学业负担从何而来》，《湖南第一师范学报》2004 年第 3 期，第 68 – 69 页。
③ 余文森：《学生学习负担过重的教育学分析》，《福建师范大学学报》1998 年第 2 期，第 104 – 109 页。

不是内涵性负担过重，即由于教育内容本身的难度超过了学生可能接受与理解的限度，而主要是外延性负担过重，即外界强加的负担，为追求更高的升学率、拿高分而人为地加班、加点、加压、延长学习时间、增加任务难度所造成的负担。其中教师和学校管理者教育思想偏差所导致的应试取向的、以"量"代"质"或重"量"不重"质"的教学及管理有极为重要的外延性负担，其实质是教师队伍素质不高、难以胜任教学任务却拒绝向科研型转变的后果。① 有研究者将减负失败归因于课程改革的出发点不正确，认为课程改革从未将减负作为自己的首要任务，课程改革与减负的目标各异、路径各异，是行走在两个不同方向上的车。提出要在课程改革中减轻学生的学业负担，就需要课程改革将减负作为目标，且在减负中实现课程改革目标。② 学生学业负担长期过重是一种具有反教育性的行为，反教育性行为的根本问题首先不是外在的客观制度问题，而是教育深层的理论问题。这一问题的理论根源在于我们长期把书本知识与知识等同了起来。因此，认为重构书本教育知识观是走出学生学业负担过重困境的重要前提。③

着眼于社会学视角，有研究者指出社会病理心态依托文化机制导致教育价值观失衡、社会行为假借利益机制致使教育政策失效以及社会评价通过传播机制造成教育评价失准是学业负担产生的社会生成机制，而教育万能论的社会认知、人力资本论的社会诉求以及教育价值观的社会偏向是学业负担产生的社会机理。④ 有学者认为社会生活方式由原来的

① 邬志辉：《关于学生负担问题的深层次思考》，《课程·教材·教法》1998 年第 1 期，第 13 – 15 页。
② 刘家访：《未来十年立足减负的课程改革》，《课程·教材·教法》2013 年第 5 期，第 33 – 37 页。
③ 黄首晶：《学生学业负担过重的理论缘由探析》，《教育探索》2011 年第 2 期，第 14 – 17 页。
④ 李红梅、罗生全：《学业负担的社会机制》，《教育发展研究》2014 年第 24 期，第 45 – 50 页。

"权利型"向"经济型"的转变导致教育功能作用的不同发挥,从而导致社会群体或个体竞相争夺教育资源,是引起学生学业负担过重问题的深层原因。① 在分析了学生的学习行为系统中的物理技术环境、学习的人际关系环境、学生作为学习主体的自我系统以及三者之间的相互作用过程之后,论者用紧张环模型分析了学习压力形成的过程及其影响因素,并且提出了教育改革政策建议和调控学习压力来源的六个方面的具体对策——改善学习的物理技术环境、学习的社会人际关系环境、学习的自我系统、学习的行为环境、学习任务、学生角色,以期通过调整压力源使其处于最佳状态,在一定程度上将学习压力调控在适当水平。② 中小学生学业负担过重是一个社会问题,其根源在于社会评价"教育质量"的标准过于狭窄,现行教育系统为数量庞大的青少年学生提供的取得"教育成功"的途径太少;改进教育体制及教育评价系统可以减轻中小学生过重的学业负担,要彻底解决这一问题则需要改善教育运行的社会环境,需要全社会的共同努力。③

此外,有研究者从教育体制、竞争环境和社会意识三方面因素进行归因,认为三方共同作用造就了过度的教育竞争,而竞争选拔则加重了学生的学业负担,异化了育人为本的教育功能。④ 从经济学的视角来看,探讨学业负担的时间分配本质与机制,认为学业负担本质上是学生对自己有限的时间与精力的理性分配,是一种教育投入的决策。中小学生学业负担问题不在于"过重"与否,而是由于时间分配不均衡、不

---

① 陶能祥:《学生学业负担过重问题的社会深层原因分析》,《邵阳学院学报》2004 年第 5 期,第 123 – 125 页。
② 阴国恩、吕勇:《学习负担的压力理论与对策》,《天津教育》2004 年第 10 期,第 14 – 18 页。
③ 沈玉顺:《中小学生学业负担过重问题的评价学分析》,《教育理论与实践》2000 年第 6 期,第 28 – 31 页。
④ 王博:《减轻学生学业负担的政策工具选择与体系设计》,《中国教育学刊》2014 年第 4 期,第 38 – 42 页。

合理以至于阻碍了学生的全面可持续发展。① 有学者从制度层面思考学生学业负担问题，认为这是涉及到机制、体制、产权制度和文化土壤的问题，它们是环环相扣，不可或缺。所谓学生过重学业负担的背后是机制问题，机制的背后是体制问题，体制的背后是产权制度问题，产权制度背后是文化土壤问题。解决学生过重学业负担不可能一蹴而就，必须综合整体地、关联性地来逐步推进。②

从内部归因看，学生可能因为自身的学习兴趣、学习能力、学习效率、学习习惯、学习动机和个人身心状态等原因产生过重的学业负担，换句话，学生的学业负担有可能是来源于自身，学生作为学业主体，应该对自己的学业负担负责。以往的研究一味地将学生过重的学业负担归咎于外部社会力量造成的压力，不能恰当地解释为什么学生承受着过重的负担而没有逃避这一基本的事实，忽视了内因才是问题的根本，外因只是可能性的条件，并且只有通过内因才产生实质性的作用。有研究者将学生层面的影响因素归结为学生的人口学因素（如年龄、性别和其他人口分类学特征）、智力因素（如学习能力）和非智力因素（例如，学业自我概念、心理承受力、对家长和教师期望的感知、家庭氛围与师生关系、学习自我效能感、学习兴趣、学习习惯和方法等）③ 基于人性的若干观察，立足人性中的自然属性、精神属性和社会属性的理解，有学者从人性角度审视学生对学业负担的承受，认为学业负担的基本事实背后掩藏着内在的人性根源，需要从人的自然属性、精神属性和社会属性中揭示出学生对学业负担的主观自觉自愿的内在需要、学习动力和负担承受力源泉。认为学生基于生存而苦学的"经济人理性"、为自我实现

① 马健生、吴佳妮：《为什么学生减负政策难以见成效？》，《北京师范大学学报》（社会科学版）2014 年第 2 期，第 5 – 14 页。
② 胡卫：《"减负"问题：一个制度层面的思考》，《教育发展研究》2005 年第 11 期，第 3 – 6 页。
③ 文剑冰：《课业负担的个体层面变量研究综述》，《全球教育展望》2012 年第 12 期，第 23 – 30 页。

而执著追求的人性精华以及学做"社会人"的社会责任使得学生主观上需要学业负担，认为多数学生是能够承受而且乐意承受学业负担的。也就是说，外部的某些非自觉自愿因素造成的学业竞争压力与学生自己的内在学业成就动机之间达成了某种平衡或是默契，学业负担是学生的内在需要。[①]

（四）学业负担的研究理路和空间转向

通过对已有文献的整理和分析发现，以往研究对学业负担的内涵、本质、结构、成因等进行了比较深入的探讨，形成了实证研究和理论研究相结合的系统研究方法，让我们对学业负担有了更深层次的认识，在一定程度上了提高了"减负"的有效性，为学生的健康发展提供了一定的保障，引起人们从学校层面、个体层面、社会层面等各种不同的视角对学业负担进行研究，但整体上看，多数倾向于单一方面研究学业负担问题泛泛而谈，或集中于教育学领域研究学业负担的居多，把学业负担归咎于教育教学问题，忽视了学业负担问题背后深刻的社会根源和隐藏的社会问题，鉴于此，我们应该认识到学业负担问题是一个复杂的社会问题，既有主观方面的原因也有客观存在的因素，需要综合各方面因素，结合教育学、心理学和社会学角度从多元视角考察学业负担问题。

具体来看，虽然大多数研究者都对学业负担的内涵进行了说明，但至今为止并没有明确学业负担的内涵，以至于出现了"学业负担"、"课业负担"、"学生负担"和"学习负担"等不同的研究主题，学业负担的内涵不清必然会使减负之路愈加坎坷。另一方面，虽然研究主题不同，但人们对学业负担的论调几乎是一致的，都认为学生学业负担是过重的，然而过重的判断标准却是模糊的，是学生书包超过多少斤算学业负担过重？还是做作业时间超过多少小时算学业负担过重？我们并没有一个确定的衡量标准，在今后的研究中想要知道学生负担是否真的过

---

① 刘合荣：《学业负担：学生的内在需要》，《当代教育论坛》2009 年第 1 期。

重，就必须加强对学业负担判断标准的研究，这是我们研究的前提条件。此外，在新课程改革和素质教育持续推动下，减负要以此为契机，要在提高学生学习效能、学习效率和学业成就的基础上减轻学生的学业负担，达到减负增效的理想境地。本书秉持新课程的核心思想，致力于通过教师教学效能和学生学习效能的提升进而减轻学生过重的学业负担，为学业负担的研究提供新的理路和研究空间。

三、思路方法

（一）研究思路

过重的学业负担会扼杀学生的学习兴趣和创造力、损害学生身心健康、制约教育本体功能和社会功能的有效发挥，更不利于整体教育质量的提升。而中国式"减负"问题多年悬而未决，甚至越减越重，一方面是未抓住本质问题，避重就轻；另一方面是流于形式，敷衍了事。在国家相关政策颁布"热潮"过后，就很快"退烧"，少有人问津，"减负"是一场持久战，需要国家、教育部、各学校教师长期予以重视。本课题始终以切实减轻学生过重的学业负担为根本宗旨。学业负担问题关涉学生的全面、和谐、自由、健康发展，关涉素质教育的深入推广和新课程改革的深入推进问题，也关涉中国整体教育质量的提升问题。"减负"必须是在保证教育教学质量的前提下减轻学生不必要、不合理的学业负担，"减负"是手段，不是目的，减负的最终归宿是提高学生的学业成就、提高整体教育质量。"减负"和"增效"是不可分离的，学习效能是学生个体对自己能否胜任学习任务的主观判断以及对自身学习效果的客观表征，包括主观上的个体学习效能感和客观的一般学习效能。古人云："扬汤止沸，弗如釜底抽薪"，要想从根本上解决中小学生学业负担过重的问题，还得从学生自身寻找原因，因为内因才是根本。"减负"的同时要提高学生的学习效能，端正学生的学习态度，激发其学习动机，提高学生对自身的学习期望，进而使学生的学习能力、学业成绩得到提升。"增效"还包括提高教师的教学效能，教师通过优化教学过程、转变教学方式、整合教学内容、创新教学评价、构建和谐师生关系和营造良好的学习环境，不仅能提高自身的教学认知、教学情绪、教学期望和教学能力，还能增进学生的学习质量，提升学生学习的成效，进而减轻学生的学业负担。因此，教师教学效能的提高也是减轻学生学业负担的重要突破口。

教师作为学生学习过程中的重要他人，对学生的学习起着主导的作用，再加上教育教学本身就是体现为目的性和价值属性极强的一种意义活动，教师在日常教育教学过程中会自动形成一定的教育价值取向，这种教育价值取向会进一步影响教师的教育教学活动和教育观念，由此，无论是教师实际的课堂教学活动，亦或是主观意义上的教育观念、教育价值取向都会对学生的学习产生重大的影响，教师的"教"成为学生学业负担的重要影响因子。此外，虽然学生对学业负担有主观感知的体验，亦有客观担当的责任，学生作为学业主体基于自身的承受能力、认知能力、学习习惯和学习品质对其学习状况的主观感知，学习过程必然伴随不同主体对学业负担的不同感受和体验，如鱼饮水冷暖自知。从这个层面讲，学生既是学业负担的承受主体，也是学业负担的产生根源，学业负担滥觞于学生自身的学习方式、学习性向和学习效能，学生对自身过重学业负担有所担当自然责无旁贷。综上所述，教师教学效能和学生学习效能都是影响学生学业负担的重要变量，是造成学生负担过重的重要因素。在此认识论的基础上，本课题的假设有二，即教师教学效能对学生学业负担有重要影响、学生学习效能对自身学业负担有重要影响。本书也根据研究假设编制了教师教学效能调查问卷、学生学习效能调查问卷，以及学生学业情况调查问卷，对研究假设进行验证。

本课题秉持理论分析和实证研究互为验证、支撑的理念，遵循从"理论假设到实践验证再到理论修正"的逻辑思路，采用视导调研——总结反思——理论阐述——提出方案——行动研究、实证研究——结果统计与分析的方式展开研究，并采取量化和质化相结合的方法进行研究。量化研究阶段：通过问卷调查，分析相关数据，概括影响学业负担的因素及其关系。质化研究阶段：以扎根理论为依据，选取多元研究对象，采用参与式观察以掌握中小学生学业负担的实践样态与问题表征，以深度访谈了解中小学生的文化背景、学习方式与生活历程，以此阐明学业负担所有的影响因素。从宏观层面把握国家关于学生学业负担的政策法规，并以此为上位的理论指导；从中观层面上编制了教师教学效能问卷，研究教师的教学效能对解决学生过重学业负担的问题的重要意义；在微观意义上编撰了学生学习效能问卷，探讨了学生学习效能本身对于"减负"的重要作用，呈现出解决学业负担问题的立体式状态。

（二）研究方法

本书试图揭示学业负担产生的根源，从学业负担的历史发展着眼，以学业负担的生成过程为本书的整体框架，探寻学业负担的心理学、教育学和社会学机制，从而构建起学业负担的监测和预警机制，从根本上回答了"学业负担是什么、学业负担是如何产生的以及过重的学业负担应该如何治理"等问题。就研究层面来看，本书涉及到了宏观、中观和微观三个层面。第一，宏观层面上，梳理了改革开放以来学业负担政策的历史发展，通过对学业负担政策文本的定量分析、内容分析和价值分析，力图从国家层面把握学业负担的一些基本特点，丰富我们对学业负担政策的基本认识；第二，中观层面上，探寻教师教学效能与学生学业负担之间的逻辑关系，试图从教师层面寻找解决学业负担过重的出路；第三，微观层面上，分析学生学习效能对自身学业负担的影响，探讨不同学习效能下学业负担的生成机制。

就研究方法而言，本书主要应用文献研究法对在资料进行搜集整理的基础上所研究内容的相关资料进行归纳、分析、阐述。通过检索、收集、整理、归纳等有关学生学业负担的相关资料，分类整理成册，供课题组成员学习交流。此外，本书编撰了学生学业负担调查问卷、学生学习效能调查问卷、教师教学效能调查问卷以及学生的基本情况调查表，在调查前注意问卷编制和前期预测，在调查时注意被试选择的合理性，在调查之后注意数据分析的准确性，切实保证了问卷调查法的科学性。在一定的教育理论和专家的指导下，参与课题的人员通过制定调研方案和调查问卷以及实施计划等，在实践中不断学习、研究、反思和总结。通过对不同区域下不同学生在不同时间段的负担感进行比较分析，检视其秉持的学习方式与文化背景等因子的异同并对其进行阐述，明确学业负担本身的地区差异性、人际差异性和时间差异性。

第一章

学业负担政策的历史发展

学业负担问题是理论界和实践界的"顽疾",虽开出了多元政策的"良方",但仍然收效甚微。作为学业负担问题解决的重要基础和思想导向,学业负担政策的法理效力和实践权力发挥着非常关键的作用和价值,而科学合理的政策"组合拳"效力则基于对政策文本科学研究下的政策决策和执行。对学业负担问题的政策研究指运用科学的方法及技术对相关政策的内容、过程、结果以及环境和价值等方面进行分析,从而使后续政策的完善和制定达到"善治"学业负担问题的目的。具体而言,是指依据教育政策分析的内容分析、过程(决策、执行和评价)分析、价值分析和环境分析等四种类型框架,对学业负担政策进行定量分析、内容分析以及价值分析。

第一节 学业负担政策文本的定量分析

政策研究的主要任务是理解政策如何演变,以在总体上改进政策制定过程,而对政策演变过程中一些基本特点和规律性的认识,是改善政策制定的重要认识论基础。[1] 然而,改革开放以来,国家颁布了多少关于学业负担的政策文本?年度分布情况如何?由哪些部门制定?有哪些类型?具有什么样的特点等等,这些对学业负担政策文本实然性、整体性的基本认知学界鲜有研究。缺乏对这些问题的基本了解和认知,将会

[1] 涂端午:《中国高等教育政策制定的宏观图景》,《北京大学教育评论》2007 年第 4 期,第 64 页。

制约我们对教育政策做出科学的解释和预测，进而影响教育政策的有效实施。基于这些判断，本书通过对改革开放三十多年以来国家层面的学业负担政策文本进行系统的定量分析，力图从宏观层面把握我国学业负担政策文本发展的一些基本特点，以期丰富我们对学业负担政策的基本认知。

一、概念界定

对概念估出科学定义本身就反映出对这一角色、事物或现象的一定深度的认识，同时定义的形成又促进这一认识过程的进一步深化。[①] 在此主要厘清两个概念，即学业负担和文本。目前，对学业负担一词的认识与理解还存在很大争议。回顾历史可以知道，迄今为止，"学生负担"、"学业负担"、"学习负担"、"课程负担"、"课业负担"，这些"减负"的前提概念，都在政策文件中出现过，这些提法构成一组"家族相似性（family resemblances）"概念。[②] 本书中的学业负担是指"当代中小学生在学校里承担的学习任务，所履行的"学生职责"，以及因为学业、生存和发展竞争所承受的生理心理压力，同时包括所付出的身心发展代价。[③] 包括课业负担、心理负担和经济负担三个相互联系、互为因果的层面。文本（text）在《牛津高阶英汉双解词典》中的解释主要有："一本书或杂志的主体，区别于附注、图片等；任何形式的书写文档；书写形式的演讲稿、剧本、文稿等。"[④] 在汉语语境中，文本是

---

① 郑也夫：《知识分子研究》，中国青年出版社 2004 年版，第 1 页。

② 家族相似性，是一种比喻的说法。意思是：属于同一词类的各个词在语法性质上有程度不同的相似性，其中有些词在分布上有较多的相似性，它们成为这一类词的典型成员，而有些词跟其他词在分布上相似性较少，它们成为这一类词的非典型成员。这也就是说，词类是一种原型（Prototype）范畴，是人们根据词与词之间在语法性质上的种种相似性而概括出来的。参见袁毓林：《词类范畴的家族相似性》，《中国社会科学》1995 年第 1 期，第 154 – 155 页。

③ 刘合荣：《事实与价值》，华中师范大学 2007 年，第 10 页。

④ 《牛津高阶英汉双解词典》，商务印书馆 2009 年版，第 2089 页。

指"同一文件的不同语言或不同措词的本子"。本书所指的学业负担政策文本是指在国家层面由全国人大、中共中央、国务院及其相关部委颁发的、以正式书面文本为表现形式的各种学业负担规范性法律、法规和规章的总称。

二、研究方法、样本及变量

（一）研究方法

政策文本分析可分三种类型：一是比较纯粹的文本定量分析，最一般的表现是对文本中某些关键词的词频统计，重在描述文本中某些规律性现象或特点，属于传统的内容分析；二是对文本中词语的定性分析，多从某一视角出发对文本进行阐释，属于话语分析范畴；三是综合分析，即文本的定量分析与定性分析相结合，对文本既有定量描述也有定性阐释甚至还有预测。[①] 本书主要运用定量分析对我国学业负担政策文本进行研究，属于传统的内容分析。艾萨克曾指出定量方法在政治科学中运用的优点："更精确和明晰的描述有可能产生有关政治的更为精细的通则和理论"，"对政治学家来说，如果致力于获得更可靠的政治知识，更重要的是要形成量化概念，以便使我们不仅能根据特征去排列事项的顺序，而且能说明每一项目具有该特征的程度。"[②] 因此，通过对政策主体、政策客体、政策目标以及政策措施等政策文本要素进行定量分析，一方面可以从宏观层面把握学业负担政策的整体发展历程，另一方面也可从中观或微观层面深入探讨某项学业负担政策的具体发展过程。

（二）样本

目前，国内还没有一部专门关于学业负担的政策文本汇编，本书中

[①]　涂端午：《教育政策文本分析及其应用》，《复旦教育论坛》2009 年第 5 期，第 24 页。

[②]　[美] 艾伦·C. 艾萨克：《政治学：范围与方法》，郑永年译，浙江人民出版社 1987 年版，第 101 — 102 页。

的政策文本主要参考前教育部长何东昌主编的《中华人民共和国重要教育文献》（海南出版社，1998，2003，2010），以及收集、整理相关政府网站政策文本作为本书的主要数据来源，包括改革开放以来国家层面所制定的全部有效的关于学业负担的法律、法规及规章，共计85项（其中，1978—1980年未颁发相关政策文本，因此统计时这些年份不计算在内）。本书学业负担政策文本的选择主要通过两种方法，一是选择政策标题中包含学业负担及其近义词（减负、课业负担、学习负担等）的政策文本；二是选择政策内容包括学业负担问题及其类似问题（减负、课业负担、学习负担等）的政策文本。同时将所得数据进行录入，采用EXCEL、IBM SPSS Statistics 21统计软件进行处理和分析。通过对这些政策文本的分析，能够从宏观上把握改革开放以来我国学业负担政策制定的整体状况，进而探寻我国学业负担政策发展的基本特点。

（三）变量

作为复杂政策现象的"积淀"，政策文本自身并不会提供差异的比较，对政策文本的考察需要有多个具体的研究变量，而对政策文本的系统分析要求这些变量能够以一种结构的方式从整体上反映政策中最基本的要素或几个主要方面。[1] 本书的研究变量主要包括：政策文本数量、发布时间、权威部门和政策类型。在此对政策类型做简要分析。不同领域的学者对政策类型有不同的分类。社会政策学家Andrew W. Dobelstein认为，社会政策文本可以有四种主要的形式：立法性政策（legislative policy）、行政性政策（administrative policy）、执行性政策（executive policy）及司法性政策（judicial policy）。立法性政策指经由立法程序、作为正式颁布的法律而存在的政策形式；行政性政策指非经正规立法程序、但具有相当约束力的政府规定，也就是常说的"行政法规"一类；执行性政策是在普遍的约束力上低于第二类、更多具操作性含义

---

[1] 涂端午：《中国高等教育政策制定的宏观图景》，《北京大学教育评论》2007年第4期，第55页。

的一些政府规定；司法性政策则指司法系统发布的一些解释或判例，它们构成了某些情况下具有指引性的行动方针或原则，可视为某种政策的文本形式。[①] 我国学者刘复兴认为，教育政策类型一般有四个层次，一是指某一单项政策文本，如高校扩招政策、中小学"减负"政策等；二是指关于某一教育领域的政策文本的集合，如素质教育政策、职业教育政策等；三是指一个国家总体的教育政策文本的总和，包括基本教育政策和具体教育政策；四是指元教育政策文本，也就是表达关于教育政策制定和实施的方法论的有关文本形式。[②] 本书倾向于采用后一种说法。具体指标与相关说明见表1.1。

表1.1 变量与指标说明

变量名	指标及相关说明
政策数量	以项为单位
发布时间	以年为单位
权威部门	权威部门可划分为两类，一是主要的教育政策制定者，包括全国人大、中共中央、国务院、教育部（国家教委）等，二是除上述主要政策制定机构外，参与联合制定政策的部门。
政策类型	政策类型可划分为三类，一是总体性政策文本，它是国家总体的教育政策文本的总和，包括基本教育政策和具体教育政策；二是综合性政策文本，是指关于某一教育领域的政策文本的集合；三是专门性政策文本，这类文本通常是专门针对学生学业负担的问题而制定。

① Andrew W. Dobelstein, *Social Welfare: Policy and Analysis*, Chicago: Nelson – Hall Publishers, 1990.

② 刘复兴：《教育政策的四重视角》，《清华大学教育研究》2002年第4期，第15页。

三、研究结果与分析

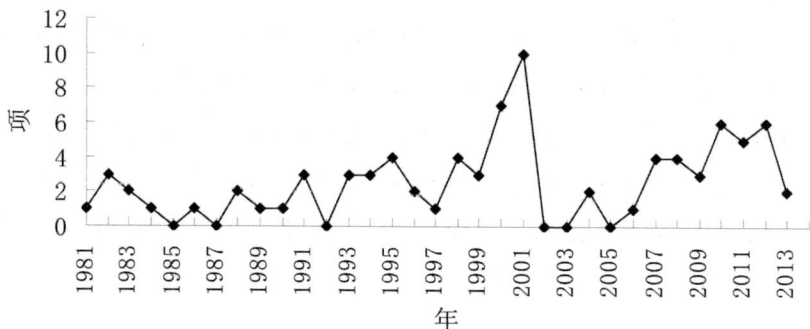

图 1.1 学业负担政策文本年度发展趋势

（一）政策文本数量发展

图 1.1 显示出 1981 年至 2013 年我国颁发的关于学生学业负担政策文本的年度发展趋势。从图 1.1 可以得出：33 年以来，相关权威部门共颁发 85 项关于学业负担的政策文本，平均每年颁布的关于学业负担政策文本数为 2.58 项。除个别年份外，每年都有相关政策文本颁发，其中 2001 年政策颁发数多达 10 项。

（二）政策文本权威部门构成

表 1.2 独立制定学业负担政策文本的部门数

权威部门	政策文本数	所占百分比
全国人大	1	1.4
国务院	6	8.6
教育部（国家教委）	63	90.0
总计	70	100.0

表1.2 显示，有 3 个可以独立制定有关学生学业负担政策的权威部门，即全国人大、国务院、教育部（国家教委）。其中，由全国人大制定的政策文本共 1 项，占独立制定政策文本权威部门总数的 1.4%；由国务院制定的政策文本共 6 项，占总数的 8.6%；由教育部（国家教委）制定的政策文本多达 63 项，占总数的 90%。其中，全国人大颁发的政策文本具有最高法律效率，国务院、教育部和其他相关政府部门次之。

表1.3 联合制定政策文本的部门数

所含部门数	联合发布项	所占百分比
2 个部门	10	66.7
3 个部门	2	13.3
4 个部门	2	13.3
7 个部门	1	6.7
总计	15	100.0

表1.3 显示，在所有制定的学业负担政策文本中，有 15 项为各权威部门联合制定，其中以 2 个部门为主，共联合颁发 10 项政策文本，占联合颁发政策文本总数的 66.7%。同一项政策联合制定的部门总数最多达到 7 个之多。

表1.4 显示，有 15 个政府部门和教育部（国家教委）联合颁发过学生学业负担政策文本，其中出现频率最高的两个部门分别为新闻出版总署和国家出版局，其余政府部门均出现过一次。

（注：国家出版局是中华人民共和国指导并且管理全国出版事业的机构，1987 年新闻出版总署成立后撤销。）

表1.4　和教育部（国家教委）联合颁布政策文本的部门及出现频率

排序	权威部门	出现频率	比例	排序	权威部门	出现频率	比例
1	新闻出版总署	3	16.7	9	农业部	1	5.6
2	国家出版局	2	11.1	10	国家发改委	1	5.6
3	国务院	1	5.6	11	纠风办监察部	1	5.6
4	国家工商局	1	5.6	12	审计署	1	5.6
5	中国科技协会	1	5.6	13	财政部	1	5.6
6	国家体育总局	1	5.6	14	体改办	1	5.6
7	共青团中央	1	5.6	15	国家计委	1	5.6
8	全国少工委	1	5.6		总计	18	100.0

（三）政策文本类型分布

表1.5　政策类型年度分布

年份	政策类型 专门性	综合性	总体性	年份	政策类型 专门性	综合性	总体性	年份	政策类型 专门性	综合性	总体性
1981		1		1993	1	1	1	2005			
1982	1	1	1	1994	1	1	1	2006			1
1983		2		1995		4		2007		4	
1984		1		1996		1	1	2008		3	1
1985				1997		1		2009		3	
1986		1		1998		4		2010		4	2
1987				1999		3		2011		5	
1988	1	1		2000	2	5		2012		5	1
1989		1		2001		5	5	2013		1	1
1990	1			2002				总计	7	63	15
1991		3		2003							
1992		0		2004		2					

表 1.5 显示，在所有颁发的关于学业负担的政策文本中，专门性政策文本为 7 项，占政策文本总数的 8.2%；综合性政策文本为 63 项，占总数的 74.1%；总体性政策文本为 15 项，占总数的 17.7%。其中，关于学生学业负担的政策文本均分布在 2000 年及 2000 年以前，2000 年以后无一项学业负担政策是专门针对学业负担而制定。

（四）政策文本类型与权威部门交互分析

表 1.6　政策文本类型与权威部门的交互分析

权威部门	专门性政策文本	综合性政策文本	总体性政策文本
全国人大			★
中共中央		★	★
国务院		★	★
教育部(国家教委)	★	★	★
联合发文		★	★

（注：★代表权威部门政策文本制定所包含的类型领域。）

表 1.6 为学业负担政策文本类型与权威部门的交互分析。通过分析发现，关于学业负担的专门性政策性文本均由教育部（国家教委）颁发，而其他权威部门颁发的均为综合性政策文本和总体性政策文本。

四、研究结论及价值作用

（一）学业负担政策的时间节点与实践效应

从学业负担政策文本的发展过程看，学业负担政策文本的颁发呈波浪式发展，同时 2000 年是我国学业负担政策文本发展的时间节点。首先，2000 年及以后的 14 年间，我国共颁发 50 项关于学业负担的政策文本，占改革开放以来颁发总数的 58.8%。而从改革开放到 2000 年的 19 年间，颁发的学业负担政策文本数为 35 项，占改革开放以来颁发总数的 41.2%。2000 年以后颁发的关于学业负担的政策文本数量明显增多，综合反映出我国基础教育课程改革事业的不断深入发展。其次，2000年1月3日，教育部颁发了《关于在小学减轻学生过重负担的紧急通知》。此通知的颁发引起了社会各界的广泛关注，出现了关于学生学业负担问题的热烈讨论，在全国范围内掀起了"减负"的热潮，减轻学生学业负担一时成为焦点问题。

在我国，学业负担问题是一个历久弥新的话题，政府和学界也为学业负担问题的解决做出过诸多尝试与努力。历数以往学业负担政策此起彼伏的推行与实施，一方面，那些旨在挑战当前教育根基的革新或许能得到人们一时的青睐，但随着时间的流逝，它们却很少能够从根基上促进学业负担问题的有效解决；另一方面，不可否认的是，这些政策的实施虽然未能带来学业负担问题领域翻天覆地的变化，但它们的确在或多或少地更新着研究者与实践者对学业负担问题的认识和理解，改变着学校实践的形态和样貌，并且其中的一些理念和做法维持了相当长的一段时间。

（二）学业负担政策的多元存在与协商共建

全国人大是颁发关于学业负担政策文本的最高行政单位。教育部、国务院、新闻出版总署是学业负担政策文本颁发的主要部门，位居发布文件数量（含联合发布的文件）的前三位，其中教育部处于核心地位，其颁发的学业负担政策文本数量占总数的 87.1%。从上述政策文本制定单位来看，全国人大、中共中央以及国务院有关部委都可以参与或者直接影响学业负担政策的制定和执行，使政策文本制定主体呈现出多元性。学业负担政策文本制定主体的多元性，一方面反映了学业负担问题的复杂性，表明学业负担的有效解决，需要以教育部为核心组织者，全国人大、中共中央、国务院等提供法律保障与制度支持，其他相关政府部门提供积极、有效的协调与配合；另一方面反映了学业负担政策文本的制定基本上采取"自上而下"完全政府决策主导的模式，忽略和边缘化公众群体的意见。

"政策文本的生产不是对文本生产者'作品'的简单聚合,而是多元政策文本生产者之间互动的结果。"① 目前,我国有关学业负担专门性的政策文本均由教育部单独颁发,而其他政府部门均没有颁发过专门性学业负担政策文本。学业负担问题的有效解决是一个社会系统工程,牵涉到社会的方方面面,并不是教育部一个政府权威部门的问题,它需要政府各级各类部门通力合作、综合设计、协商共建,进而推进科学、系统、操作性强的学业负担政策体系的建构。

（三）学业负担政策的"专门生产"与综合配套

学业负担政策存在战略性地位不足的困境,主要体现在两个向度。首先,从表1.5中可以看出,虽说我国关于学业负担的政策文本在总体上有所增加,但专门性学业负担政策文本均颁发于2000年及2000年以前,2000年以后则无一项。其次,表1.6明确显示出专门性学业负担政策文本均由教育部（国家教委）颁发,而全国人大、中共中央、国务院一级国家政府部门并没有颁发专门性学业负担政策文本。充分表明学业负担问题"在教育学的'圣坛'上至今没有任何分量可言",② 在教育学领域缺乏应有的战略性地位。在当前社会情境变得越来越复杂的情况下,政策文本需要专门化,因为政策文本的专门化有利于对现实状况的认知和解释,从而使政策文本更加具有明显的激励和诱导色彩。因此,为促使学业负担问题的有效解决,其应成为教育决策部门的政策中心及优先发展领域,以加快学业负担政策发展的专门化进程,实现变革的持续。

学业负担政策是我国教育政策体系的有机组成部分,学业负担问题的有效解决,不能就学业负担而论学业负担,需要相关政策的配套辅助。从目前的政策环境来看,学业负担问题的缓解主要从学校教育层面

---

① 林小英、陈霜叶:《教育政策文本的类型及其生产——以民办高校学历文凭考试试点政策为例》,《教育发展研究》2008年第24期,第16页。

② 刘合荣:《事实与价值》,华中师范大学2007年版,第1页。

开展，但其所涉及的领域却远不止于此。在教育政策体系中，存在着一个由多种政策相互交错而结成的"政策丛林"，他们之间既相互促进又相互牵制。当作为"快动"政策的学业负担政策与其他"慢动"政策的发展出现不平衡时，这些"慢动"政策就会对学业负担问题的解决与有效推进造成障碍。因此，对于"快动"政策发展过程中的阻碍，需要提供具体的政策配置来保障学业负担政策的有效执行，进而促进"慢动"政策与"快动"政策的均衡发展。

第二节　学业负担政策文本的内容分析

本部分采用政策文本分析中最基本的研究视角和最基础性的研究范畴，即内容分析对学业负担政策进行研究。教育政策内容分析"是对信息特征系统、客观、量化的分析"，[1] 它主要关注教育政策文本的内容是否完整、所表达的语言是否严密、规范等问题。"作为一个分析的焦点，政策内容提供了理论的可能性，对政策内容的考察为探查政治机器的内部动力学提供了手段。"[2] 鉴于此，本书从学业负担政策的历史发展和具体文本中，明晰其政策内容机理，真正认清"学业负担"[3] 的内

---

[1]　Kimberly A. Neuendorf, *The Content Analysis Guidebook* , Thousand Oaks, Calif. . Sage Publications, 2002, p. 1.

[2]　W. I. Jenkins, *Policy Analysis: A Political and Organizational Perspective*, London: Martin Robertson, 1978, pp. 93, 105, 107.

[3]　目前，对学业负担一词的认识与理解还存在很大争议。回顾历史可以知道，迄今为止，"学生负担"、"学业负担"、"学习负担"、"课程负担"、"课业负担"这些"减负"的前提概念，都在政策文件中出现过，这些提法构成一组"家族相似性（family resemblances）"概念。本书中的学业负担是指当代中小学生在学校里承担的学习任务，所履行的"学生职责"，以及因为学业、生存和发展竞争所承受的生理心理压力，同时包括所付出的身心发展代价。包括课业负担、心理负担和经济负担三个相互联系、互为因果的层面。刘合荣：《事实与价值》，华中师范大学 2007 年版，第 10 页。

涵，认识学业负担政策的实施、效果及价值，进而解决好因学业负担政策所引发的问题。

一、历史梳理：改革开放以来学业负担政策发展脉络

政策文本是政策过程的历史沉淀物，作为一种稳定性的制度表现形式，推动着政策的变迁。[①] 目前，国内还没有一部专门关于学业负担的政策文本汇编，本书中的政策文本主要参照前教育部长何东昌主编的《中华人民共和国重要教育文献》（海南出版社，1998，2003，2010），以及收集、整理相关政府网站政策文本作为本书的主要数据来源，包括改革开放以来国家层面所制定的全部有效的关于学业负担的法律、法规及政策规章，共计85项。本书学业负担政策文本的选择主要通过两种方法，一是选择政策标题中包含学业负担及其近义词（减负、课业负担、学习负担等）的政策文本；二是选择政策内容包括学业负担问题及其类似问题（减负、课业负担、学习负担等）的政策文本。现就收集到的关于学业负担的主要政策文本作简要历史梳理，以期对改革开放以来学业负担政策文本的发展脉络有清晰的了解。

关于学业负担政策文本的内容，主要是从相关教育法律文本和教育政策文本中进行规范的。

表 1.7　教育法律文本

发布年份	发布机构	法律文本名称
1986 年	全国人民代表大会	中华人民共和国义务教育法
2006 年	全国人民代表大会	中华人民共和国未成年人保护法
2006 年	全国人民代表大会	中华人民共和国义务教育法（修订）

---

① 林小英：《教育政策文本的模糊性和策略性解读》，《教育发展研究》2010 年第 2 期，第 27 页。

从表 1.7 中可以看出，主要有 3 个教育法律文本从法律层面上对学业负担进行了规范。其中《中华人民共和国未成年人保护法》明确规定：学校应当与未成年学生的父母或者其他监护人互相配合，保证未成年学生的睡眠、娱乐和体育锻炼时间，不得加重其学习负担。虽然《中华人民共和国义务教育法》和《中华人民共和国义务教育法（修订）》没有对学业负担进行直接、明确的规定，但其要求学校保证学生的课外活动时间，组织开展文化娱乐等课外活动，从侧面反映出不得加重学生学业负担。

从教育政策文本来看，主要的学业负担政策文本见表 1.8。

表 1.8 教育政策文本

发布年份	发布机构	政策文本名称	发布年份	发布机构	政策文本名称
1982 年	教育部	关于当前中小学教育几个问题的通知	1999 年	教育部	关于初中毕业、升学考试改革的指导意见
1983 年	教育部	关于进一步提高普通中学教育质量的几点意见	2000 年	教育部	关于在小学减轻学生过重负担的紧急通知
1988 年	国家教委	关于减轻小学生课业负担过重问题的若干规定	2000 年	教育部	关于普通高中毕业会考制度改革的意见
1990 年	国家教委	关于重申贯彻《关于减轻小学生课业负担过重问题的若干规定》的通知	2001 年	国务院	基础教育课程改革纲要（试行）
1991 年	国家教委	关于加强中小学生竞赛活动管理的通知	2001 年	教育部	全国教育事业第十个五年计划

续表

发布年份	发布机构	政策文本名称	发布年份	发布机构	政策文本名称
1993 年	国家教委	关于减轻义务教育阶段学生过重课业负担、全面提高教育质量的指示	2004 年	中共中央、国务院	关于进一步加强和改进未成年人思想道德建设的若干意见
1994 年	国务院	关于《中国教育改革和发展纲要》的实施意见	2008 年	教育部	关于深入推进和进一步完善中考改革的意见
1994 年	国家教委	关于全面贯彻教育方针，减轻中小学生过重课业负担的意见	2009 年	教育部	关于当前加强中小学管理规范办学行为的指导意见
1995 年	国家教委、科技协会	关于停办各级各类学科奥林匹克学校（班）的紧急通知	2010 年	中共中央、国务院	国家中长期教育改革和发展规划纲要（2010—2020 年）
1996 年	国家教委	小学管理规程	2010 年	教育部	关于深化基础教育课程改革进一步推进素质教育的意见
1998 年	教育部	关于做好 1998 年教育督导工作的若干意见	2013 年	教育部	关于开展义务教育阶段学校"减负万里行"活动的通知

二、特点分析：改革开放以来学业负担政策内容剖析

通过考察学业负担政策文本的内容我们可以发现，改革开放以来我

国学业负担政策文本在解决"谁来实施"、"为谁实施"、"为什么实施"以及"怎么实施"等方面有着显著的特点，具体表现在以下几个方面。

（一）由谁来实施学业负担政策的规范

"谁来实施"的问题涉及学业负担的主体和职责问题。改革开放以来，对学业负担政策的实施组织和机构界定的比较清楚。1990 年的《关于重申贯彻〈关于减轻小学生课业负担过重问题的若干规定〉的通知》规定："解决小学生课业负担过重问题，关键在于教育部门和学校的干部、教师端正教育思想，坚持全面贯彻党和国家的教育方针，遵循客观规律，改进教育教学工作，大力提高教育质量。"1993 年的《关于减轻义务教育阶段学生过重课业负担、全面提高教育质量的指示》明确规定："地方各级人民政府和教育行政部门要加强领导，结合本地实际情况，制订贯彻本指示的具体办法。在实施义务教育过程中，要统一教育工作者和广大人民群众的认识，树立正确的教育思想，形成学校、社会、家庭的教育合力。"上述两项政策文本对实施学业负担政策的主体进行了详细规范，即由政府、学校、家庭、社会共同来实施学业负担政策。其中地方各级政府、教育部门和学校是主要实施主体和关键，承担着更重要的职责。

（二）对谁来实施学业负担政策的规范

"对谁实施"的问题涉及学业负担的客体和对象问题。2000 年的《关于在小学减轻学生过重负担的紧急通知》规定："各级教育行政部门、学校应当落实相关规定，首先把小学生过重的负担减下来。"2010年的《国家中长期教育改革和发展规划纲要》指出："把减负落实到中小学教育全过程，促进学生生动活泼学习、健康快乐成长。率先实现小学生减负。"从政策的指向性看，学业负担问题指向全体学生，并从学习方式和成长内涵的角度重点强化学业负担问题解决的具体对象，将社会关切度最高和政策有效性实施较高的小学生作为突破口。

（三）为什么实施学业负担政策的规范

"为什么实施"的问题涉及学业负担的原因和目的问题。从改革开放以来针对学业负担问题颁布的教育政策看，学业负担问题的原因主要在于对教育规律的违背和正常秩序的干扰，严重损害了青少年的身心健康，如1988年颁发的《关于减轻小学生课业负担过重问题的若干规定》明确指出："学生课业负担过重，是当前许多小学存在的一个突出问题。"2010年《国家中长期教育改革和发展规划纲要（2010—2020年）》也将其作为治理学业负担问题的根本缘由，认为"过重的课业负担严重损害儿童少年身心健康"。

深入贯彻教育方针，全面实现教育目的，切实推进素质教育，成为解决学业负担问题的重要方向，这是现有的关于学业负担问题政策的价值取向。1983年颁发的《关于进一步提高普通中学教育质量的几点意见》指出："要减轻学生的过重负担，使学生生动活泼地学习，发展智力和能力。"1994年的《关于〈中国教育改革和发展纲要〉的实施意见》提出："切实减轻学生过重的学习负担，使学生在德、智、体等方面生动活泼地得到发展，为将来进入社会和继续学习打下良好的坚实基础。"2000年教育部颁发的《关于学习贯彻江泽民总书记〈关于教育问题的谈话〉的通知》指出："以《谈话》精神为指导，进一步加大减轻中小学生过重负担工作的力度，全面提高教育教学质量。必须贯彻正确的指导思想和教育方法，把握好减轻学生过重负担与提高教育教学质量的关系，与培养学生顽强意志、刻苦学习精神的关系，并引导大家理解'减负'的目的是全面推进素质教育。"

（四）怎么样实施学业负担政策的规范

"怎么实施"的问题涉及学业负担的条件、方法和途径问题，在政策上的特点主要表现为以下几点。

第一，思想转变与观念更新。观念是行为的先导。学业负担的首要问题在于以什么样的思想态度，采取什么样的教育观念展开教育工作，并成为学业负担政策制定的导向，如1988年国家教委颁发的《关于减轻小学生课业负担过重问题的若干规定》提出：学业负担问题"解决的关键在于引导小学教育工作者端正教育思想"。1994 年的《关于全面贯彻教育方针，减轻中小学生过重课业负担的意见》也指出："解决中小学生课业负担过重问题的关键，在于转变教育思想，更新教育观念。"

第二，深化改革与质量提高。根据不同时间教育问题的差异，学业负担政策也从不同的方面提出解决的办法。首先，强化考试制度改革。2000 年的《关于普通高中毕业会考制度改革的意见》指出：普通高中会考"适当减少会考科目，减轻学生过重的课业负担，加强对学生实验能力和其他实践能力的考查"。2001 年国务院颁发的《基础教育课程改革纲要（试行）》指出：要实行小学毕业生免试就近升学。2008 年的《关于深入推进和进一步完善中考改革的意见》规定：初中毕业生考试"要适当减少考试科目，探索行之有效的考查方式，切实减轻学生的学业负担。"其次，加快教学内容、教学方法改革。2001 年颁发的《全国教育事业第十个五年计划》指出："改革教学内容，构建面向 21 世纪的教育课程体系，确立符合素质教育要求的课程、内容、目标与标准，改革教学手段与方法。继续减轻中小学生过重的课业负担。"最后，推进课程体系改革。2010 年的《关于深化基础教育课程改革进一步推进素质教育的意见》指出："以'三个面向'为指导，构建体现先进教育思想理念的、开放兼容的基础教育课程体系，全面提升学生的科学、人文素养。在总结课程改革经验的基础上，进一步完善课程设置方案，给学生留有更多自由支配的活动时间，切实减轻学生过重的课业负担。"

第三，完善机制与"典型"宣传。进入 21 世纪以来的学业负担政策主要从机制建设和社会介入的双重路径首先认为应完善监督、通报机制。2000 年教育部颁发的《关于贯彻落实〈教育部关于在小学减轻学生过重负担的紧急通知〉》指出："要建立健全减轻学生过重负担的通报制度，对在督导检查中发现的或群众举报后核实的加重学生过重负担的违纪事件，及时予以通报，并提请有关部门严肃处理"，"各地要把减轻学生过重负担作为教育督导的一项长期任务，不断总结经验，逐步建立和完善减轻学生过重负担的督导检查机制，确保减轻学生过重负担工作收到实效"。其次，加强"典型"宣传。2000 年教育部颁发的《关于在小学减轻学生过重负担的紧急通知》规定："要做好减轻中小学生课业负担宣传工作，使广大学生家长了解减负的内容，理解支持减负工作，并使更多的学生家长参与监督，全社会互相配合，形成合力。"2013 年教育部办公厅颁发的《关于开展义务教育阶段学校"减负万里行"活动的通知》指出："及时总结经验，全面推广典型。要协调有关媒体大力宣传'减负'的先进典型和成功经验。对一些'减负'工作不力，甚至加重学生课业负担的地区和学校予以曝光。"

第四，优化管理与社会规范。教育制度建设与优化，以及教育相关利益者对学业负担的外部影响成为治理学业负担的重要举措，学业负担政策也从学校用书、学校制度和外部约束等方面进行了规范。首先，规范学校用书。2000 年教育部的《关于全国中小学收费专项治理工作实施意见》指出："以治理学校用书为突破口，将减轻学生过重的课业负担和家庭经济负担工作紧密结合，抓紧落实，力争取得明显成效。"2011 年教育部等七部门联合发布的《关于 2011 年治理教育乱收费规范教育收费工作的实施意见》规定："加强中小学教辅材料管理，切实减轻学生过重课业负担和家长经济负担。"其次，合理安排学生学习、休息时间。2009 年的《关于当前加强中小学管理规范办学行为的指导意见》规定："地方各级教育行政部门要根据当地实际情况，按照不同学段和年级、走读生和寄宿生的实际需要，对学生休息时间、在校学习（包括自习）时间、体育锻炼时间、在校活动内容和家庭作业等方面做出科学合理安排和严格规定"，"坚决纠正各种随意侵占学生休息时间的做法，正确引导家长和社会积极参与，切实把课内外过重的课业负担减下来，依法保障学生的休息权利。"再次，控制考试、竞赛次数。1991 年颁发的《关于加强中小学生竞赛活动管理的通知》和 1995 年颁发的《关于停办各级各类学科奥林匹克学校（班）的紧急通知》都明确做出规定，指出要严格控制各类竞赛活动，并"对利用竞赛进行诈骗、牟取暴利或进行错误导向，要予以揭露并依法制裁"。

三、现实考察：改革开放以来学业负担政策问题解析

从广义上讲，教育法律是教育政策的组成部分，是教育政策制度化的产物。因此，教育政策既包括教育政策中的有关规范，也包括教育法律中的有关规范，但是这两种规范的具体要求有所不同。一个完整的教育法律规范包括假定、处理和制裁三个要件；① 而一个完整的教育政策规范包括目标、对象和措施三个要素。② 由此，本书以规范学业负担政策的法律文本和政策文本这两种表现形式为分析标准，按照教育法律规范的三个要件和教育政策规范的三个要素对学业负担政策文本的内容进行分析，以分析这些政策规范是否满足教育法律规范三个要件的要求和教育政策规范三个要素的要求。改革开放以来，我国学业负担政策文本的出台逐步规范与完善，对学业负担问题的缓解起到了很大的推动和促进作用，但根据上述标准进行分析发现，其仍然存在诸多亟待解决的问题。

（一）学业负担政策的法理模糊

2006 年修订的《中华人民共和国未成年人保护法》明确规定："学校应当与未成年学生的父母或者其他监护人互相配合，保证未成年学生的睡眠、娱乐和体育锻炼时间，不得加重其学习负担"，这里只对"处理"进行了规范，即对学校、父母或者其他监护人的行为做出规范，但对"假定"和"制裁"，即什么情况下学生学业负担过重以及对没有实施学业负担政策的行为如何做出处罚均没有明确涉及。可见，《中华人民共和国未成年人保护法》对学业负担的法律规范是模糊不清的，《中华人民共和国义务教育法》也存在类似问题。

教育政策法律化对贯彻教育政策有十分重要的意义，它是实现教育

---

① 李晓燕：《教育法学》，武汉工业大学出版社 1992 年版，第 43 页。
② 孙绵涛：《教育政策分析——理论与实务》，重庆大学出版社 2011 年版，第 114 页。

政策的一种最为有效的手段。① 而从上文相关的学业负担政策文本可以看出，目前我国并没有专门法律文本对学业负担做出明确的阐释和说明，关于学业负担的法律规范只能散见于相关法律文本，这是学业负担政策没有满足教育法律规范三个要件重要原因所在。虽然学业负担政策不能上升到专门法律的高度，但相关政策法规的操作性缺失，使教育政策生产的非专门化、非法律化造成了学业负担政策的法理模糊，导致教育政策缺乏严密性、稳定性，从而致使政策的执行不力。

（二）学业负担政策的目标不清

纵观目前有关学业负担的政策文本，还没有完整的政策文本对学业负担政策的目标做出明确规范，其目标只能散见于相关政策文本。1983年《关于进一步提高普通中学教育质量的几点意见》指出："要减轻学生的过重负担，使学生生动活泼地学习，发展智力和能力。"1994年国务院颁发的《关于〈中国教育改革和发展纲要〉的实施意见》提出："切实减轻学生过重的学习负担，使学生在德、智、体等方面生动活泼地得到发展，为将来进入社会和继续学习打下良好的坚实基础。"

上述政策文本对学业负担政策目标做出了说明，指出通过减轻学生学业负担，使学生在德、智、体、美、劳等方面得到全面综合发展。这些看似清楚的政策目标，实际上暗含着很大的模糊性，例如德、智、体、美、劳具体包含哪些方面并没有详细论述，致使政策文本处于一种虚假的明确性中。同时，升学机制、学校和学生评价机制的暂时性短缺与不相容也不能从实践标准中找到可供研判的依据，没有真正意义上减负的行动方案。这种模糊不清的政策目标，容易造成人们把复杂问题简单化，把减轻学业负担等同于缩短在校时间、取消或减少考试科目、不按考试成绩排名等，严重阻碍了学业负担政策的有效实施。

（三）学业负担政策的对象不明

总的来说，改革开放以来关于学业负担的政策文本对"对谁实施"

---

① 袁振国：《教育政策学》，江苏教育出版社 2009 年版，第 224 页。

的问题规范得比较明确，即在校中小学生，重点对象是小学生。但对"由谁实施"的问题却规范得并不全面。如：1990 年的《关于重中贯彻〈关于减轻小学生课业负担过重问题的若干规定〉的通知》规定：解决小学生课业负担过重问题，关键在于教育部门和学校的干部、教师。此处指出学业负担政策的执行主体为教育部门和学校，而对家长和社会并没有做出相关规范。

学业负担问题不仅是一个教育问题，更是一个社会性问题。如果社会问题得不到解决，仅从教育内部着手，其作用必定是有限的。因此，单靠教育部门和学校的力量，学业负担问题是不能够得到有效解决的。从上文可以看出，现有的学业负担政策文本只是针对教育部门和学校而出台的，对教育部门、学校和教师提出了具体行为要求，而没有约束家长和社会的行为。学业负担政策对象规范的不明确、不全面，导致了教师和学校减负的努力被家长和社会增负的行为所抵消，这也是"减负"政策失效的重要原因之一。

（四）学业负担政策的路径凌乱

通过对学业负担政策内容的梳理发现，学业负担政策是通过多个政策文本逐渐规范起来的，内容零散、不统一，使得具体政策措施路径凌乱、操作性不强，造成政策执行的线性化。1993 年中共中央、国务院颁发的《中国教育改革和发展纲要》指出：中小学要切实采取措施减轻学生过重的课业负担。此具有法律效力的文本明确指出要采取措施减轻学生学业负担，却对怎样采取措施并没有明确说明，也没有专门的配套政策或者专业化研究以及实施方案进行实践指导。

缕理学业负担的政策文本，不难发现，不同政策出口对学业负担的认识有差异，首先体现为概念系统的多元，随着多个政策的出台，出现了"学生负担"、"学业负担"、"学习负担"、"课程负担"、"课业负担"等相似概念群，仅从学业负担的某一个方面或一个问题出发规范教育实践行为，对实践者造成一定的困扰。其次，学业负担政策措施不够具体。许多法律、政策文本提出要减轻学生的学业负担，但对具体采取什么样的措施减轻学生的学业负担却并没有做出明确的规范，或者说缺乏清晰的方向指导，有"头痛医头脚痛医脚"的嫌疑，加上政策传递过程和执行过程的自然衰减，学业负担问题并没有得到明显解决和改善。

四、改革设想：改革开放以来学业负担政策解决对策

教育制度正在变成一个由许多机构纵横相连而形成的错综复杂的文化网络，任何一项具体的教育政策的制定出台都会对整个社会产生连带的影响。[①] 因此，要逐步寻找完善学业负担政策文本的现实路径，以促进社会政策体系的和谐发展。

（一）学业负担政策文本目标的明确制定

政策文本目标的清晰合理与否直接关系到教育政策的成败，在很大程度上决定着政策发展的方向和效果。[②] 研究"政策失败"的学者一般都认为，作为指导和规范人们行为的一种规则，政策目标必须明确、清晰，决不能模棱两可、含糊不清，否则就会因执行者对政策目标和内容的误解或曲解而造成政策执行的阻滞。[③] 我国学业负担政策的政策文本目前存在着政策目标模糊不清的现状，在一定程度上影响对学业负担政策的认知，进而影响政策的有效执行。因此，政策制定者在制定学业负担政策文本时，要更加具体明确地界定政策目标、标准，使政策目标具有合理性、层次性、先进性，进而为实现预期政策目标做好方向性指导。

（二）学业负担政策文本对象的完整规范

我国现有的学业负担政策文本只对各级政府部门及其教育部门、学

---

① 李钢：《话语文本国家教育政策分析》，社会科学文献出版社 2009 年版，第 34 页。

② 于涛：《我国幼儿园教师资格政策的内容分析》，硕士学位论文，西南大学 2013 年，第 37 页。

③ 丁煌：《政策执行阻滞机制及其防治对策——一项基于行为和制度的分析》，人民出版社 2002 年版，第 243 页。

校和教师进行了规范，这显然是不全面、不明确的，是不利于学业负担政策的全面贯彻实施的，这也是为什么出现学校"减负"家长"增负"的原因所在。为了实现缓解学业负担的目标，促进学业负担问题的有效解决，不仅需要各级政府及其教育行政部门、学校的协同行动，还需要家长、社会有关组织等的共同努力。因此，在制定学业负担政策时，应该加强对家长、社会组织行为的规范，从而形成社会合力，促进学业负担问题的有效解决。

（三）学业负担政策文本的"专门生产"

从学业负担政策文本的出口看，虽然中共中央国务院及国家领导者对学业负担政策及问题有文件及表述，但专门性学业负担政策文本①均由教育部（国家教委）颁发。这一方面体现了学业负担问题作为教育发展和教育问题的重要组成部分在教育学领域的地位，另一方面也反映了学业负担政策专门性文本的执行效力。当然，学业负担政策并不一定要从法律的"至上"规范，但却需要政策主体的"专门生产"，成为教育决策部门的政策中心及优先发展领域，加快学业负担政策发展的专门化进程，对学业负担的概念体系、目标体系、治理体系及创新机制做出科学的说明和规范，使其具有明显的可操作性和激励、诱导作用，最终实现持续性革新。

（四）学业负担政策文本的综合配套

学业负担政策是我国教育政策体系的有机组成部分，学业负担问题的有效解决，不能单就学业负担而论学业负担，需要相关政策的配套辅助。从目前的政策环境来看，学业负担问题的缓解主要从学校教育层面开展，但其所涉及的领域却远不止于此。在教育政策体系中，存在着一个由多种政策相互交错而结成的"政策丛林"，他们之间既相互促进又相互牵制。当作为"快动"政策的学业负担政策与其他"慢动"政策

---

① 所谓专门性学业负担政策文本是指专门针对学生学业负担问题而制定的政策文本。

的发展出现不平衡时，这些"慢动"政策就会对学业负担问题的解决与有效推进造成阻碍。因此，对于"快动"政策发展过程中的阻碍，需要提供具体的政策配置来保障学业负担政策的有效执行，进而促进"慢动"政策与"快动"政策的均衡发展。

第三节　学业负担政策文本的价值分析

本节采用教育政策文本分析中最核心、最本质的研究范畴，即价值分析对学业负担政策进行研究。价值是教育政策发展的内在动力。"如果没有理解价值在教育中所扮演的中心角色，将不会认识到教育政策问题。如果不能调和不同的价值，那么就不能建构基于和谐的教育政策。"[1] 所谓教育政策价值分析是指对教育政策活动中价值主体的价值选择和政策实践活动所达成的价值进行确认和分析的一种政策研究方法和方法论。教育政策的价值不能离开教育价值而孤立存在。我国学业负担政策的出台选择了什么价值？我国当前的学业负担政策价值的实现进程存在什么机遇和挑战？我国学业负担政策价值实现的合理路径是什么？这些深层次问题是学业负担政策实践无法回避的现实问题。鉴于此，本书以新课程改革的深化推进为背景，站在教育者和政策分析者的立场，建构学业负担政策的教育学分析视角，对学业负担政策文本的价值选择、价值维度进行透视，以期对我国学业负担政策的价值实现提出合理化建议。

一、学业负担政策的价值选择

教育政策是价值选择的结果。对教育政策主体的价值选择进行分析，是教育政策价值分析的核心与根本。"每个政策文本都是一个价值

---

[1]　Christopher Winch and John Gingell, *Philosophy and Educational Policy: A Critical Introduction*, London; New York: Routledge Falmer, 2004, p. 6.

综合体，政策文本中每一个政策问题都有一个基本的价值矛盾，而对这些问题的处理自然成为权威在复杂的政策过程中的一种价值选择。"[1] 教育政策的价值选择，是指教育政策主体（决策主体、执行主体和利益主体）在自身利益判断基础上所做出的一种集体选择。其蕴含着教育政策主体对于政策的价值期望，表达了教育政策所追求的目的与价值。从价值理论上说，学业负担政策是对我国教育价值体系中居于主导地位的价值进行重新选择的过程，是打破传统教育价值体系中各要素比例的均衡状态，重新建构新的价值体系的过程。因此，在学业负担政策制订和实施过程中，不同政策主体的需要、利益等方面动态性地交织在一起，不同取向的价值选择相互冲突、相互矛盾、相互博弈，调节着教育实践中的不同利益主体和事物。对于任何一项教育政策的价值选择，我们都可以从实质价值和形式价值两个不同的方面进行具体分析。[2] 因是之故，理解和分析学业负担政策，要明确学业负担政策的实质价值和形式价值，把握教育政策的价值选择与追求。

（一）学业负担政策的实质价值

教育政策的实质价值又称为"价值理性"，它是政策主体通过教育政策实践活动所追求的一种价值目标，是教育政策活动的出发点，也是教育政策活动的归宿。在学业负担政策及其实施过程中，其所蕴含的核心价值内容主要表现为"以人为本"。"以人为本"是现代教育发展的必然逻辑，是建构教育理念的根本旨归，也是学业负担政策最终的、核心的政策目标。过重学业负担的存在，严重违背了教育发展规律和学生身心发展规律，摧残了学生身心健康，使得学生生命的意义在"减负"的尴尬中失落。随着社会的不断进步，民主化进程的不断加深，课程改革的深化推进，使得人的价值在社会的汰变中逐渐得以凸显，"以人为本"的价值理念得以复归。现行的学业负担政策明确提出：切实减轻学

---

① 涂端午：《高等教育政策生产》，北京大学出版社2012年版，第73页。

② 刘复兴：《教育政策的价值分析》，教育科学出版社2003年版，第106、219页。

生过重的学习负担，使学生在德、智、体等方面生动活泼地得到发展，为将来进入社会和继续学习打下良好的坚实基础。体现出促进学生身心自由和谐全面发展的核心目标。这就把学生从"过重学业"的奴役和束缚中解放出来，将学生置于本体性的地位，是对学生最大的精神解放和对学习生活质量的深切关怀，充分彰显了"以人为本"的教育价值理念。

（二）学业负担政策的形式价值

教育政策的形式价值又称为"工具理性"，它是教育政策价值主体在教育政策实践活动中必须遵循的一系列确定的、不以人的意志为转移的程序或规则。教育政策过程的有效性是形式价值的根本标准——即如何进行教育政策活动（由谁决策？如何决策？如何实施）才能有效地实现教育政策的实质价值。而教育政策价值选择的合法性与教育政策实践活动的合理性的获得是实现教育政策有效性的两个基本条件。因此，本书从合法性与合理性两个向度来透视学业负担政策的形式价值。首先，学业负担政策价值选择的合法性来自于政策制定与实施过程的民主化程度。由于受官僚议程和内部政治等给定条件的限制，我国教育政策活动在行动的选择方式上仍表现为单向度的政府选择模式。这种政策选择模式忽视公众对教育决策过程的参与性，忽视教育政策对公众需要的回应性，致使利益相关者参与教育政策制定的过程是有限度的、模糊不清的，进而影响到我国学业负担政策制定过程的民主化进程，导致学业负担政策并不能够充分地表达和满足公众的需要和利益。但随着社会的不断进步与发展，公众参与政策决策的意识逐步提升，参与政策决策的渠道得以畅通，使得公众自身的利益诉求在参与政策决策过程中得以彰显。民主化的学业负担政策决策过程是学业负担政策价值选择合法性的重要保障，也是学业负担政策制定与实施的现实追求。其次，学业负担政策价值选择的合理性来自于政策制定与实施过程的科学化程度。随着新课程改革的深化推进，不同政策主体对学业负担的理解逐步加深，这对于学业负担政策的科学制定与有效实施提供了良好的认识与环境基础。但通过对学业负担政策内容的分析发现，由于受到多元因素的影响，学业负担政策本身还存在着法理模糊、目标不清、对象不明以及路径凌乱等问题。上述问题的长期存在，严重阻碍着学业负担政策制定与实施的科学化进程，困扰着学业负担政策目标的实现程度。因是之故，在后续学业负担政策制定与实施过程中，要坚持科学的价值理念和思维方式，遵循事物的客观规律，这样才能够实现学业负担政策的科学化，进而使得学业负担实践活动获得合理性。

二、学业负担政策的价值维度

学业负担政策的价值实现是一个复杂的过程。本书通过对学业负担政策的价值维度进行透视，以期明确学业负担政策价值实现过程中的动因、危机与机会，这对于学业负担政策的后续制定与实施有着至关重要的意义。

（一）学业负担政策实现的价值动因（Value Drive）

学业负担政策实现的价值动因主要体现在减轻学生过重学业负担符合国家和公众的整体利益、"以学生为本"代表着教育的核心与本质价值以及学业负担问题受到国家层面的高度重视三个向度。

首先，减轻学生过重学业负担，符合国家和公众的整体利益。过重的学业负担的存在不仅对学生的身心健康和个性发展造成很大危害，同时也严重阻碍着素质教育的有效实施。新课程改革深化过程中的学业负担政策，是在科学发展观指导下的教育政策，其实质是办人民满意的教育，核心是以学生为本，目标是实现学生的全面和谐发展。减轻学生过重的学业负担，有利于为学生的学习、发展创设宽松、良好的环境，进而为教育公平的实现打下良好基础。

其次，"以学生为本"代表着教育的核心与本质价值。教育的本质在于培养独特的、有生命活力的生命个体，而当前过重的学业负担却造成学生的价值扭曲与生命失落。学业负担政策的制定与实施正是要纠正和扭转这一状况，以使教育复归生命的本质，体现对学生生命价值的终极关怀。这是尊重教育规律的体现，也是落实科学发展观的要求。也只有这样，才能跳出应试教育的怪圈，促进学生创新意识与创新思维的发展，实现学生身心健康和谐自由的发展。

再次，学业负担问题受到国家层面的高度重视。改革开放以来，虽然我国相关政府部门制定颁发的国家层面的关于学业负担的政策达到八十多项，但全国人大、中共中央、国务院一级国家政府部门并没有颁发专门性学业负担政策文本。这在一定程度上影响了学业负担政策的有效实施，同时也充分表明学业负担问题"在教育学的'圣坛'上至今没有任何分量可言"。中国共产党第十七次全国代表大会的召开昭示着这一情况的改观，因为其史无前例的将"减轻中小学生课业负担，提高学生综合素质"写进了大会政治报告，充分显示出国家层面对学业负担问题的高度重视，为过重学业负担问题的解决提供良好的契机。

（二）学业负担政策实现的价值危机（Value Crisis）

学业负担政策实现的价值危机主要表现在功利主义价值取向盛行和相关配套制度不健全两个向度。

其一，功利主义价值取向依旧盛行。当前减负政策的失效，很大程度上是因为教师和学校减负的努力被家长和社会增负的行为所抵消。在学业负担政策实施过程中，有关利益主体（家长）不遵守规则，站在自己利益立场考虑问题，把自己的主观意愿强加给学生，进一步激化了学业负担问题。与此同时，有关利益主体（家长）在既定制度的安排下，追求自身效用的最大化，重视教育的工具价值，只看好教育所带来的经济利益以及个人社会地位的提高，而严重忽视教育的长远价值和隐性价值。"工具性的唯材教育观肢解着生命完整性，符号论知识观压抑着生命的灵动性，划一性的教育目的损害了生命的独特性，教育在强迫学生屈从于并刻苦学习类似于圣旨的客观知识，人文教育失落了，教育与生活世界割裂了，导致生命失去了意义。"① 家长的短视行为和社会的诱惑，使学生最终成为教育功利化的一种工具、一种牺牲品。

其二，相关配套制度的缺失与不健全。学业负担政策是我国教育政策体系的有机组成部分，学业负担问题的有效解决，不能单就学业负担而论学业负担，需要相关政策的配套辅助。从目前的政策环境来看，学业负担问题的缓解主要从学校教育层面展开，但其所涉及的领域却远不止于此。在教育政策体系中，存在着一个由多种政策相互交错而结成的"政策丛林"，他们之间既相互促进又相互牵制。当作为"快动"政策的学业负担政策与其他"慢动"政策的发展出现不平衡时，这些"慢动"政策就会对学业负担问题的解决与有效推进造成障碍。在学业负担政策发展过程中，配套的评价制度、考试制度、就业制度、责任分担机制并没有伴随着学业负担政策的出台而出台。这就造成对学业负担政策的实施产生障碍和羁绊，阻碍学业负担政策目标的实现。

（三）学业负担政策实现的价值机会（Value Opportunity）

学业负担政策实现的价值机会主要体现在新课程改革的深化推进和政府治理模式的初步转型两个向度。

第一，新课程改革的深化推进。新课程改革与"减负"是交互影响的。新课程改革将"以学生为本"作为核心指导思想，坚持"为了每一个学生的发展"的基本价值取向，追求人的素质多方面、多层次和多样化的发展，深刻体现了对学生最大的精神解放和对学习生活质量的深切关怀。为了实现学生全面和谐发展，新课程改革在课程目标、课程内容、课程结构、课程实施以及课程评价等方面发生了相应的变革，以实现新课程改革在价值理念上和实践样态上的有机统一。新课程改革实现了基础教育课程概念体系的重建，凸显了学生的主体地位，实现了人的生命价值的复归。新课程是教师、学生、教材、环境四因素动态交互

---

① 冯建军：《生命与教育》，教育科学出版社 2004 年版，第 4 - 8，43 - 45 页。

作用的"生态系统",是学生个体自由和谐发展的"跑道"、空间和天地。新课程改革的深化推进为缓解过重学业负担问题提供了良好的契机。①

第二,政府教育治理模式的初步转型。政府教育治理模式的转型实质是权力下放、重心下移。在"国家共同体"时代,公共教育权力集中于政府手中,实行的是以政府的"自上而下"选择为特征的教育政策模式,决策过程完全将公民排除在外。在社会转型和公共教育权力变迁的背景中,我国政府教育政策治理模式开始逐步由"管制型"向"服务性"转变,这为教育管理体制的改革提供了明确的方向,为公民参与民主决策提供契机。学业负担问题不仅是一个教育问题,也是社会问题,涉及到多元利益主体。学业负担政策的制定,不能够简单由政府独立决断,而应该允许相关利益群体参与到政策决策过程中来,彰显不同群体的利益诉求,在政策决策过程中形成不同利益主体的话语共识。政策科学的创立者拉斯韦尔认为,"好的政策决定是由讨论和经验培育形成的,民主在公共生活建设中是最重要的,民主过程的本质就是参与决策"。② 政府教育治理模式的转型为学业负担政策的有效制定提供良好的政治环境。

三、学业负担政策的价值实现策略

教育政策的最终目的是要化解教育问题,形成社会教育风尚。尽管"以人为本""促进人的自由和谐全面发展"的价值追求在现阶段还是一种理想,是一个过程,但是它的实现程度与我们的正确认识和主观努力有着密切联系。教育政策作为指导教育实践的重要因素,应该尽最大的努力实现教育政策的价值,推动教育的良性发展。本书从教育政策的价值关系出发,在理念变革、制度创新和政策完善三个向度提出实现学

---

① 刘合荣:《学业负担问题研究》,华中师范大学出版社 2008 年版,第 229 页。
② [美] 科恩:《论民主》,商务印书馆 2004 年版,第 104 页。

业负担政策价值的策略。

（一）理念变革：学业负担政策价值实现的前提基础

教育政策实践要取得成功，需要科学的价值理念做引领。正所谓有什么样的价值理念，就有什么样的实践样态。围绕学业负担政策的价值追求，学业负担政策的深化实施与推进必须实现理念的变革与转向。教育理念的变革，主要体现在价值取向的转变。价值取向属于价值哲学范畴，是一种观念性的把握，反映主体价值观念变化的总体趋势和发展方向，规定着主体所进行的各种价值选择、价值评价和价值创造等活动，能够为主体的实践活动提供理想的价值追求，激发个体潜在的能力。价值取向的产生具有客观性，它受到一定时代生产方式和社会政治制度、意识形态的制约。价值取向同时又具有一定的主观性，它源自主体的需要，不可避免地带有主观色彩。价值取向能否发挥对实践的定向、规范和驱动作用，一是看其是否符合社会发展的客观规律，二是看其价值理想能否被广大社会成员认可和接受。[①] 可以看出，教育政策价值取向的作用是巨大的和多元的，它的突出功能是决定或支配政策主体的价值选择，因而教育政策的价值取向的合理、科学与否，对政策主体自身、主体间关系以及其他主体均有重大影响。

学业负担政策主体的价值取向贯穿于学业负担政策制定和实施的全过程，引导着"减负"实践的前进方向，规范着"减负"主体的行为方式，体现着"减负"工作的核心理念和精神。但由于功利主义价值取向的盛行，使得学业负担政策实施过程中学校和政府的"减负"努力被家长的"增负"所消解，这成为学业负担政策失效的重要原因之一。正义是人类社会最重要、最基本的价值。正如罗尔斯所说："正义是社会制度的首要价值，正向真理是思想体系的首要价值一样。一种理论，无论它多么精致和简洁，只要它不真实，就必须加以拒绝和修正；

---

① 王永军、王战军：《高等职业教育评估的价值取向研究》，《教育研究》2014 年第 2 期，第 105 页。

同样，某些法律和制度，不管它们如何有效率和有条理，只要他们不正义，就必须加以改造和废除。"① 实现从功利主义价值取向向正义的价值取向转变，是基础教育新课程改革的应有之意，也是学业负担政策应该坚持的价值原则。因此，为了保证学业负担政策制定和实施的有效性，代表不同价值利益的主体之间需要保持适度的张力，然后在整合的基础上形成合理的价值取向，即达到公平与效率的均衡，从而解构和消除学业负担政策制定和执行中不合理的价值取向。

（二）制度创新：学业负担政策价值实现的重要保障

教育政策和教育制度处于一种相互影响、相互制约、相互交织的关系模式中。教育政策作用的发挥不可避免地受到制度环境的影响和制约。首先，制度结构体系决定了政府制定和执行政策的能力，换句话说就是制度构成了主要的政治情境，它影响政策产出。其次，既有制度系统的观念和意识形态对教育政策价值的深刻影响。表现为教育政策不可能超越或完全搁置既有教育制度体系所隐含着的价值取向，使教育政策价值的选择和实现的合法性受到影响。最后，既有制度系统对作为对象的人的社会角色和行为取向的规定性，使得人的行为对制度产生路径依赖，从而造成行为的嵌入性特征，最终影响教育政策活动的有效性。② 而教育政策的发展又起到保护、牵引和建构教育制度的作用。

从当前推行学业负担的政策实践来看，制度性因素的制约构成政策推进过程中的最大障碍。减轻学生过重学业负担价值目标的实现，单靠政策主体价值理念的变革和针对性的教育政策文本是行不通的，还需要不断推动整个教育机制综合配套制度的完善。新制度经济学家道格拉斯·诺斯（Douglass C. North）认为："制度提供了人类相互影响的框

① ［美］约翰·罗尔斯：《正义论》，何怀宏等译，中国社会科学出版社 2012 年版，第 1 页。
② 张烨：《试论我国教育政策分析的可能范式》，《清华大学教育研究》2006 年第 2 期，第 106 – 107 页。

架，它们建立了构成一个社会，或更确切地说一种经济秩序的合作与竞争关系。""制度是一个社会的游戏规则，更规范地说，它们是决定人们的相互关系而人为设定的一些制约。"① 因此，为了推进学业负担政策制定和实施的有效性，需要依赖于教育制度的不断创新和完善。例如，建立教育责任分担机制、民主参与制度，改革高考制度、评价管理制度以及就业制度，使得各项学业负担相关制度形成合理的"制度丛林"，消解"快动"制度发展过程中的阻碍，以促进"慢动"制度与"快动"制度的均衡发展，从而保障学业负担政策的有效实施。

（三）政策完善：学业负担政策价值实现的根本路径

学业负担政策的内部发展和完善，是其价值实现的根本路径。随着社会发展速度的日益加快和社会生活的日益复杂化，单纯依靠转变教育观念、加强配套制度建设来减轻学生过重学业负担、追求学生自由和谐全面发展是不够的，还需要通过充分完善教育政策本身来促进学业负担问题的解决。完善的学业负担政策是确保学业负担政策实施效果的重要保障。因此，在教育政策制定过程中，要充分考虑政策本身的科学化、理性化、制度化和民主化，以实现教育政策的完善发展，进而促进教育政策的有效执行。

通过对学业负担政策文本的内容分析可以发现，学业负担政策文本还存在着法理模糊、目标不清、对象不明和路径凌乱等问题。因是之故，学业负担政策的完善可以从政策目标的明确制定、对象的完整规范和政策的"专门生产"三个方面着手。首先，学业负担政策目标的明确制定。清晰合理的政策目标，直接关系到教育政策的成败，决定着教育政策的发展方向和实施效果。因此，学业负担政策决策者在制定学业负担政策时，需要明确地界定政策目标和政策标准，以使政策目标具有合理性、先进性和层次性，进而为实现预期政策目标做好方向性指导。

---

① ［美］道格拉斯·C.诺斯：《经济史中的结构与变迁》，陈郁等译，上海人民出版社 1994 年版，第 226 页。

其次，学业负担政策对象的完整规范。学生过重学业负担问题的有效解决，不仅需要各级政府及其教育行政部门、学校的协同行动，还需要家长、社会有关组织等的共同努力。因此，学业负担政策决策主体在制定学业负担政策时，应该加强对家长、社会组织行为的规范，建立明确的责任分担机制，从而形成社会合力，促进学业负担问题的有效解决。最后，学业负担政策的"专门生产"。学业负担政策并不一定要从法律的"至上"规范，但却需要政策主体的"专门生产"，使其成为教育决策部门的政策中心及优先发展领域。因是之故，在后续发展过程中，要加快学业负担政策的专门化进程，对学业负担的概念体系、目标体系、治理体系及创新机制做出科学的说明和规范，使其具有明显的可操作性和激励、诱导作用，最终实现教育政策的持续性革新。

第二章

学业负担形成的心理学模型建构

　　学业负担是学习者在学习过程中对学习任务的难度、深度和广度的个体认知和情绪体验以及在此过程中的行为反应。个体在学习过程中的认知水平、情绪体验和行为反应都会对学习产生重要的影响，认知水平的高低影响学习者的情绪体验，情绪体验进而影响学习者的行为选择，三者相互影响，彼此制约。学习心理是学习者对学习活动这一客观事物的主观反应，包涵学习者在学习过程中的认知过程、情感和意志过程，因此，构建学业负担形成的心理学模型需要先了解学生对学习活动的认知水平、情绪体验和意志活动，但鉴于学习期望伴随学习者学习过程的始终，是整个学习活动持续下去的不竭动力，学习活动的开展离不开学习期望的动力机制，因此，学业负担的心理学模型着重反映在认知模型、情绪模型和期望模型之中。本章试图从心理学层面入手，分别从认知、情绪、期望等三个方面揭示学业负担的内涵，探析学业负担的影响因素，为减负提供些许参考。

第一节　学业负担形成的认知模型

　　认知，在心理学上是指通过概念、知觉、判断等心理活动的形成，来获取知识的过程，认知是个体思维进行信息处理的心理功能。建构学业负担的认知模型，从整体上把握学业负担的外显性与内潜化特征，有助于我们深层次研究学业负担问题，揭示学业负担的实质，提出解决对策。从心理学视角看学习的心理实质就是认知加工，认知加工就要占用主体的认知资源，就会形成认知负荷，认知负荷就是学业负担。因此，可以说学业负担的内在本质是学生在学习过程中进行认知加工所形成的认知负荷，学业负担重的实质就是认知负荷重。学业负担的认知负荷观认为，学业负担是学生学习过程进行认知加工时所投入的心理资源总量，也是学生在学习过程中所承载的认知加工任务的分量。认知负荷是学生学习中学业负担的核心与本质，学业负担就是学生知觉到要在学习中承担的认知加工任务量，认知负荷的大小是反映学生学业负担轻重与否的核心指标。所以减负的关键在于减轻学生学习过程中的内在认知负荷和外在认知负荷，优化学习中认知负荷。①

认知负荷是影响学习的重要因素。澳大利亚心理学家斯威勒（Sweller）首先提出认知负荷理论，认为认知负荷有三个不同的来源：第一是学习材料的性质，不同性质的学习材料可以带来不同的认知负荷。第二是学习材料的呈现方式，同样的学习材料以不同的方式加以呈现可以对认知负荷产生不同的影响。第三是学习者的已有经验，是在学习过程中由于图式的构建和自动化引起的。根据认知负荷来源的不同将其分为三种不同的认知负荷：内在认知负荷、外在认知负荷以及关联认知负荷。内在认知负荷由学习材料的性质决定，外在认知负荷主要由学习材料的呈现方式决定，而关联认知负荷是由学习过程中图式的建构和自动化引起的。内在认知负荷和外在认知负荷是无效的认知负荷，都会阻碍学生的学习，而关联认知负荷是有效认知负荷会促进学习。在斯威勒认知负荷理论的指导下，下文欲从内在认知模型、外在认知模型和关联认知模型构建学业负担的认知模型。

一、内在认知模型

根据斯威勒的认知负荷理论，内在认知负荷与学习材料的性质相

---

① 赵俊峰：《解密学业负担——学习过程中的认知负荷研究》，科学出版社 2011 年版，第 4 - 6 页。

关，一般而言，在学习者还没有拥有足够的学习经验、掌握合适的图式以及学习材料相对复杂时，会给学习者带来高度的内在认知负荷。相反，如果学习材料相对简单、学习者拥有足够的学习经验、掌握了合适的图式，引发的内在认知负荷就小。鉴于此，学业负担的内在认知模型也应该与学习材料或学习任务的性质相关。从现代认知心理学的角度看，学习就是一个信息加工的过程。学习者在学习过程中充担当着加工者的角色，而加工的信息则是学习任务，包括任务的数量、难度、时间等。心理学家们认为学习者在学习过程中的认知容量以及所能付出的心理能量是有限的。① 也就是说，一旦任务的数量、难度和时间等与所学材料本身密切相关的内在认知负荷产生，超过学习者的个人承受范围，高强度、多内容的学习材料信息相互交织，易使学生会感到学习吃力，学习效率不高，难以掌握知识点，那么学业负担也将很可能随之产生。因此，学习材料的数量、难度、持续时间的长短等是学生内在认知负荷的主要来源。

（一）由学习材料的数量引发的内在认知负荷

学习材料数量引起的内在认知负荷主要指学习任务量的多少对内在认知负荷造成的影响，一般情况下，学习任务越多认知负荷量就越大，学习任务越少认知负荷量就越小。学业数量是学业负担的外在体现，是学者衡量学业负担轻重与否的首要考虑因素。一般说来，关于学业负担的问卷多从学业数量这个维度进行考察，因此学业数量成为学业负担最直接的显性特征。从认知心理学的角度看来，学生的认知加工能力是有限的。这就要求学生在学习时所承受的学业数量应保持在认知加工能力的范围之内。一旦接受的学业数量超出认知加工能力的范围，学业负担就产生了。因此，学生学业负担的实质就是学生在学习加工过程中的信息任务过多，需要加工的信息量一旦超过学生的加工容量限制，造成加

---

① 张春莉：《减轻学生课业负担——一种认知负荷观》，《教育理论与实践》1999年第 7 期。

工过程的严重"超载"，进而引起学生的认知负荷，造成学业负担。我国学生长期认知负荷过重主要是学习任务过重导致的，具体表现在以下几个方面：

1. 课时量过多，在校时间长。有研究表明，与欧盟12国相比，我国内地中小学生每学年上课时数是最高的：6岁为1140—1178课时，9岁是1254—1292课时，甚至高于近邻俄罗斯和日本。德国6岁儿童的课时数仅为564，丹麦9岁儿童课时数为660，与我国相差两倍。[①] 另外，根据中央教育科学研究所2001年的研究报告指出，在义务教育阶段，中国总课时比日本多了943节。[②] 从日课时安排来看，德国、葡萄牙等多数国家的教学活动仅安排在半天的时间内，而我国的中小学生则大抵是"充实"的一整天。从全年在校天数来看，我国以251天居首，美国为178天，最少的国家是葡萄牙，172天。由于初三和高三的阶段特殊性，中学生在校天数更是超过300天。杨秀治和刘宝存在2002年的研究中通过对比70个国家的中小学教学天数，指出我国属于中等偏上水平，但由于片面追求升学率的影响，初中高年级和高中阶段的教学天数远远超过国家规定的天数，学生实际在校学习天数应为世界上最多的国家之一。[③]

2. 知识点、课程数量多。在知识点数量上，有调查表明，初中各学科中，人教版的"代数与几何"的通用知识点最多，达到了302个，而日本与俄罗斯分别为228、248。[④] 我国于1992年颁布的义务教育课程计划中规定，小学开设思想品德、语文、数学、社会、自然、体育、音乐、美术、劳动等九门课程，有条件的小学可增设外语；初中阶段开

---

① 高如峰：《欧盟国家基础教育学年课时安排的比较研究》，《外国教育研究》1998年第5期。
② 上官子木：《创造力危机》，华东师范大学出版社2004年版。
③ 杨秀治、刘宝存：《中小学生学习负担的国际比较》，《上海教育科研》2002年第4期。
④ 上官子木：《创造力危机》，华东师范大学出版社2004年版。

设思想政治、语文、数学、外语、历史、地理、物理、化学、生物、体育、音乐、美术、劳动技术等十三门课程，还开设短期的职业指导课。而相比之下，西方国家仅开设6—8门综合性课程。

3. 考试频繁。考试作为检验学生学习效果最佳手段的观念早已根深蒂固，为了追求高升学率，学校乐此不疲地将考试作为对学生不断施加压力的法宝。"以考检学""以考逼学"的现象随时上演。于是，各种名目的考试纷至沓来，诸如摸底考试、周测验、月考、期中考试、期末考试、模拟考试等，将学生压得喘不过气来。根据国家教委曾对北京、天津、上海、河北、辽宁五省市的中小学生课业负担现状的专题调查数据显示，除了考试次数频繁外，更有甚者考后按分数排名。学生们对此恐惧不已，后进生怕遭到师长训斥，而优生则怕因考试失误造成名次下滑。学生的自尊心在"分数"的高度压迫下受到挫败，从而产生畏惧心理，厌学、辍学现象也随之产生。

4. 作业时间长。关于家庭作业，我国有明确的政策规定，小学低年级一般不留家庭作业；三、四年级每天的课外作业量不超过30分钟；高年级不超过45分钟；初中不超过1个半小时；高中不超过2小时。从政策规定上看，我国中小学生作业负担并非沉重，但教师实际布置的作业量却远远超过政府规定量。教育进展国际评估组织曾对21个国家的基础教育进行了调查，发现中国的中学生每周在校做数学题的时间为307分钟，在家花在数学上的时间为4小时；而其他国家在校为217分钟，在家不到一小时。[1] 根据郑逸农和徐须实在2000年对全国范围内部分知名中学的调研结果显示，高一高二学生每天的平均学习时间为11.21小时，高三为12.01小时，每天作业平均时间为96.6分钟。[2]

学业数量加重了学业负担，从一方面来说，学业负担对学生所承受

① 上官子木：《创造力危机》，华东师范大学出版社2004年版。

② 郑逸农、徐须实：《高中生"减负增效"对策的研究与实验》，《教育科学》2000年第2期。

的学业数量也产生着一定的影响。这种影响是以学业数量感为中介的，学生一旦感受到过重的学业负担，就会对当前的学习任务产生畏难情绪，对于之前可以完成的学习任务也失去了信心，从而加重学业数量感，即感受到当前学业数量过多，无法完成学习任务，因此更进一步加重学业负担。但是从另一方面来看，减少学业数量，使学生所接受的学业数量保持在学生的认知加工能力的范围之内，进而消除学生的学习负荷，减轻学生的学习负担。学生的学习负担减轻，学生的学业数量感随之下降，就会增强处理学习任务的信心和能力。由此看来，学业数量与学业负担存在着不可分割的辩证关系。这就启示我们，如果要减轻学生学业负担，减少学生的学业数量是必要措施之一。欲构建学业负担的认知模型，学业数量是重要因素之一。此外，学习时间过长会引起时间压力，时间压力在很大程度上会决定时间投入的长短，由此来影响学生在学习过程中的心理和情绪的投入程度。"过度学习"有助于防止遗忘，增强记忆，但长时间的机械重复学习将适得其反。心理学上有研究表明，以刚能全部背诵为学习达到 100% 的程度，150% 的学习程度就达到了最佳效果，以后的"过度学习"记忆效果就不再继续增加。连续学习过长，会引起学生焦躁、不耐烦等负面情绪，直接对心理投入的质与量产生不良影响，加大学生的认知负荷，从而产生学业负担。由此可见，学习时间过长会加重学生的学习负担，这正是各国对学生的学习时间进行规定的原因所在。

（二）由学习材料的难度引发的内在认知负荷

学习材料的难度主要指学习材料的复杂程度，包括学生学习内容的难度、作业的难度、试题的难度等。不同性质的学习材料可以带来不同的认知负荷。一般说来，如果学习材料所包含的元素之间的关联度较低，给学习者带来的认知负荷就较低；反之，如果学习材料包含的元素之间的关联度较高，给学习者带来的认知负荷就较高。这是因为，如果元素之间的关联度低，它们就可以在工作记忆中被循序单独处理，无需参照其他信息来源；如果元素之间具有高关联度，尽管其数量可能没有增加，但学习者必须同时将其置入工作记忆中进行加工，这就增加了认知负荷。我们逐个学习英文单词时，之所以感觉相对轻松，就是因为它们之间关联度小，带来的认知负荷低；我们学习英语时态时，之所以感觉相对困难，就是因为反映时态的单词之间具有高关联度。[①] 斯威勒通过实验证明：学习材料所涵盖的信息要素越多以及这些要素之间的交互作用越多，学习者的内在认知负荷就越高；相反，材料信息要素较少、交互作用越少，学习者的内认知负荷就会较小。因此，通过控制学习材料的难易程度来减轻学生过重的学业负担是条有效的途径。

自新一轮课程改革开展以来，义务教育阶段的教材发生了明显的变化。以人教版语文教材为例，新教材撤掉了部分说教性的文章，更加强调新收入作品的文学性。但与此同时，过去三年的教学内容压缩至一年半完成，加大了教学"密度"。在 2011 年颁布的义务教育阶段英语课程标准中规定，以综合培养学生语言技能、语言知识、情感态度、学习策略和文化意识为课程目标，要求各阶段学生分别达到一到五级分目标。新课程中不仅增大了词汇量，还对学生的阅读能力提出了明确的要求：除课文以外，补充阅读量应达到 10 万字左右，能以 40—50 个词的速度进行阅读，生词率不超过 3%，理解正确率应达到 70%。但据调查，60% 的学生未能达到新课标规定的要求，新课标难住了好学生。此外，在实际教学中，教师作为教学最直接的授受者，不得不追随"考试"这个指挥棒。考试中的偏题、怪题屡见不鲜，各省市教研部门每年出题都竭尽全力不重复，为了应付考试，教师只得不断挖掘教授内容的深度、难度，以更好地帮助学生对付考试中的难题。长此以往，学生被折磨得身心俱惫。曾有数据显示，中学高年级中 75% 的学生有明显的困意，35.7% 的学生上课时间睡觉，46.4% 的学生记不住教学内容。[②]

---

① 庞维国：《认知负荷理论及其教学涵义》，《当代教育科学》2011 年第 2 期。
② 上官子木：《创造力危机》，华东师范大学出版社 2004 年版。

根据维果茨基提出的"最近发展区"原则，教学材料的难度应当走在学生现有发展水平的前面，这样的教学可以调动学生的求知欲望，带动学生在原有基础上的进一步深层次发展。但教学材料的难度并非越大越好，学习材料过难，会导致学生的实际发展水平与潜在发展水平之间的差距过大，学生通过自己的努力仍然难以达到，使学生产生挫败感。这样的教材就在无形中加重了学生学习过程中的内在认知负荷，过多地消耗了学生脑力，影响学生的认知加工，使学生产生畏难情绪，降低学习的自我效能感，长此以往，学生所感受的学业负担就逐步加重。由此可见，难度越大造成的学业负担就越重。当然，学习材料的难易度对学生认知负荷的影响还取决于学生自己对学习材料的主观把握，学生个体因为已有学习经验的不同、自身智力水平的差异以及已有图式的区别，对相同学习材料的难易度的感受也不尽相同。

学习材料的信息要素以及各信息要素的交互作用是学习材料所固有的，这是无法通过教学操纵等外在力量而改变的，所以学习者的内在认知负荷是稳定的、固定的，只要学习材料一定，内在认知负荷就是一定的。[①] 因此，我们可以通过控制学习者的学习材料和学习任务来减轻学习者的内在认知负荷，进而减轻其学业负担。

二、外在认知模型

外在认知负荷是由学习材料的呈现方式和学习者需要的学习活动所引起的，它不会促进学习反而会减小学习的工作记忆容量。传统教学中所产生的外在认知负荷非常大，所占用的认知资源也非常大，也就压缩了真正用于学习、促进学习的其他认知负荷。现代教学设计主要是从外在认知负荷着手，教学设计的优化就是要尽量减小因教学程序、组织形式、知识呈现方式以及呈现的媒体而产生的认知负荷，把学生有限的认

---

① 赵俊峰：《解密学业负担——学习过程中的认知负荷研究》，科学出版社 2011年版，第 7 页。

知资源尽量多地运用于学习过程，从而提高学习效率和学习效能。[①] 认知负荷理论者认为，外部认知负荷主要由教学设计引起，如果学习材料的设计和呈现方式不当，就容易给学生带来较高的外在负荷，干扰其学习。例如，如关于山脉成因的教学材料，如果单纯用文字呈现，过多的文字叙述会加重学生的外在认知负荷；如果采用示意图加文字描述的方式，学生的外在负荷就会降低，学习效果会更好。由于学习材料的呈现方式可以改变，所以外在认知负荷也可以控制。通过改善教学设计来降低学生的外部认知负荷，是早期的认知负荷理论关注的重点。[②] 因此，外在认知负荷主要由与教学相关的活动引起，教学活动组织得越差，学生的外在认知负荷就越重。

（一）教学设计与外在认知负荷

教学设计是教师在开展教学活动前所需要进行的方案设计活动，其主要构成部分包括：教学目标确定、学生特征分析、学习内容分析、教学方式选择，教学评价等。[③] 教学设计主要是从教师教的这一环节来分析其教育心理影响的。教师进行教学设计的时候首先确定具体的教学目标，然后根据学生的成长阶段的心理特征和学生的能力所长来选择适当的教学内容，将教学内容整合起来，以学生最能接受或者学生最大效率接受的方式来进行教学，最后的教学评价工作应该是多维度，既能看到学生付出的努力，又能看到学生所收获的成果。亦如 Alexander 所论证的：认知负荷被看作教学活动设计的一个重要因素，教学活动是否有效取决于，或者说部分取决于它能否减少不必要的认知负荷。从教学心理的角度来看，教学目标设计得太难，学生特征分析不到位，学习内容的分析没有结合教学目标与学生特征，教学方式以及最后的教学评价方式

---

① 赵俊峰：《解密学业负担——学习过程中的认知负荷研究》，科学出版社 2011年版，第 8 页。
② 庞维国：《认知负荷理论及其教学涵义》，《当代教育科学》2011 年第 2 期。
③ 李森：《现代教学论》，人民教育出版社 2011 年版，第 403 页。

不恰当，这些都会影响学生的积极性。学生的学力有限，当教学的内容超出了他们的学力范围，学生的学业受挫，很容易产生心理负担，从而加重学业负担。总体而言，教学设计在很多方面影响着学生学习中的认知负荷，诸如，教学目标的制定、教学进度的把握、教师对教学内容的熟练程度、教师的表达能力、组织能力、对课堂的掌握和监控能力等，教师的教学设计能力往往决定了学生在学习过程中的外在认知负荷水平。有序、完善的教学设计会减少学生的外在认知负荷，而繁杂、混乱的教学设计则会导致学生产生较高的外在认知负荷，不利于学生的学习。

（二）教学评价与外在认知负荷

从认知负荷理论来看，学业评价方式与外在认知负荷（Extraneous Cognitive Load）的产生紧密相关。外在的认知负荷无益于学习，传统的学业评价将产生巨大的外在认知负荷，占用大量认知资源，也就压缩了真正促进学习的认知负荷，造成负荷错位。因此，探寻既往学业评价弊端，构建生态评价方式，已然成为优化学业负担的重要之举。布鲁姆曾将评价作为人类思考和认知过程的等级结构中最基本的因素，他认为评价就是对一定的想法、方法和材料等做出的价值判断的过程。由此，我们可以将学业评价定义为，以国家教育教学目标为依据，运用适当、有效的工具和途径，系统地搜集学生在各门学科教学影响下认知行为上的变化信息和证据，并对学生的知识和能力水平进行价值判断的过程。而中国历史悠久的"官本位"思想下所催生出的科举制，带有浓厚的功名化色彩。自唐朝正式确立科举考试制度以来，广大学子坚信"学而优则仕""万般皆下品惟有读书高"，死记硬背几部儒家经典和练习大量浮华的诗赋，参加科举考试，以求得功名，光宗耀祖。在这种背景环境下，学校成为科举制度的附庸，教条主义和形式主义的学风不断蔓延滋生。在如今功名化取向的教学评价价值观的影响下，笔试成为必要的、唯一的举措，分数也就理所当然地成了评价学生学习效果的重要标准，认证性和选拔性考试在当前学生学业评价占据半壁江山。在整个学习活动中，学生通过频繁的考试、练习，无休止被动地接受外在的评价，"为考而学"的现象早已司空见惯。单一地对学生学习结果进行评价，在一定程度上会引起学生的心理恐慌、压抑，直接影响学生在信息加工过程中的心理投入、情绪投入和心理投入，以至于对学习任务只能进行粗浅加工或加工剩余，日积月累，从而形成学业负担。因此，评价性因素对认知负荷的影响是不容忽视的。

三、关联认知模型

如果认知任务要求较低（带来的内在认知负荷较低），使得学习者还有充分的认知资源可用，这时他就可以投入额外一些认知资源来促进图式的建构。这种在建构图式时不是必须但投入后又有利于图式建构的认知负荷，就是关联认知负荷。例如，学生听课时做笔记，尽管这增加了认知负荷，但它能促进学习；教师讲课时补充例子，这些例子增加了学生的认知负荷，但有助于概念、原理的理解。[①] 图式是人脑中已有的知识经验的网络结构，即个体对世界的知觉、理解和思考的方式。在皮亚杰认知发展理论中，图式是指一个有组织、可重复的行为模式或心理结构，是一种认知结构的单元。一个人的全部图式对组成一个人的认知结构。图式可以被视为是心理活动的框架或组织结构。在皮亚杰看来，图式是认知结构的起点和核心，也是我们认知事物的基础。在学习过程中图式的获得与自动化是学习的重要目标，它可以扩大认知能力，提高学习效率。关联认知负荷是由学习过程中图式的构建与自动化而引发的，它促进与激励个体把认知资源分配到学习活动中去，与外在认知负荷一样，关联认知负荷也与教学设计有关。良好的教学设计会适度增加学生的关联认知负荷，使之在图式建构中投入更多的努力，寻求更好的

---

① 庞维国：《认知负荷理论及其教学涵义》，《当代教育科学》2011 年第 2 期。

信息加工策略，从而提升其学习质量。关联认知负荷不仅不会阻碍学习，反而会促进学习。因此，掌握必要的图式对学生学习来说至关重要，教师应该运用各种教学策略来帮助学生构建学习所需要的图式，学生自己也要努力形成必要的图式来促进学习的自动化生成，提高学习的关联认知负荷，减轻自身的总体认知负荷，进而减轻学业负担。

第二节　学业负担形成的情绪模型

学业负担是过重的学习任务给学习者带来的生理和心理的双重负荷，外在的生理负担容易通过一定的措施解决。而学业负担归根结底产生于学生的主观心理感受，内在的心理负担才是对学生造成主要影响的负荷量。因此，减负的着眼点最终应该落在减轻学生对学业负担的主观感受上。改变学生对学业负担的态度、调节他们在学习过程中的情绪，有利于改善学生的心理健康状况。教育的目的，是培养学生全面发展。因此，培养学生良好的学业情绪，不仅对学生的学业成绩产生积极影响，更有利于提高学生的心理健康水平。正如汤姆金斯（S. Tomkins）所言，情绪是我们生活的原动力。[1] 情绪对学生成长与发展的作用是不可忽略的，情绪影响学生的心理和生理健康，同时也影响着学生的认知加工过程和学业成就。董妍和俞国良提出，学业情绪的范围不仅仅包括学生在获悉学业成功或失败后所体验到的各种情绪，同样也包括学生在课堂学习中的情绪体验，在日常做作业过程中的情绪体验以及在考试期间的情绪体验等。[2] 近年来，我国中小学生的心理问题越来越多，究其原因不外乎教育和环境两大因素。学生由于学习压力过大，进而对学习产生消极的情绪体验，例如考试焦虑、厌学、逃学、自杀等。所以，学

---

[1]　保罗·艾克曼：《情绪的解析》，杨旭译，南海出版公司 2008 年版，第 1 – 6 页。

[2]　俞国良、董妍：《学业情绪研究及其对学生发展的意义》，《教育研究》2005 年第 10 期，第 39 – 43 页。

校要给学生营造一个宽松平等的学习氛围，促使学生体验到积极的学业情绪，减轻学生的学习压力，增强学生的自信心和主动学习的动力，进而培养学生良好的心理品质和健全的人格。因此，积极的学业情绪会促进学生心理健康发展，帮助学生增强学习的兴趣和主动性，减轻学习过程中的学业负担。

学业情绪是指学生对学业负担所持有的一种态度或应对学业负担的一种倾向，具体来说是学生对待学业负担时表现出的内部心理倾向。而学业情绪作为一种非智力因素对学生的成长与发展起着重要作用。学业情绪与认知、动机、意愿等有着重要的联系。感时花溅泪，恨别鸟惊心。良好的学业情绪有助于学生认知活动的开展，帮助学生形成积极主动的学习态度，有利于建立良好的师生关系，促进学生身心健康的发展。因此，学业情绪是学校心理健康情绪教育的重要切入点之一，也是减轻学生过重学业负担的重要途径之一。国内许多研究也发现，学业情绪能够影响或者调节学生认知的加工过程，还会影响学生的学习动机、学习兴趣、学习的努力程度，甚至会影响到学生对学习策略的使用情况。

一、情绪表达

情绪表达是指在不同的情境下通过一定的方式表达情绪的过程，包括生理表达和心理表达两个方面，也包括正性情绪表达与负性情绪表达，以及正负情绪表达的强度。情绪表达是一种稳定的人格特质，不同的个体在情绪表达方面，无论是正性情绪还是负性情绪表达方面都会存在个体差异。而情绪表达的差异，会影响个体的社会适应。折射到学习生活中，则表现为情绪表达与学生学业成就、成就目标、学习效能、学习策略等的密切关联。正确地表达情绪是保持健康情绪的根本要求，也是人际交往最根本的原则。

（一）自觉体察自己的情绪

情绪的自我觉察能力是指了解自己内心的一些想法和心理倾向，以及自己所具有的直觉能力。自我觉察，即当自己某种情绪刚一出现时便能够察觉，它是情绪智力的核心能力。一个人所具备的、能够监控自己的情绪以及对经常变化的情绪状态的直觉，是自我理解和心理领悟力的基础。如果一个人不具有这种对情绪的自我觉察能力，或者说不认识自己的真实的情绪感受的话，就容易听凭自己的情绪任意摆布，以至于做出许多遗憾的事情来。伟大的哲学家苏格拉底的一句"认识你自己"，其实道出了情绪智力的核心与实质。但是，在实际生活中，情绪表达的第一步要学会体察自己的情绪变化，要时刻关注自己的情绪，要时常跳出"自我"的局限，以旁观者的身份来体察自己的情绪状态，进而正视和理解自己的情绪，敏锐地体察他人的情绪。如果有紧张、焦虑、愤怒、悲伤等负面情绪的先兆时要及时加以控制。哈佛心理学专家米勒教授曾经这样评价情绪："每一种情绪都不会毫无缘由地到来，如果你能够提前设置好'预警'系统，那么任何负面情绪都不会干扰到你。"换言之，我们每一个人都需要树立情绪风向标，并且时时关注、读懂它所提供的信息，然后结合实际情况来做出合理的决定。

帕克让等人在 2002 年通过质性研究的方法考察了不同学业情绪出现的频率，发现焦虑情绪最多，达到了 15%—25% 的比例。焦虑情绪不仅出现在考试前和考试中，也出现在了课堂学习与家庭自学的情境中。① 根据我国学者做的调查研究发现，我国学生学业情绪与帕克让等人的研究结果大致相仿，有 81% 的学生出现焦虑状况，但也有 70.5% 的学生表示学习是一件令人愉快的事情。说明我国中小学生在紧张的学习中还是体验到了学习的乐趣，不过也会伴有消极情绪。基于早前的研究，帕克让提出了情绪对学习和成就的影响——认知和中介理论，他认为学业情绪会影响学生对信息的存储和提取、信息加工策略以及有限的

---

① 董妍：《学业情绪与发展》，安徽教育出版社 2012 年版，第 9 页。

注意资源等。① 情绪能提高或阻碍信息的提取和存储，进而影响学习动机的形成和加工策略的选择，间接对学习产生影响。积极的情绪更容易换得学生更多的时间投入与情绪投入，提高信息加工效率；相应地，消极的情绪抑制记忆能力，影响个体学习策略的选择、对认知材料加工的灵活性和整合性，从而影响整个认知机能。认知机能的紊乱运行又将加重学生的认知负荷，形成学业负担。

（二）理性表达自己的情绪

古人云："忍泣者易衰，忍忧者易伤。"对于情绪，合理地表达它才是正确的方式。理性地表达情绪最重要的一点就是要增进自己的主动性行为，也就是要学会向自己的意识表达，让你自己的意识很清楚地认识到你的情绪状态以及它的来源。当我们很清楚地知晓自身的情绪状态，明白它的来源时，负面的情绪就已经理性地宣泄了一半。当我们发觉情绪异常的时候，就要在第一时间调整心态，正确面对当前所处的境遇。现代生活压力较大，工作紧张，对于人们的心理状态来说是一个巨大的考验。面对压力，负面情绪就会随之产生。人们只有通过自我调整心态才能将其淡化消除。如果处理得当，压力就可以转化为人生动力，若是不能及时排解，那么激烈的情绪就会爆发出来，引起人的生理和心理方面的诸多不良反应。有许多人认为：人不应该有情绪，所以不肯承认自己有负面的情绪。要知道，人一定会有情绪的，压抑情绪反而带来更不好的结果，学着体察自己的情绪，是情绪管理的第一步。

二、情绪管理

从心理学的角度来看，情绪管理属于能力范畴，是对个体和群体的情绪进行控制和调节的过程，它是研究人们对自身情绪和他人情绪的认

---

① R. Pekrun, "The Impact of Emotions on Learning and Achievement: Towards the Theory of Cognitive/ Emotional Mediators", *Applied Psychology: An International Review*, 1992, 41, pp. 359 – 376.

识、协调、引导、互动和控制，是对情绪智商的挖掘和培植，是培养驾驭情绪的能力，建立和维护良好的情绪状态的一种现代管理方法。[1] 国内外对于情绪管理概念的界定多关注个体，忽略了组织的情绪管理。因此，学业情绪管理就是学生个体或群体对于自身和他人情绪进行认识、调整，以使个人或整个群体处于积极的情绪状态的过程，其核心是以人为本，遵照人本原理，使人性得到充分发展，以尊重人、发展人、完善人为出发点，提高学生的情绪自觉意识，调控不良情绪，保持乐观积极的心态。

（一）自我情绪认知能力

正确的情绪认知是学生进行情绪管理的第一步，积极的认知能带来积极的情绪体验，消极的认知会导致消极的情绪体验。情绪调节的一个基础是学生要对自己的情绪有一个准确、清晰的认知，只有这样学生才能够有调节的意愿和行为。教师要注重培养学生的自我认知能力，引导学生对自我进行积极评价。学生个人首先要形成对学习的正确态度，正确认识自己和自己的学习，善于从学习中体验到乐趣。学生也应从自身出发，努力培养自身积极乐观的心理品质，采用积极的认知和行为模式，主动应对学业负担。积极的情绪有助于学生的发展，消极的情绪会抑制学生认知能力的提高。有研究表明，情绪积极乐观的学生的认知能力比消极悲观学生的认知能力高。适恰的情绪管理可以有效激发学生的学习动机，影响学习态度。资源有限理论认为，人可利用的认知总是和唤醒联系在一起的，其认知资源的数量可随各种情绪等因素的作用而变化。[2] 学习者是学习活动的主人，需要对学习活动进行积极自主的自我管理和调节。在学习过程中，调整个体情绪，保持乐观积极的情绪，变"迫学"为"乐学"、"善学"，提高学习效率。反之，学生总是处于消极高唤醒或消极低唤醒情绪状态，会影响其注意、记忆、判断、推理等

---

① 许诺兰：《论情绪管理》，《理论与改革》2001 年第 6 期。
② 董妍：《学业情绪与发展》，安徽教育出版社 2012 年版，第 21 页。

能力，导致学生盲目投入大量学习时间，学习效率低下。长久累积，形成学业负担。

（二）自我情绪调控能力

情绪的自我调控能力是指控制自己的情绪活动以及抑制情绪冲动的能力。情绪的调控能力是建立在对情绪状态的自我觉知的基础上的，是指一个人如何有效地摆脱焦虑、沮丧、激动、愤怒或烦恼等因为失败或不顺利而产生的消极情绪的能力。这种能力的高低，会影响一个人的工作、学习与生活。当情绪的自我调控能力低下时，就会使自己总是处于痛苦的情绪旋涡中；反之，则可以从情感的挫折或失败中迅速调整、控制并且摆脱而重整旗鼓。积极的学业情绪可以促使学生更加灵活、有效、富有创造性地参与学习活动，并且有利于学生的自我调节；而消极的学业情绪所起的作用则与积极的学业情绪所起的作用相反。因此，在教学过程中，教师要更加注重良好学业情绪的培养，使学生具有良好的认知能力、积极主动的学习态度，从而创造好的学业成就。教育场域中的情绪特指学业情绪，即在教学或学习过程中，与学生学业相关的各种情绪体验，包括喜悦、生气、骄傲、热情等。已有相关实验研究表明，积极的学业情绪与学业成绩正相关，消极的学业情绪与学业成绩负相关。帕克让（Pekrun）认为，学业情绪可以引发、维持或降低学业动机或相关的意志过程，通过影响学习策略、认知资源、自我调节学习、学习动机作用学业成就。[1] 而学业成就的高低、学习动机的强弱也会直接影响学生的情绪投入，影响信息加工策略选择，造成学习困难，引起学业负担。

（三）自我激励能力

情绪的自我激励能力是指引导或推动自己去达到预定目的的情绪倾

---

[1]　R. Pekrun, "The Impact of Emotions on Learning and Achievement: Towards the Theory of Cognitive/ Emotional Mediators", *Applied Psychology: An International Review*, 1992, 41, pp. 349 – 376.

向的能力，也就是一种自我指导能力。它是要求一个人为服从自己的某种目标而产生、调动与指挥自己情绪的能力。一个人做任何事情要成功的话，就要集中注意力，就要学会自我激励、自我把握，尽力发挥出自己的创造潜力，这就需要具备对情绪的自我调节与控制能力，能够对自己的需要延迟满足，能够压抑自己的某种情绪冲动。拥有较高自我激励能力的学生一般能够及时调控自己的情绪变化，具有较高的学习兴趣和积极性，全身充满了动力。情绪管理对学生的学习活动有着重要的影响，并且贯穿于学生的整个学习过程。若学生能对自己的情绪进行有效调节从而生成积极的学业情绪，则有利于学生调动所有的有利因素和认知资源，克服一切困难，向着自己的目标努力学习，一般这样的学生其学业负担较轻。而当学生处于消极的学业情绪下，学生在心理上对学习是一种抵触和抗拒的状态，他的学习是被动的，那么其学习的效率就会低下，学习效果不佳，久而久之就会形成学业负担。反过来，学业负担对学生的情绪管理有着反馈作用。当学生的学业负担处于一个适度水平并且学生的学习成绩较好时，若学生将自己的学习成绩归因于自身的努力，学生则会产生自豪和愉悦等情绪，这些积极的情绪会使学生产生较为持续和长久的心境，在一定程度上有利于学生调控和管理自己的情绪，从而又会对学生的学习产生积极的影响。这是一个循环往复的过程。反之，当学生在学习上感受到失败时，若他将原因归结于自己，久而久之会对学习厌倦，学业负担加重，学生在情绪体验上呈现的是厌倦和悲伤的消极情绪。由于受到前面消极情绪的影响，学生可能会对自己缺乏信心和动力，预期自己可能会失败，则会对他的学习产生不利影响，导致学习效率低下，在一定程度上增加其学业负担。

三、情绪调节

学业负担形成的情绪模型不仅仅是学生对于学习的情绪体验、情绪表达和情绪管理，还应包括学生对学习活动中师生关系的情绪体验以及学生情绪场域影响。

（一）师生情绪感染

师生关系对情绪的影响是潜移默化的，但却无法忽视。师生关系，无论对课堂教学氛围还是教学信息传递都有显著的影响。美国心理学家帕里克曾做过一项实验，研究表明，在积极的教学氛围中，学生的理智反应大大超过机械、重复和混乱反应，而在压抑对立的教学氛围下，结果却恰恰相反。[1] 师生关系健康和谐，教师"善教"，学生"乐学"，在教与学的过程中，师生共同体验到更多的愉悦感。此外，师生关系与教学信息传输的有效度也有极大的关联。在良好的师生关系下，教学信息流失量少，传输通畅，转换的数量和内容的抽象概括程度都比较高，而且信息反馈也及时、真实。[2]

从心理学的角度来讲，师生关系融洽，学生就会"亲其师，信其道"，"晕轮效应"往往将学生对老师的喜爱转移到对教学内容的兴趣上，从而取得良好的成绩。反之，在不良的师生关系下，学生总是怀疑、抵触教师，在教师身上得不到马斯洛需要层次学说所提及的归属感、尊重感，产生厌学情绪，甚至"学校恐惧症"。学生学习动机减弱，无法全身心投入课堂学习，直接影响学习效率。学习效率低下，导致学习任务的累积，学习任务得不到正常的加工、吸收，学生容易产生心理疲劳，从而形成学业负担。通过教学唤醒学生的课堂情绪。研究表明，课堂教学中，学生的情绪处于中等唤醒水平，最有利于提高学生的学习效率。教师在日常的课堂教学中，可以通过各种手段唤醒学生课堂中的积极情绪，使学生处于一种兴奋和愉悦的状态，这样有利于开阔学生的思维，调动学生参与课堂学习的积极性，提高学生学习的效率，从而优化学生的学业负担。引导学生开展有效的情绪调控和管理，让学生

---

[1] 张承芬：《教师心理》，山东教育出版社 1986 年版，第 71 页。

[2] 李谨瑜：《论师生关系及其对教学活动的影响》，《西北师范大学学报》1996 年第 3 期，第 60 页。

在学习过程中体验到快乐，产生更多的积极情绪，从而提高学生的学习效率，优化学生的学业负担，这是当前教育教学改革的重点内容。

（二）学生情绪联动

除了师生关系所影响的情绪之外，学生之间的情绪联动对于学生的学习活动也有很大的影响，学生在校期间，学习活动基本固定在教室这个场所，学生自身就处于这样的学习情绪场域之中，教室内的学生，尤其是周围其他学生的情绪将会对于自身情绪产生影响。一般来说，积极的情绪对于学生群体来说会是一种比较好的情绪场域，学生处于这样的环境中，良性的竞争环境有利于学生发展。但是从另一面来看，这无疑是一种负担。学生处于教室空间内的情绪场域中，情绪是相互感染的，当一个人的情绪呈现显著的消极倾向，将感染周围的人，致使周围的学生产生焦虑、内疚等情绪。而当一个人充满恐惧情绪，且如果这种恐惧没有得到有效及时的控制，那么这种恐惧的情绪将会扩散，从而影响到学生自身以及周围其他学生群体的工作记忆广度，如此一来，学习效率将会低下，完不成学习任务，造成心理负担。

第三节　学业负担形成的期望模型

一、自我期望

学生是具有自我意象的个体，期望自己能越来越好，越来越优秀，特别是在自我的情感价值、能力发展和行为发展方面都抱有很高的期望，自我期望越高随之而来的学业压力也就越高，因此，过高的自我期望是造成学生学业负担过重的重要原因。

（一）情感价值

情感价值的满足是学习者作为学习主体的主观心理渴求，学习者期望通过学习能使自己变得更加自信、更有价值，并且这种情感内涵与学生的学习目标交互辉映，学生对自己情感价值的期望越高，就会为自己设定相应的学习目标来达成这种情感价值期望，而过高的学习目标会超载学生自身的能力水平，造成过重的学业负担。学习目标设置对学业负担的影响表现在，情感价值高的学生会选择那些难度大的学习任务，会制定要求较高的学习目标，对自我期望值也就较高。当学生能够完成或达到自己制定的目标时，即目标设置在学生的最近发展区内，学业压力处于合适的状态；当学生发现目标设置得过高，超越自己的最近发展区，学业压力也就处于较高的状态，这时便会给学生带来身心的负面影响，学业负担就会超过学生能够承受的范围。相反，情感价值较低的学生则会选择自己不用花费多少力气就能完成或达到的学习目标，而由于这些目标设置过低，学生在学习过程中并不用付出多少身心代价而感到轻松，学业压力也就处于过低的状态，此时的学业负担几乎可以忽略不计。因此，合理的学业负担需要合理的情感价值期望，也需要合理的学习目标，不能过高也不能过低，既要有一定高度，但也要在学生自我能力的范围内。

（二）能力发展

学习能力是学习者在学习活动中展现出来的个性心理特征，它直接影响学习活动的效率，也影响学习者对自我效能的主观判断，是保证学习活动顺利完成的心理特征。学习是一个以学习者个体为中心的智力活动，每一个学习者都对自我的能力发展抱有期望，根据班杜拉的自我效能理论，人类的行为不仅受行为结果的影响，而且受通过人的认知形成的结果的期望的影响。为此，班杜拉区分了两种不同的期望：（1）结果期望，属于传统期望的概念范畴，是指人对行为会导致某种结果的推测；（2）效能期望，是指人对自己是否有能力完成某一行为的判断，这种判断就是自我效能感。[①] 结果期望所激发的潜力，一定程度上受个

---

① 　程琳：《父母期望、初中生自我期望与学习成绩的关系》，硕士学位论文，河南大学 2010 年，第 14 - 15 页。

人能力信念控制。许多活动，只要好好地干就可以保证有价值的结果，但如果人们对自己能否成功表示怀疑也就不会去从事它们。例如，一个学生期望医学学位带来尊贵的社会地位和丰厚的物质收益，但却由于自认为无力掌握沉重的医学院预科课程而敬而远之。因此，低效能感会使诱人的结果期望丧失激发潜力。相反，对自己效能的坚定信心，可以在面对不确定的或是反复的消极结果时仍能在很长一段时间里继续努力。在需要能力的活动中，效能信念影响人们遵循结果期望行事的程度。因此，在结果有赖于行为性质的活动中，效能信念决定着预见的结果类型。[①] 依据该理论可知，自我期望的高低主要取决于自我效能感的高低。学生在面对学习和生活时，根据学习和生活的情景、任务的难度、自身经验，形成对自身能力的效能感，从而依据自我效能的高低，对学习和生活抱有相应的期望，采取相应的行为表现。

（三）行为发展

学习行为的改变对学业负担的影响表现在，学业效能感高的学生在外界环境交互过程中更容易去适应和学习新的行为，并且在高的自我效能感的支持下，把已经获得的知识发挥得更好，因此学业压力处于合适的范围，学业负担就不会给身心带来消极影响。相反，学业效能感低的学生在新的学习行为面前有拘谨、自我怀疑等负面体验，导致自己的表现与体验不够良好，长此以往，学生对学习丧失信心，对学习产生自卑、逃避和厌恶的消极心理反应，学业负担超过学生的承受范围，就会给身心健康带来负面影响。因此，合理的学业负担需要学生能够对周围的学习环境进行较快的反应，并及时转换合适的学习行为以适应变化了的学习环境和学习内容。

---

① 班杜拉：《自我效能：控制的实施》，华东师范大学出版社 2003 年版，第 178 - 182 页。

二、家长期望

家长期望是指父母对子女行为结果的预测和认知，包括父母对子女职业选择、前途状况、收入状况、学业成绩、身心健康等他们成长的重要方面的希望和期待，它是反映家长价值取向的主观心理变量。从学生身心健康发展的角度而言，没有期望，学生学习便没有了动力和支撑，学生学习没有积极性和主动性。而家长期望如果长期存在过高的倾向，则必定会为孩子设定与其成长模式不相符的发展轨迹和蓝图，不仅违背孩子的身心发展规律，也违背了教育教学的规律，长此以往，必定使学生的身心超负荷运转，由此可见，家长不合理的期望是过重学生学业负担形成的一个重要因子。

（一）学业成绩

期望是人们对人的未来的事物或对人的发展前景的一种内心希望与等待。家长从小生命降生之前，即萌发与酝酿着寄于子女未来发展的期望意向。从小学生甚至是幼儿园开始，家长就期望孩子能够成为教师口中的乖宝宝，这种期望是与生俱来的，再加上家长"先天"的对比心理，总是在学业成绩上要求孩子高于其他孩子。相关调查显示，中小学生家长对子女的学业、学历期望很高：近70%家长期望子女的学习成绩要达到优秀，其余30%家长要求子女学习成绩要达中上水平。有40%家长对子女的学科考试分数非常重视，期望子女能具有研究生及以上学历的近半数。然而，家长对子女学业、学历的普遍过高期望，是通过加大课内作业与课外补课的学习压力来体现的。这种学习压力，时间一长就会内化为一种心理压力。而超负荷的心理压力，会给中小学生生理和心理健康造成不良影响，使身体生长发育缓慢、免疫功能低下、健康状态不佳等等。心理的慢性不良刺激，可能会引发焦虑、抑郁等心理、行为障碍，严重地阻碍着儿童青少年身心健康发展。[1] 在一定限度里，家长期望越高，子女受到的鼓励越大，子女的成就动机越强烈，努力程度也越高，其结果会使子女的学业成绩、思想道德水平等普遍提高。然而，受中国"光宗耀祖"，"望子成龙，望女成凤"等传统思想的影响以及家长中存在的补偿与攀比等社会心理特点，有些家长对子女的期望普遍过高，带有盲目性。表现为家长期望与子女实际情况及家长自身的教育水平不相符合。过高的期望不但对孩子起不到激励作用，反而使他们望而生畏，造成沉重的精神负担，严重影响其身心健康成长。为此，家长应注意：（1）为子女设计的发展目标要考虑孩子的身心特点和自身条件；（2）要考虑社会需要。[2]

（二）职业选择

相关调查研究显示，在子女的职业选择上，小学生和初中生家长期望子女从事专业技术的列在首位，依次为42.4%、44.4%。小学生家长列第二位的职业期望为行政领导占13.9%；初中生家长列第二位的是教师占12.1%；高中生家长在子女职业期望上突出商业的占24.5%（小学、初中只有3%和5.2%），仅次于专业技术职业（31.7%）。家长的期望能够对学生的职业选择产生重要影响。当家长期望的职业与学生的自我期望一致时，形成"共鸣"，学生感受到被迫学习的机率较低，因此学习对他产生的压力也相对较小。然而，当家长期望的职业与学生的自我选择不一致时，过高或过低都会形成"冲突"。当家长期望高于学生的自我期望时，学生感到父母施加在自己身上的理想过高或者不符合自己的实际情况，此时学生的学习被动性增长，同时又会因无法达成目标而受挫，形成心理上的高压，从而加大对考试测验的焦虑，学习逐渐成为一种负担，学业负担因此增加甚至达到过高的程度。但是，

---

[1] 宋保忠、蔡小明等：《中小学生家长期望水平的个体化指向》，《陕西教育学院学报》2007年第4期。

[2] 王忠民主编：《幼儿教育辞典》，中国大百科全书出版社2004年版，第1063页。

当家长期望低于学生的自我期望时，对学生来说就是对自己能力的否定，学生在正确认识和评价自己上产生偏差，认为自己的学习能力不能得到提高，从而逐渐丧失学习的兴趣，学生的上进心也无法被激发，这种条件下学习量无论多少，都会给他带来身心压力，学业负担因此变得不合理。

（三）身心健康

家长的期望对学生的身心健康有很大的影响。家长是由衷地爱孩子的，期望孩子能够健康快乐地成长，但当家长对孩子的期望出现偏差时，如单一的重视学业成就，就会片面地追求成绩和名次，给孩子报更多的补习班，买更多的教辅材料，使得孩子失去休息和自由的时间，紧张和压力在期待背后逐渐超过负荷范围，身体健康受到威胁；孩子可能还会因无法完成学业任务得到父母越来越低的评价，产生失望、沮丧、自卑等消极心理，从而增加孩子的心理负担；当学生的身心负担超过一定量，就会变为过度的学业负担。因此要控制学业负担在合理的范围内，需要家长在智育和德育的比例上掌握一个平衡点，不能重智轻德，特别是避免对分数的片面追求，要注重身心健康的发展。另一方面，当家长为实现期望在教育方法上不得当时，如对孩子过分严格和过高要求，制定苛刻的培养方案，一旦孩子达不到要求，就挖苦、威吓、打骂，逼迫孩子去完成父母的任务，满足父母的要求。[①] 这种强迫式的期望，不仅让孩子的身体受到伤害，还让孩子的学习焦虑、孤独倾向、恐怖倾向增加，引起极大的心理负担，其相应的学业负担也超过学生能够承受的范围。因此事业学业负担的合理化，也需要适当的教育方法，尽量避免过度使用强制性的方式逼迫孩子学习。家长在给予孩子期望时，不仅要考虑这种期望的价值，更应该关注孩子本身是否具有承载这种期望的可能性，应该以关注子女身心发展的现有水平、个体物质为基准。

---

① 　王颖：《论家庭教育中的过度期望》，《阴山学刊》（社会科学版）1997 年第 3 期，第 92 - 97 页。

研究指出父母的社会经济地位会影响其对子女的教育期望，即父母的社会经济地位越高，对子女的教育期望也就越高，中下阶层、偏远地区及弱势团体的父母对子女的教育期望，较高阶层、都会地区父母的教育期望为低（周裕钦、廖品兰，1997；杨莹，1988）。林俊莹（2001）研究发现偏远地区家长的教育期望较都市地区的家长低。此外，姚若芹（1986）研究则显示，父亲的教育程度与职业声誉和父母的教育期望有关这可能是因为都会地区的文化刺激较多，且竞争较为激烈，家长因而对子女的要求或期望也较高。家长的教育程度越高，其希望子女受教育的程度也越高，研究显示，父母亲的学历与父母亲的教育期望明显有正相关（姚若芹，1986；杨景尧，1993）。杨莹（1995）的研究也发现，子女所知觉的父亲教育期望依父亲教育程度的不同而有极为显著的差异，父亲教育程度越高者，学生所知觉的父亲期望也越高。[1] 家庭是一种由相互作用的个体组成的环境，父母对孩子、孩子对父母均基于不同的期望，彼此是通过双方互动来实现的。通过有效的互动和开放式的沟通，父母、子女双向反馈、调整，期望水平才可能获得提高。[2] 因此，亲子间应通过有效互动沟通提升彼此的和谐性，这样家长对孩子的现状、能力和发展水平会有更为准确的了解，这样对孩子的期望值也会相对提高，同时孩子在这种互动过程中能够更正确地评价自己，对自身的期望能基本与家长期望共鸣。

三、教师期望

如果教师信任、喜欢、重视某个学生，这个学生因为感受到教师的正面期望，就会更加自尊、自爱、自信、自强，诱发出一种积极向上的

---

[1] 侯世昌：《国民小学家长教育期望、参与学校教育与学校效能之研究》，"国立"台湾师范大学 2002 年，第 34 – 35 页。

[2] 宋保忠、蔡小明、杨珏玲：《家长期望教育价值的思考与探索》，《唐都学刊》2003 年第 3 期，第 153 – 156 页。

情绪；如果教师对某个学生表现出厌恶、失望、轻视等情绪，这个学生因为感受到教师的负面期望而极容易造成自暴自弃、不思进取的后果。因此，教师的期望对学生而言是自我实现的预言，是努力学习的催化剂，也可能成为学生过重学业负担的罪魁祸首。目前学界对教师期望的认识主要有三种：第一种是诱导的期望，即将教师期望界定为："通过提供给教师有关学生的错误信息，而形成教师对学生未来表现的错误预期。"它是由罗森塔尔（Rosenthal）在其奥克学校的研究中最早使用的，也是后来的实验室研究所采用的一种界定。该界定是在假定了学生实际能力与研究者提供的信息之间没有关系的基础上进行的，以了解由错误信息产生的教师期望会对学生随后表现的影响，即研究教师的自我实现预言效应。第二种是现状评价，即将教师期望界定为："教师通过对学生的了解，而对学生的表现现状做出的评价。"该观点认为教师期望是教师基于学生的个人信息和师生互动，形成对学生的较为稳定的看法，它是可以通过教师对学生现状的评价来得到反映的。第三种是未来预期，即认为教师期望就是："教师基于学生现状的认识，对学生未来可能的表现进行评定。"这一界定可以说是最为符合人们平常认为的教师期望概念，也是目前研究者力图遵循的一种方法。① 也是本书理解教师期望的基本视角。

（一）盲目的期望

一个人的自我观念是在与其他人的交往中形成的，一个人对自己的认识是其他人关于自己看法的反映。人们总是想在别人对自己的评价之中形成了自我的观念。一个人对于自我有了某种明确的想象，即他有了某种想法涌现在自己心中，一个人所具有的这种自我感觉是由别人的思想、别人对于自己的态度所决定的，即社会学中符号互动论者宣称的："我们只是别人眼中的我们"，而学生也就成了教师眼中的人。学生的

① 范丽恒：《教师期望效应研究》，中国社会科学出版社 2008 年版，第 8 - 9 页。

学习活动正是在教师的期望中发生的。教师期望对于学生而言是一种自我实现的预言，学生得到老师的期望就如同得到了一种奋发向上的力量，会为了不辜负教师的期望而刻苦学习，严格要求自己以完成老师的任务或达到老师的期望。但当教师的期望不恰当时，就会给学生带来负面的影响，如教师期望过高，学生会感到学习力不从心，教师的高期望变成了学生过重的学业负担；而教师期望过低甚至对学生不抱有期望，学生则体会不到自我的价值，会产生消极的自我评价，进而可能从此自暴自弃，一蹶不振。因此，作为教师需要把握好对学生期望的水平。

教师期望在不合理的情况下，如期望过度、期望过急和与学生自我期望不一致时，就会挫伤学生个体的学习积极性。首先，教师对于学生期望过高，就会对他们给予更多的关注与指导，或者布置额外的学习任务。当这些任务超过学生的承受量和难度范围时，他们反而可能因此退步而达不到高期望，这时师生之间往往出现相互埋怨和对立的情绪，甚至双方都出现挫折感。在巨大的心理压力下，久而久之，学生会认为目标不现实，而放弃努力，丧失学习的信心和动力。[①] 与此相反的是教师对学生期望过低，表现在迁就学生，对学生放任自流，这样不管是好生还是差生都难以得到教师对自己表现的评价和学习的反馈，使得学生要么对以后的学习目标产生困惑、无所适从，要么骄傲自满、沾沾自喜，放弃做任何学习上的努力。[②] 这种情况，也同样会导致学生失去学习的内在动力，学习成为外在的压力，积累起来就会让学业负担超过合理的程度。要控制学业负担在合理范围内，教师就需要调整好对不同学生的期望值，既要有一定的高度，也不能让这种高期望超过学生能力的范围外，使得学生在积极的期望下有积极的学习动力。其次，教师如果急于

---

① 洪幼娟：《浅谈教师期望的负效应》，《浙江教育科学》2010 年第 2 期，第 11 - 13 页。

② 陈德瑛：《教师期望与学生自我期望的协调及其实施》，《中国教育学刊》1993 年第 4 期，第 27 - 28 页。

看到期望的成果，往往会欲速而不达。因为学生领悟和接受教师的期望需要一个过程，实际成绩的取得也需要一定时间，不可能立竿见影。①在学习的过程中，如果在失败时没有得到教师及时的指导和帮助，那么不断的失败就会挫伤学生进取的热情和勇气，最终失去学习的动力，学习负担因此加重。因此，要控制学业负担的度量，还需要教师对于期望结果有等待的耐心，并时刻关注学生的状况，及时给予学生需要的帮助和指导，尽量给学生领悟的时间。

（二）失衡的期望

教师对学生的期望如果仅限于考试分数，那么他对学生的期望就只会和成绩或者名次挂钩，给成绩好的学生一些"青睐"和"恩惠"，给学生造成不必要的竞争压力，学习的动力就可能局限在了成绩和名次上，而忽视了其他能力的发展。学生之间激烈的竞争压力会给学生带来过多的心理压力，学习动力不足会让学生的学习积极性减低，学习逐渐成为身心健康威胁的来源，长此以往，挤压的各种学习压力会使得学业负担超过合理的限度。因此，要使学业负担在合理的范围内，教师对学生的期望不能只固定在分数或成绩上，应该给学生更多发展的空间。

此外，教师期望不应与学生的自我期望相悖，这样学生经过激烈的思想斗争和心理冲突，最终可能会倾向于放弃教师期望而以自我期望为准。②如果教师一味地要求学生违背自我期望，忽视学生的想法和看法，极易引起学生的反抗情绪，并导致学生对学习和教师产生厌恶、反感等不良心理。带着这些心理压力，学生的学业负担就会因此变得沉重不堪。因此，合理的学业负担需要教师期望和学生的自我期望能够达成一定的一致性，教师要关注和理解学生的自我期望，学生感受到教师对

① 郭晴秀：《教师期望的偏差与矫正》，《黑龙江教育学院学报》2012 年第 4 期，第 32 - 33 页。
② 蔡丽芳：《"教师期望效应"之负效应及其消解》，《教育研究与评论·小学教育教学》2011 年第 7 期，第 4 - 7 页。

自我期望的认可和了解教师的期望后，也会提高自信心和对自己能力的了解，从而增加学习的积极性和内在动力。

（三）不公平的期望

教师的性别和年龄等生理因素，以及教师所带的科目、是否班主任、跟班时间、自身家庭环境、性格等因素，都可能会影响到教师的期望。例如，与跟班时间不到一年的教师相比，跟班时间在一年以上的教师持有更低的班级平均期望；文科教师比理科教师持有更低的学业和纪律期望。也有研究发现，学生的性别、年龄、外表、性格等生理因素，还有学生的民族、家庭出身、父母受教育程度、家庭教养方式等背景因素，都可能影响着教师的期望，例如，有研究发现教师对女生的学业、纪律和品行期望均显著高于对待男生的期望；国外大量研究表明家庭的社会经济地位影响教师的学业期望。但总体而言，学生智力状况、成绩与排名、品德特征是影响教师期望的主要因素。[1] 教师对学生的期望不公平性和期望内容的单一性都会引起班级所有学生的消极心理反应。教师会受各方面因素的影响对学生产生一种主观印象，反映在对学生的认知、情感和行为上，进而对学生进行优差分组，认为某些学生优秀而某些学生笨拙，偏爱心理必定让教师产生不同的期望。

教师对不同类别的学生有不同的期望，可能会表现出对学生的不公平对待，例如根据学生的家庭背景、成绩好坏和性别来分出三六九等，在课堂中对低期望的学生漠不关心，而对高期望的学生高度重视。如果教师的期望表现得过于明显，就会大大挫伤一些学生学习和与老师交流的积极性，并导致学生产生消极、自卑等不良心理，在这种心理压力下，学习就会变成一种负担。[2] 这种负担超过一个限度就会对学生的身

---

[1] 范丽恒：《初中教师期望的影响因素研究》，《心理研究》2009 年第 5 期，第 82－86 页。

[2] 闫炳亮、王法军：《避免教师期望负面效应的策略分析》，《中国教育科研论坛》2012 年第 5 期。

心健康造成影响，因此要将这种学业负担控制到一定的限度上，需要教师对学生的公平对待，特别是要提高对原本低期望的学生的期待值，减少学生的消极心理压力。其次，教师对学生期望的不公平性还可能影响学生之间的人际关系。教师对部分学生持有高期望，就会更多给与这些学生关注和一定的"青睐"，而被低期望的学生则得到很少的教师关注，这样班级内学生的发展出现两极分化现象，学生之间的人际关系紧张。学生在学校里最主要的人际关系除了师生关系以外，就是同伴关系，如果同伴关系紧张，就会给学生带来不必要的消极心理，如自卑、厌恶等，这些消极心理达到一定程度时就会给学生的身心健康带来威胁，也会增加学生不必要的学习压力。维持一个和谐的同伴关系，可以一定程度上避免这些消极心理的产生，从而将学业负担控制在合理的范围内。

第三章

学业负担形成的教育模型建构

学业负担是学生所承担的学习任务的难度、深度和广度等引发的身体和心理上的消耗，体现了外部任务和内部压力与学生个体之间的复杂交互关系，个体学习和教师教学是其基本关系，学校外部文化环境综合作用于个体学习和教师教学。个体学业负担体验建基于其效能感，取决于个体对自己能否利用所拥有的能力或技能去完成学习任务的自信程度的评价，这不仅说明了学业负担与个体学习效能的根本关系，也诠释了个体效能作为评价学业负担的根本指标的合理性。鉴于学业负担的交互关系，教师效能和以学校为根本场域的外部文化环境所体现的效能成为评价学业负担问题的另外两个根本维度。学校效能的各方面是紧密地联系在一起的，相互依存，互为条件。教学是教师通过自己的智慧与劳动把物化到教材、教具中的人类文明，迁移到学生身上。这种迁移要通过学生的学习来实现。教学效能是由教师、学生、教学媒介等共同决定的，而教师的效能又与学校管理直接相关。一个奖惩不明、劳酬倒挂的学校，教师的积极性往往没有很好发挥。同样，学习效能是以学生个体学习为基础的学校教学、管理的综合反映。而管理又是实现人与事、事与物、物与人的有机组合的决定力量。它存在于学校的人、物、事之中，又影响着各种办事的效能和人与物效能的发挥。[①] 简而言之，学校效能、教学效能和学习效能是影响学生学业负担的重要因子。

从教育学领域审视学生学业负担的生成机制，学业负担是学校领导

---

① 孙绵涛：《学校效能初探》，《教育与经济》1994 年第 3 期，第 1－5 页。

效能、学生学习效能以及教师教学效能共同作用的结果。其中，学校效能是学业负担的外围影响因素，其作用力主要体现在对学校整体运作过程的管理之中，对学生学业负担起着间接的影响作用；教师教学效能是评价学业负担的重要关联指标，学生的学习体现为教师主导下学生的主体性活动，学生的学习离不开传统意义上教师对整个教学活动的主导作用，无论是从学生主观意义上的学而产生的学业负担，还是学生学习过程中对学习工作量、任务水平和学习能力的认知和承受都离不开作为有意义和有目的教师教的直接规定，因此，教师的教是学生学业负担的直接来源和现实根源；而学生既是学业负担的承受主体，也是学业负担的产生根源，学业负担滥觞于学生自身的学习方式、学习性向和学习效能，学生对自身过重学业负担有所担当自然责无旁贷，因此，学生的学习效能才是其中最为关键和核心的要素，学生的学习效能是学业负担最主要的影响因素。毋庸置疑，学业负担的生成机制为我们从教育学视角理性审思学生学业负担过重问题提供了最基本的逻辑起点，优化学生学业负担要以学校效能为出发点、以教师教学效能为重要着眼点、以学生学习效能为重要着力点，深入挖掘学

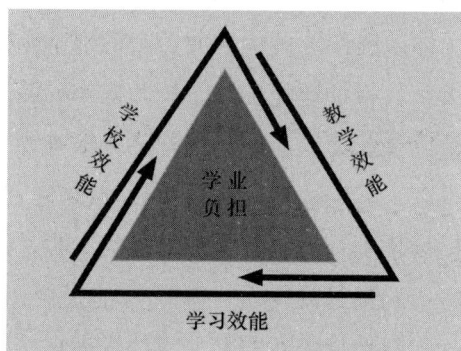

图 3.1　学业负担的教育模型

校效能、教学效能和学习效能对优化学生的学业负担具有的重要的理论意义和实践价值，建构起学业负担问题解决的教育模型。如图 3.1 所示，学校效能、教学效能和学习效能共同作用于学生的学业负担并形成了一个环环相扣的循环系统，每一条循环路线彼此制约、相互影响、互为条件，把学业负担紧紧环绕在系统的中央，构成了学业负担的形成的教育模型。

第一节　学业负担形成的学校效能模型

学校效能是一个关于学校所蕴藏的有利作用以及作用发挥的概念，是指学校合理地利用教育资源，实现教育目标，并能不断满足系统内其他各方面的要求，进而使学校及其成员和社会得到相应发展的特性和有效作用。这种理解概括了学校效能的两个方面：由学校的素质所构成的潜在能力以及由这种能力的发挥所实现的结果。这里应该强调的是学校效能指学校所具有的一种对社会及其自身发展有利的特性和所产生的有效结果。学校效能则是以学校的性质为出发点，所遵循的是学校自身内在的逻辑规律。学校效能的全面展开必然带来教育质量的提高，相应地支持社会的现代化建设。但这些都只是效能发挥的一个结果。学校效能关注的是从投入到产出的整个动态的学校运作过程，具有时间上的连续性和空间上的广阔性。它不但考察学校的育人活动，也考察学校的后勤、服务；它力图提高教育质量，也着力于改善教师待遇，满足员工的成就需要。所以效能更能涵盖学校工作的全部。① 构建学业负担解决的学校效能模型即探寻什么样的学校以及学校应该采用什么样的管理和教学方式才能不断优化学生的学业负担，也即以学生学业负担为根本旨归研究学校效能。

按照香港郑燕祥教授的观点，学校效能从 20 世纪发展至今，已经历了三种不同的效能取向：第一代学校效能指向学校内部，关注的焦点是如何提高学校内各种行为，尤其是教学方法和教学过程的有效性，主要以学生的学业成就和预定教育目标的完成情况来判断学校效能的高低；第二代学校效能指向外界，主要根据教育质量、相关人士（包括教育当局、管理董事会、管理者、教师、家长和学生等）的满意度和市场

---

① 孙绵涛：《学校效能初探》，《教育与经济》1994 年第 3 期，第 1 - 5 页。

竞争力，强调联接外界的学校效能，即能够获得较高满意度的学校；第三代学校效能面向未来，提倡学校效能应着眼于未来，应能够有利于学校教育在个人、组织、社区和社会层面上充分发挥技术—经济、人文—社会、政治、文化以及教育等各项功能。[1] 然而，内部指向的学校效能只关注学生的学业成就或教育目标的实现程度，把学校效能对学生的影响力停留于考试成绩上，以学生的学业成就来衡量学校效能的高低，这不仅窄化了学校效能的固有功能，无视学校效能在教师培养、社区服务、组织管理等方面的重要作用，还可能因为过度关注学生的学习成绩而给学生带来沉重的学业负担。我们应该认识到，学校效能对学生影响是多方面、全方位的，而不仅仅是局限在学生的学业成就上，还包括学生智力的发展、能力的提高、人格的养成、个性的形成以及学生兴趣爱好等多方面的全面发展，这是新课程所给予我们的根本理念，也是现代教育的基本要求。

学校作为制度化的教育机构，会"传递"并"过滤"着来自外部社会系统的各种影响，并且通过自身的教学实践及制度安排，对学生的课业负担状况施加有力影响。研究者董辉指出，既有的从学校层面研究学业负担的文献，未能充分地指出学生课业负担在多大程度上是由学校教育导致的？换言之，未能很好地将学校教育对课业负担的贡献"剥离"出来。再次，这些调查研究并未有效阐明，学校中的一系列因素导致学生课业负担加重的内在机制是什么？即，学生对于课业负担的感受，是如何与学校中的制度，如课程与考试安排、学生管理等、场景（如校园和班级氛围等）以及人员的行动（如教师教学行为）等脉络情境因素互动的。鉴于此，该学者从"教师教学"、"课业任务"和"考试评价"三个方面出发，绘制出了影响学生学业负担的学校因素分析框架（如图3.2），并指出这三者可作为学生学业负担的"压力源"，此

---

[1] 郑燕祥：《世纪初学校效能的新取向——从指向内部、联接外界到面向未来》，《教学与管理》2001 年第 5 期，第 3 - 5 页。

外，框架还涵盖了与学生学业负担潜在关联，并与之相互影响的学校情景因素，如"政策与制度"、"文化氛围"、"资源条件"等。这样有助于跳出对学业负担现象的简单描述，进而将学校教育与课业负担之间的内在联系和互动机制揭示出来。[①] 该学者所绘制的分析框架为我们诠释了学生学业负担学校层面的影响因素，不仅离析出影响学业负担的"压力源"因素，也挖掘出了学业负担的潜在影响因素，对我们构建学业负担的学校效能模型有很大的参考价值。学校效能的特点在于对鉴别学校质量因子的解释，

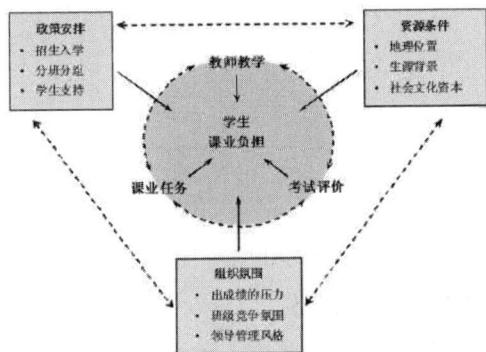

图 3.2　学业负担的学校层面变量[②]

学校效能研究最突出的贡献是关于实际上已成为可操作的学校机构内和背景上条件的各种构成要素的研究。

　　学校效能是一个不断发展的概念，基于以上的基本认识，结合我国的具体实际，通过对学校效能的本土化研究，现代学校效能观应该跳出早期只关注学生学业成就的窠臼，明确"学校"才是学校效能的主体，学校效能是指学校发挥积极作用的能力及其实际结果的定义方式。将学校效能从结构上解析出三个方面的意义：一是学校对所面对的公众基本要求的满足程度。包括国家与社会、社区，学校管理者与教师，家长与学生等的合理要求，获得学校内外公众良好的评价和社会满意度；

---

① 董辉：《课业负担的学校层面变量研究综述》，《全球教育展望》2012 年第 12
　　期，第 40 – 47 页。
② 图片来源：董辉：《课业负担的学校层面变量研究综述》，《全球教育展望》
　　2012 年第 12 期，第 40 – 47 页。

二是学校效能要关注学校以最少的投入获得最大的产出。既能从变化的环境中吸收更多的资源，又能通过自身的完善对社会做出更大的贡献；三是学校优秀的工作成果，这包括质与量两个方面在内的学校教育成果，表现为对国家教育目标的实现，教育者的身心得到全面而充分的发展，其中不仅包括学生的学业成绩，也包括学生的思想、情感和行为结果，还包括学校促进有关各方的发展，特别是确保有高质量的校内组织和人员素质，因为这是深刻影响学校可持续发展的关键因素。[①]

根据以上学校效能的三层基本内涵，本书在前人研究的基础上，经过长期的研讨与调研，从组织理论出发，构建出了学业负担的学校效能模型，如图 3.3 所示。第一水平学校效能是学校的物质资本，是指学校里长期存在的物资形式，包括学校的资源条件和工作成果两个指标，如学校的教学楼、基础设施等教学设备以及所取得的工作成果、教学业绩等；第二水平学校效能是学校的人力资本，包涵学校师资队伍和领导素质两个指标，人力资本是学校的重要资源，它比物质资本具有更大的增值空间，是凸显学校效能的重要指标；第三水平学校效能是学校的文化资本，它是影响学生学业成就的重要因素，也是衡量学校效能高低的关键向度，包涵学校文化和办学特色两个指标。三个水平的学校效能与以上三层基本涵义一一对应，彼此照应，物质资本侧重于对校园实体环境的建设，人力资本强调学校教育对学生、教师以及领导获取知识和技能的重要性，而文化资本则注重学校的社会影响力。对物质资本的投资是学校的基础建设，对人力资本的投资是学校的核心建设，而文化资本的建设将是学校长期的必然选择，层层递进，通过三个水平的学校效能建设，减轻学生的学业负担，促进学生长远发展。

一、学校物质资本

所谓学校物质资本，是指学校在长期发展过程中形成的物资形式和

---

① 李永生：《学校效能建设》，教育科学出版社 2012 年版，第 19 页。

取得的工作成绩，如学校的校舍、操场、硬件设施等教学设备和资源，集中体现在学校所拥有的教育资源和工作成果上。

（一）教育资源

教育资源是人类社会资源之一，是公共社会资源和市场经济资源的混合体。学校办学是离不开资

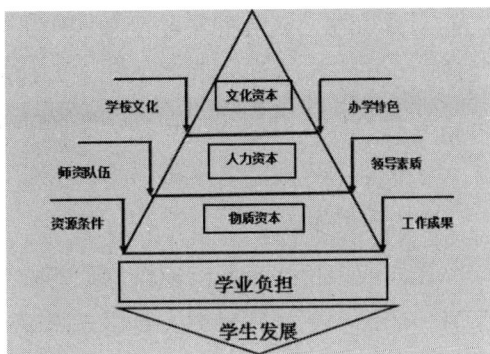

图 3.3 学业负担的学校效能模型

源的，教育资源是学校完成教学任务的必要条件和重要保障。教育资源，包括自有教育活动和教育历史以来，在长期的文明进化和教育实践中所创造积累的教育知识、教育经验、教育技能、教育资产、教育费用、教育制度、教育品牌、教育人格、教育理念、教育设施以及教育领域内外人际关系的总和。

顾明远主编的《教育大辞典》解释：教育资源亦称"教育经济条件"，是教育过程中所占用、使用和消耗的人力、物力和财力资源，即人力资源和物力资源、财力资源的总和。人力资源包括教育者人力资源和受教育者人力资源等。物力资源是指学校中的固定资产、材料和低值易耗物品等。财力资源是指人力、物力的货币形式，包括人员消耗部分和公用消费部分。[1] 我国的教育研究领域，所谓的教育资源，指维持、组成、参与并服务于教育系统的一切资源，是基础性资源，是教育系统得以运转的基础和前提。教育作为一种资源消耗的过程和个人自我力量增强的过程，它本身既是一种资源，同时也是分配资源的机制，具有"财富"的物质性与地位性的双重特性，同时也具有资源和资源转换能

---

[1] 顾明远：《教育大辞典》，上海教育出版社 1998 年版。

力的双重特性，这两种双重特性强化了群体与个人对教育利益的重视和关注，也因此引发了不同群体和个人对教育资源获取的争夺，教育场域的资源竞争愈演愈烈，[①] 如何合理地配置教育资源来提升学校效能进而扩大学校生涯也成为各学校努力探寻的目标。

（二）工作成果

工作成果指学校业已取得的荣誉称号、教学成果、获奖情况，特别是学校的优生率、升学率、及格率等硬性指标在一定程度上代表着了学校效能的高低，也诠释了学校以往的教学效果和教学成就，是家长认可以及教育部门评估教学工作的重要衡量标准。

二、学校人力资本

在学校环境中，人才资源是重要的资本性资源。师资队伍和领导力量是一种人力资本，而且是最重要的办学资本，可以说，在一定程度这种人力资本决定了学校的办学质量和学校效能的高低。在学校里，人力资本的载体就是教师以及学校领导和管理人员，它可以通过师资队伍和领导队伍的积极性和创造性创造出超过自身价值的物质和精神财富。

（一）师资队伍

百年大计，教育为本；教育大计，教师为本。有好的教师，才会有好的教育。教师在减轻学生学业负担、提高人才培养质量、提升学术水平等方面具有不可替代的地位和作用。各级中小学校要实现内涵式发展和科学发展，必须着眼于切实减轻学生的学业负担，而学生的学习体现为教师主导下的主体活动，学生的学业负担来源于学习过程中教师的教育教学活动，因此，学校师资队伍的质量不仅是支撑学校内涵发展的基本要素，也是学生负担减轻的重要依托。随着社会竞争、教育竞争日趋激烈，学校核心竞争力的师资队伍建设必然会从转变观念、提高学历、

---

① 李宜江：《义务教育均衡发展的法律保障研究》，安徽师范大学出版社 2013 年版，第 40 页。

调整结构等表层转向更为深层的特色建设问题上，因此进一步加强各学校师资队伍建设的研究，建立一支结构合理、素质优良、业务精深的可持续发展的师资队伍，对提高学校效能、减轻学生负担、推动学校教育健康发展具有重要意义。

哈佛大学为何长盛不衰，声名远播，其主要原因是具有独特的办学理念，拥有世界一流的师资队伍。哈佛的社会契约式的聘任制度在美国是很有名的。哈佛大学在师资力量方面的要求是非常严格的，它施行一种社会契约式的教授终身制，也称终身教职（Tenure）制。对于校内教师的职务晋升，哈佛大学有一条铁面政策：非升即离（up—or—out）——已聘教师在两个聘期内（一般为 8 年）不能晋升到上一级职位或永久性职位，必须离开。这一做法保证了哈佛的教师既具有一流的水平，又充满了奋斗进取的精神，保持了师资队伍的常新与活力。① 加强师资队伍建设是《国家中长期教育改革和发展规划纲要（2010—2020年)》中提出的实现既定战略目标的重要保障措施之一，只有努力造就一支师德高尚、业务精湛、结构合理、充满活力的高素质专业化师资队伍，才能实现教育的优先发展。党的十七大提出，"加强教师队伍建设，重点提高农村教师素质。"党的十七届三中全会提出，"要保障和改善农村教师工资待遇和工作条件，健全农村教师培养培训制度，提高教师素质。"因此，全面提升师资队伍的师德素养和能力水平是丰富学校人力资本的重要途径。

（二）领导素质

领导者作为领导活动的主体，在领导活动中扮演着多种重要角色。领导者个体素质的高低和集体素质结构的合理与否，直接决定着领导者能否胜任领导角色，决定着领导绩效的高低，决定着领导活动的成败。因此，领导者扮演的角色、领导者个体素质的提升、领导集体素质结构

---

① 宋金花：《中西方教育理念下的大学机制运行比较研究》，郑州大学出版社 2013年版，第 73 页。

的优化，都是领导科学研究的重要内容。① 领导素质的高低集中体现在对学校的组织管理水平之中。学校组织管理就是管理者通过一定的管理手段，把现实的、复杂的、受多种因素制约的管理事物，按其本身的性质、内容及其运动发展的客观规律，变为有组织有系统的状态，并设计出便于指挥调控的管理程序，这个程序就是学校的管理过程。通俗一点讲，学校管理过程就是管理者围绕管理目标，运用学校管理原则、原理，对学校中的人、财、物、事、时间、空间、信息等进行管理的客观程序。任何一所学校，如果想要学校的教育教学工作能够正常开展，就必须把学校的相关人员组织起来构成一个有机的系统，在学校里，这个有机的系统就是学校组织机构，而学校组织机构的管理水平将直接决定学校的教育教学质量和学校效能的大小。一个高效能的学校首先要体现为高水平的组织管理，而以人为本是当代学校组织管理的基本准则。学校作为一种社会组织，有两大根本特点：其一，它是一种知识组织，它担负着知识的创造、加工、传递等社会职能。人类的文明传承的一个基本途径就是社会的学校系统。其二，它是一个教育组织。通过学校教育，一个个体才能基本完成其社会化的过程，即由一个生命体到社会公民的过程。正是因为这两大基本特点，学校的组织管理才有了自己必须遵循的基本法则：首先，学校内部组织的设置与调整、发展与变革，必须确保减轻学生的学业负担为根本出发点，以育人目标的全面达成为最终落脚点，学校内部的各种组织都是以育人为核心的。其次，学校内部的组织发展必须有利于保证知识的创造、加工和传播，有利于保证文化的科学传递和人类文明的不断进步。②

学校的管理过程，一般都由学校领导、教职工和学生共同参加，是一个三边共同活动的过程，每一个成员之间都存在双边关系。学校领导

---

① 彭向刚主编，袁明旭、朱丽峰副主编：《领导科学概论》，高等教育出版社 2013 年版，第 111 页。

② 李汪洋、秦元芳：《教育管理学》，南海出版公司 2004 年版，第 287 页。

既要面向教职工，又要面向学生；教职工既要接受学校领导者的领导，又要面对学生；学生既要接受学校领导的领导，又要接受教职工的教，从管理意义上来说三者都是管理者，也是被管理者。如下图（图3.4）所示。[1] 教学管理工作是学校正常教学秩序的保证，是学校管理中的核心环节，向管理要效益，是学校工作永恒研究与实践的主题。然而，在当前"减负"的背景下，学生学业负担没有降低，学科课程内容没有减少，教学要求也没有降低，教学时间长度却严重缩水，如何进一步提升教学管理的质量和效益，是每

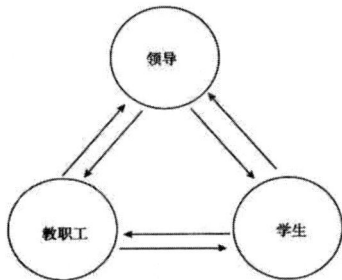

图 3.4　教学管理对象的双边关系

一位教学管理者必须深思的问题。如果学校能实现高效管理，保证学生与领导、教职工之间的循环顺畅，无疑能为学生的学习提供坚实的保障基础，避免了因为学校管理水平的失效而造成学生不必要的学业负担。

三、学校文化资本

文化资本主要指个人具备的知识、观念、行为等文化资源的多寡，因为这些资产的多寡会影响个人的生活、成长与发展，知识越丰富、观念越进步、行为越适宜，就拥有更优越的文化资本，因此，可视为是个人的一种资产与财富，与金钱、社会地位等资产相提并论。[2] 而学校文化资本泛指学校所推行的价值观、世界观以及在长期发展过程中形成的学风、校风、特色等。其中，学校文化和办学特色是学校的重要文化资本，对提升学校效能、减轻学生负担、促进学生发展有着重要的作用。

---

[1]　林国彬：《学校管理学辅导提纲》，光明日报出版社2013年版，第44页。
[2]　吴清山、林天佑：《文化资本》，《教育研究月刊》2005年第12期，第160页。

文化资本对学生学业成就的影响不仅表现为学生对家庭文化资本的继承和运用，其中学校能否为其提供充量与合适的文化资本也影响学生高学业成就的获得。学校文化资本对学生学业成就的影响说明，我们通过在学校增加学生的文化资本可以减轻学生的学业负担、提高学生学业成就，进而促进学生的发展，学校文化资本建设对于提升学生自身素养和能力，进而对促进学校效能有着重要的意义。

（一）学校文化

重庆谢家湾小学以"六年影响一生"为办学理念，主张"个性张扬，和谐发展"。学校文化经营学校，用发展提升品牌，实施"红梅花儿开，朵朵放光彩"校园主题文化，关注全体学生全面发展，形成了以绿色教育、现代信息技术教育、社区教育为主的学校文化：注重价值管理，培育积极的动力文化；明确培养目标，形成多元的课程文化；学校课堂关注孩子的习惯、知识、技能和品格的综合发展，大力倡导教学的知识性和趣味性，倡导传授知识的学科性与方法性，还增设了"军营生活"、"巴渝风"等样本课程。推行生态科研，倡导务实的研究文化；拓宽评价纬度，营造开放的组织文化；充分关注教职工的精神需求和情感状态，倡导老师们"海纳百川、百花齐放"。毋庸置疑，成长在这样的校园文化之中，学生的身心和谐健康发展，学业负担问题根本无从产生。

一所学校的文化是指学校群体成员共同具有的思想观念和行为方式，它是一个学校各种物质和精神形态文化相互整合的产品。它甚至超越了学校固有的功能——知识的传授、能力的培养，是学校更高层次的追求，具有高尚的价值取向，是学校的灵魂所在。它体现了学校的办学品位和追求，是立校之基，兴校之本。[1] 未来学校的竞争力来自于学校文化，学校文化的核心是学校文化精神。存在于精神层面的学校文化包

---

① 钱铁峰：《教育力与教育关系》，南京师范大学出版社 2013 年版，第 81 页。

括共同愿景、办学理念、价值取向等内容，它们渗透于全体师生员工的心灵之中，形成一种精神动力，制约着物质层面、制度层面乃至行为层面的文化建设，是学校健康发展的支撑和学校文化差异最集中的体现。学校文化是学校的生命之树，学校文化精神是这棵生命之树上开出的鲜花和结出的硕果。① 如果学校形成尊重学生的需要和权利的校园文化和学生文化，那学校的教学管理工作将更加关注学生、儿童的生存环境、健康发展，而不仅仅局限于学校的升学率和优生率，或者领导教师的奖金报酬而无限制地给学生施加额外的压力和负担。

（二）办学特色

办学特色是指一所学校在发展历程中长期积淀形成的比较持久稳定的发展方式以及被社会公认的办学特征，具有独特性、优质性、发展性和导向性等特征。办学特色的内涵主要通过学校独到的办学理念、独特的优良传统和校风、学风、被学校成员所认同的规章制度以及良好的社会影响力和办学质量等方面体现出来。它体现着一所学校是否具有敏锐眼光、绝对优势、覆盖张力和成长能力四个基本要素，它是一所学校异于其他学校的独特标志。教育学学者孙孔懿认为，"办学特色是指办学主体刻意追求逐步实现的学校工作某一方面特别优于其他方面也特别优于其他学校的独特的稳定的教育品质"。② 娄延常认为，办学特色是指学校领导按照自己独特的办学理念、办学实践，所形成的不同于其他学校的不同特色。办学理念与办学特色的关系，实质上是理论与实践的关系。③ 因此，办学特色影响着学校的办学实践，并且指导着学校教学、管理人员的办学行为，最终都通过"学生"这个最后"成品"的质量体现出来。

----

① 储建明：《原来教育是一种文化》，国家行政学院出版社 2013 年版，第 172 页。
② 孙孔懿：《学校特色的内涵与本源》，《教育导刊》1997 年第 Z1 期，第 46－49 页。
③ 娄延常：《理念定位学科——论高等学校办学特色的战略选择》，《高校理论战线》2003 年第 4 期。

办学特色是学校风貌的文化呈现，从本质上看是教育规律在学校内部的独特运行，它是若干群体、个体在素质教育的优化组合中脱颖而出的一种机制、境界、理念和品位。它以办学主体的正确、独到的办学思想为灵魂，体现在整个学校创造性的教育、管理工作上，以独具一格的校训校风为标志，最终在一批批学生的身心素质上得到体现。[①]《中国教育改革和发展纲要》指出："中小学要由'应试教育'转向全面提高国民素质的轨道，面向全体学生，全面提高学生的思想道德、文化科学、劳动技能和身体心理素质，促进学生生动活泼地发展，办出各自的特色。"学校办出特色，既是使中小学教育更好适应社会主义现代化建设对培养多类别、多层次、多种特色人才的需要，是适应学生身心全面和谐、生动活泼、主动发展的需要，是适应繁荣教育科学，开创生机蓬勃的教育改革局面，更有效地贯彻教育方针，提高中小学教育质量的需要，也是一项具有战略意义的措施。[②]中小学校应该形成"高质量、低负担"的办学特色。

第二节　学业负担形成的教学效能模型

教学效能是教师个体对自己影响学生程度的主观判断和对自身教学能力的客观表征，也就是说，教师秉承一定的教育理念，相信通过优化教学过程、转变教学方式、创新教学评价等方式能增进学生的学习质量，拥有足够的能力使学生取得优异的学业成就，包括主观的效能特征和客观的能力表征。基于这样的认识基础，学业负担形成的教学效能模型的构建历经了文献分析、会议研讨、构建理论、编制指标、初测、复测和正式测试、问卷调查、实地调研等程序，严格遵循教育统计的基本

---

① 储建明：《原来教育是一种文化》，国家行政学院出版社 2013 年版，第 172 页。
② 汪正中主编，刘夕华编著：《特色学校办学经验》，中国档案出版社 2003 年版，第 40 页。

过程，并且以聚类分析、相分分析和差异检验等研究方法分析得到的结果为依据，确定了学业负担的教学效能模型。该模型既有逻辑理路，又有一定的建构效度。在此基础上，相关分析的结果也验证了学业负担的教学效能模型

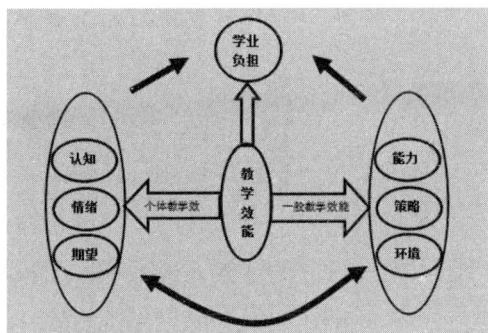

图 3.5 教学效能模型

具有较好的信度和效度，可以作为学生课业负担的测评工具。本书构建的学业负担形成的教学效能模型一共有 2 个维度（个体教学效能和一般教学效能）、6 个指标（教学认知、教学情绪、教学期望、教学能力、教学策略、教学环境）。

一、个体教学效能

个体教学效能是教师个体对自己能够教好学生的一种信念，即教师相信自己能以什么样的课程与教学理念来促进学生的身心发展，包涵教师的教学认知、教学情绪和教学期望。

（一）教学认知

教学认知是教师对教育活动内在规律的根本认识和看法，也是教师对自身教育教学活动所持有的基本的观念和态度，它集中体现了教师作为一名教育工作者的基本教育理念与信念，科学合理的教学认知对提升教师教学效能、减轻学生学业负担有重要的理论意义和实践价值。教学认知包含宏观和微观两个层面，从宏观层面看，它是指教师对教育教学活动价值属性的一个整体感知，即教师认为教育教学对学生有用或无用、作用的大与小，例如教师认为课堂教学是对学生影响最大的教育形式，相比于家庭教育、社会教育而言教师的教学对学生影响最大。从微

观层面看，教学认知指教师对自身教学活动的认知，即教师认为自己的教学活动特别是课堂教学对学生影响力的大小，影响学生的整体发展还是部分发展、影响学生某一阶段的发展亦或持续一生的发展，如教师认为自身的教学对学生的影响是有限的，相比学生人格品性养成而言，教学对学生的影响主要体现在知识增长方面。由此来看，无论是宏观层面教师对教育价值的认知亦或微观层面教师对自身教学作用的认知，都是教师个体教学效能提升的认识论基础，也是学生学业负担问题解决的教学论基础。[①] 教学认知能力的高低直接影响着教师教学效能的发展和水平，也影响着教师教学的质量。

1. 对教学活动本身的认知

对教学活动的基本认知是教师进行教学的必要条件。教师作为教育情境中进行内容创造和意义建构的教学主体，只有对自身教学活动有全面具体的认知，才能给予学生最高效、最有用的教学知识，让学生学得轻松、愉快。首先，教师要对自身教学的价值有所认知。只有当教师认识到教学对学生影响很大，自己的教学活动有很大的价值时，教师才会努力改进教学、提高效能的信心和动力。其次，是对教学目标的认知。教师要明确自己的教学目标不是为了自己的奖金报酬、也不是为了升职加薪，而是在于学生身心的和谐健康发展，不是让学生完成多少学习任务或习得多少理论知识，而在于学生能力的提升、情感态度价值观的发展。再次，对教学任务的认知。教师应该认识到教学的任务不是完成学校的升学率、优生率、合格率等硬性指标，而是保证学生的健康成长，远离过重学业负担的困扰。最后，对教学结果的认知。教师的教学结果不仅仅局限于学生的学习成绩、考试分数，还在于学生对学习过程的情绪体验和情感反应，如果一个学生的学习成绩一直名列前茅，但他对学习的感悟却是枯燥、乏味、痛苦或压力过大、负担过重，那就证明教师

---

① 李红梅、罗生全：《学业负担问题解决的教学效能逻辑》，《教育发展研究》2014 年第 10 期，第 69－74 页。

需要调整自己的教学方法，让学生轻松地学习。

2. 对学习者的认知

对学习者的认知是教育的前提，指的是教师对学生的个性特征、心理素质、道德素质、学习能力以及身体状况等方面全面的了解和把握。既要从整体上了解当今中小学生个性特征、能力的群体特征与显著变化；也要从微观上了解作为独特个体的每一个学生的独特个性。教学过程是一个动态的、能动的过程，必须充分发挥学习主体的能动性，这样才能事半功倍，高效推进课堂教学。一要对学习者的年龄特征有所认知。不同年龄段的学生，在兴趣、爱好、对外界刺激的反应等方面都有很大差异。为了搞好有效教学，教师必须认真分析教学对象的年龄特征，然后"因龄施教"，制订合理的规划，从而搞好教学。二是学习者的个性体征。每个学习者都有其个性特征。教学过程开始前，教师必须对其有全面的了解，做到"因性施教"，根据学生的个性特征，组编不同层次的学习群体，制订相应的实施方案，最终达到教学的优化。[①] 最后，根据每个学习者的具体特征"因材施教"，确保高质、高效、轻松地完成学习任务。

3. 对自身教学的认知

教师对自我状态的积极剖析和认知，是确保自己的教学处于高位水平、实现成功教学的重要前提。教师要对自身的教育教学能力特征，包括教师的教学思想、教育理念、知识经验、教学风格、教学技能、职业心理素质水平等有明晰的认识和判断。首先，要认识自身的教育观念和理论修养。在教师诸多心理特征中，教育观念和教育理论素养对教师的教育教学行为起着导向性影响。其次，要了解自身知识结构的完善性与开放性。研究表明，专家型教师与新手教师之间的差异就在于他们所具有的知识结构的差异。再次，要能够确认自身的教育教学能力特征。在

---

① 王后雄：《专家型教师学科教学认知结构探析》，《中国教育学刊》2011 年第 4 期，第 56 – 58 页。

科学技术迅猛发展的今天，教师须由"黑板＋粉笔"的"教书匠"转变为善于整合技术和方法、使教学成为既是科学又是艺术的专业工作者。[①] 教师对自身教学的正确认知意味着教师能够准确地进行自我评价，清楚地认识到自己的个性特征、心理倾向、教学风格以及教学过程中存在的问题等，及时做出调整，避免因为教师的教学失误给学生造成不必要的学业负担。

（二）教学情绪

教学是教师的教和学生的学共同组成的双边教育活动，教师和学生作为这一活动中的两个重要主体，他们之间存在着如同"作用力"与"反作用力"的交互影响关系，特别是教师教学情绪的好坏，对学生课堂知识的掌握、学生情绪的反应以及整个课堂教学效果都有直接的影响。我国新一届课程改革呼吁教育回归人性，以生为本，教师不仅仅是知识的传授者，也是学生情感的培育者、灵魂的熏陶者，教师在教学过程中要注意自己情绪对学生的影响，注重情感教育对减轻学生学业负担的重要价值。毋庸置疑，只有当教师带着饱满的精神和愉快的情绪进入课堂时，他才能给学生传递一种"正能量"，也只有当教师怀着一种积极的情绪体验，认为给学生上课是一件有意思的事时，他才会主动投入无限的教育热情和情感，教师积极的教学情绪会渲染整个课堂气氛，带动学生的学习热情，学生有了愉悦的心情，才会拥有学习的兴趣，认真听讲，踊跃发言，就不会感觉学习是一种负担了。[②] 相反，当教师把消极的情绪带入课堂时，教师的教学思维、教学技能、教学效能以及由此发展的情绪依附都会产生巨大的影响，甚至还会将消极的情绪传递给学生，久而久之，学生在教师身上感受到的多是负能量，学习的动力和兴

[①] 洪早清、吴伦敦主编：《教师职业素养导论》，华中师范大学出版社 2011 年版，第 52 页。

[②] 李红梅、罗生全：《学业负担问题解决的教学效能逻辑》，《教育发展研究》2014 年第 10 期，第 69－74 页。

趣必定受到影响。

　　教师应该自觉地觉察自己的情绪体验和反应，及时地调控自己的负面情绪以免将消极的情绪传递给学生，增加学生的学业负担。教师除了要驾驭自己的情绪外，还应该具备调控学生情绪反应的能力，当学生出现负面的情绪反应时，教师应该及时察觉并疏导，引导学生积极的情绪体验。为此，教师需要培养自己的情绪艺术，它是指教师在课堂上通过对教学内容情绪和自我情绪的传达以调动学生的情绪，增强教学感染力的操作艺术。教学情绪仅有教师的调动操作和教师自己的体验还不足以称之为艺术，只有学生的情绪反应质量高、体验积极深刻，才是真正的教学情绪艺术以及完整的教学艺术。心理学认为，情绪具有动力功能，可分为增力功能和减力功能。增力功能指是积极的情绪，如良好的心境、饱满的热情，能驱使人积极地去行动，可以提高行动或学习的效率；减力功能指消极的、悲观的情绪，它会造成人消极的行动、消沉的心境，降低学习的效率和兴趣，使学生觉得学习是一种沉重的负担。因此，积极的情绪是一种强烈的内心激活和驱动力，它给学生的身体注射着滋养的"营养液"，催化、激励着学生思维的运动，[①] 让学生较少地体验到学习的压力和负担。

　　（三）教学期望

　　教学期望包括教师对自我发展和学生发展两个方面的期望，其中，教师自我发展期望是指教师对自身生存需要、尊重需要和自我实现需要的期许，即教师希望通过教学获得较好的物质待遇、提高生活质量、得到社会的认可、实现自身的人生价值和追求。也就是说，只有当教师相信教学能够改善自身生活质量、实现人生价值时，他才会主动自觉地更新教育理念、创新教学方法、提高自身教学效能和教育质量。相反，如果一个教师对自己的教学都不抱希望，那他就是以"教书匠"的姿态

---

① 　赵伶俐、白智宏：《视点结构教学操作技术》，百家出版社 2002 年版，第 300 - 301 页。

投入教学，做一天和尚撞一天钟，整天浑浑噩噩，无所谓自己的教学效果，更无视学生的发展和成长，长此以往，教师就会滋生职业倦怠情绪，严重影响教师个体的自我认知。对学生发展的期望是指教师对学生认知、情感和行为等方面寄予的厚望，期望通过教学提高学生的认知能力、促进学生情感的发展和良好行为习惯的养成，即教师要用发展的眼光看待学生，对每一个学生都抱有期望，不放弃任何一个学生。因为只有当教师，"把学生看作天使，他便生活在天堂里；把学生看作魔鬼，他便生活在地狱中"。皮格马利翁的"期待效应"启示我们，教师的期望对学生有一种心理暗示作用，学生获得老师的期望、信任和表扬时就仿佛得到了一种奋发向上的能量和动力，为了不让老师失望而认真学习，积极进取，此刻教师的期望已经幻化成学生学习的动力源泉，学生有了学习动力自然不会认为学习是一种压力，学业负担问题就迎刃而解了。教师必须有所企及，学生学习才有所附丽。[①] 以皮格马利翁神奇的期望效应说明了一个深刻的道理：教师在教育教学活动中对学生的态度对学生的成长和发展产生极其深刻的影响。尤其是对那些在学习上有困难的学生，教师一句鼓励的话、一个充满信任的眼神、一个能引起学生共鸣的手势或表情都会使他们受到鼓舞，增强勇气。反之，教师的歧视、冷漠或者是无意识的忽视，都会给他们的心理造成伤害，使他们失去勇气，失去信心，失去对未来的希望与追求，也会让学生觉得学习是一件苦不堪言的事情，这样的后果是不堪设想的。

众所皆知，学生所取得的成就和老师的期望有着密切的联系，这是一个不争的事实。通常，期望影响着人们生活的成败，在课堂上也是如此，我们的期望同样影响着学生的成败。如果老师认为学生能做到，他们通常会努力去做到。如果老师认为学生不行，他们通常真的会失败。这就是我们要对每一个学生抱有较高且合理的期望的真正原因。大量的

---

① 李红梅、罗生全：《学业负担问题解决的教学效能逻辑》，《教育发展研究》2014 年第 10 期，第 69－74 页。

研究已经表明，对学生抱有很高期望的老师通常会取得更高的成就，他们的学生也会有更优异的表现，反之亦然。如果你期望学生胡作非为，他通常会这么做。如果你指望他表现得很糟糕，他通常也会随你所愿。事实上，每个学生通常会更容易完成老师所期望他们完成的事情，这可能有助于解释为什么每年那些对学生有着高期望的老师总能得到"好学生"的现象。

当然，如果你仅仅是对学生有着很高的期望，那是远远不够的，你必须明确地告诉学生你对他们的期望，告诉他们，你坚信他们一定能够完成你希望他们完成的事情，坚信他们能够像你所期待的那样去选择他们的行为方式，并且坚信他们一定能成为我们期望他们成为的人。表达了这些期望之后，我们就要积极主动地引导学生如何脚踏实地实现那些期望。当他们动摇的时候，他们会在心中不断重复你对他们的信任和期望，这将激励学生在不平坦的人生道路上坚定不移地勇往直前。①

二、一般教学效能

一般教学效能指可以从哪些方面判断或评价教师的教学，即一套评价教学效能的指标体系。教师所具有的教学能力、采用的教学策略和营造的教学环境是表征一般教学效能的重要指标。

（一）教学能力

教学能力是提高教师教学效能的基础，是教师进行有效教学、达成教学目标、提高教学质量的手段，也是解决学生学业负担问题的必要条件。它包括教师对教学目标和教学内容的设计能力、教学交往能力、对课堂秩序和突发事件的教学管理能力、教学评价与反思能力以及教学研究与创新能力。教师的教学能力具有个体性、情境性、创新性、发展性

---

① ［美］杰克逊：《教学可以很简单：高效能教师轻松教学 7 法》，李端红译，中国青年出版社 2013 年版，第 80－81 页。

和复合性等特征，是科学性和艺术性的统一。① 因此，每个教师所具有的教学能力也千差万别，具有较高教学能力的老师能够制定清晰明确的教学目标、恰当地选择和组织教学内容、维持良好的课堂秩序、巧妙地处理课堂突发事件、客观全面地评价学生并进行自我反思、具有较高的科研能力和创新能力。毫无疑问，与教学能力平庸又不思进取的教师相比，教学能力较高的老师更容易实现教学目标，取得更好的教学效果。教师教学效能是学生学习的外在条件，接受高效能教师的教育是学生重要的外部条件和学习平台，"名师出高徒"的俗谚也并未完全空穴来风，高能力的老师更容易让学生在轻松愉快的氛围中取得更好学习成绩。教师的工作主要表现在教学上，尤其是课堂教学上，因此，教师的素质突出地表现在其教学行为上，换句话说，教学行为是教师教学能力的外化形式，它既是一门艺术，也是一种技术。因此，提高教师的教学能力，让复杂难懂的教学内容简单易懂，让学生轻松地掌握，会减少学生的课堂学习时间，让学生有更多的时间和精力去发展自身的兴趣爱好，有利于学生的全面发展，也有利于学生学业负担的减轻。

（二）教学策略

通常意义上，人们将教学策略理解为：教学策略是指在不同的教学条件下，为达到不同的教学结果所采用的教学方法、手段和谋略，它具体体现在教与学的交互活动中。在教学过程中，为完成特定的目标，依据教学的主客观条件，特别是学生的实际，对所选用的教学顺序、教学活动程序、教学组织形式、教学方法和教学媒体等总体考虑。也就是说，教学策略是在教学的过程中，各个环节中使用的指导思想和方法。教学策略不是某一单方面的教学谋划或措施，而是某一范畴内具体教学方式的措施等的优化组合、合理构建、和谐统一，它具有结构功能的全局性（在选择和制订教学策略时，必须统观教学的全过程，充分考虑相

---

① 王宪平：《课程改革视野下教师教学能力发展研究》，博士学位论文，华东师范大学 2006 年，第 20 - 22 页。

关教学要素）、对教学行为的指向性（教学策略是为教学服务的，任何教学都是指向特定的教学目标、教学内容和问题情境的）、策略制订的层次性（不同层次的教学策略具有不同的适用条件和范围，也具有不同的功能）、应用实施的灵活性（教学策略的选择要随教学情境的变化而变化）等特征。[①] 教师在教学过程如果策略选择不当，就会使教学陷入越教越混乱的泥潭之中，造成事倍功半的后果，也会让学生的学习找不到方向和出路，学习也就陷入越学越难的困境中，造成严重的学业负担。

教学策略是教师在一定的教育情境中，为了实现既定的教学目标、提高教学效率、教学效能和教学质量而采取的一系列手段、方式、方法，具有不确定性可变性，随着教育情境的转移，教学策略也应该有所变迁，教师在具体的教学过程中，要根据学生的个体差异和特质不断反思和调节自己的教学策略。如果教师能够对所教学科的知识体系有清晰明确的认识，能够安排好教学时间，掌控好教学节奏，能够灵活并充分运用各种教学方法和教学资源，就能取得较好的教学效益、达到"高效低耗"的理想教学效果，使教师"乐教"、学生"乐学"，从这个角度而言，教师的教学策略是教学有效的前提条件，是提高教学效益和教学效果的重要途径，是提升学生学习成绩、减轻学业负担的有力保证。换句话说，教师所采用的教学策略与学生学业负担存在显著相关，是除教学能力之外的重要效能指数，解决学生学业负担问题可以从教师教学策略出发寻找突破口。

（三）教学环境

"教学环境"主要有三层意思：首先，它是一种教学场所，它包含各种各样的物理资源和设备，即"物理环境"是其先决条件。其次，它是学习资源和人际关系的组合，即包含一些看不见、摸不着的"非物

---

① 中公教育师资格考试研究院编著：《美术学科知识与教学能力（初级中学）》，世界图书出版公司 2013 年版，第 127 - 129 页。

理"的学习资源，如数字化学习材料等，它还包含师生之间、生生之间的一些人际关系，如人际互动等因素，它会影响教师和学生的情感，与教学效率和教学质量直接关联。最后，它是学习活动展开过程中赖以持续的情况和条件。教学互动能否顺利展开，能否可持续发展，能否符合科学发展观的精神，"情况和条件"也是必不可少的，"情况和条件"包括硬件、软件等相关方面，它是教学环境的支撑面。[①] 教学环境就是学生的学习环境，教师要为学生创造温馨、和谐的教学环境，保证学生学习的顺利进行。

学生学习都要以一定的教学环境为重要依托，良好的教学环境是学生学习得以正常进行的前提条件。广义的教学环境指影响学生学习的全部条件，包括学校的物化环境和人文环境。但鉴于物化环境对解决学生学业负担的作用相对较小，因此本书所提的教学环境特指狭义上的人文环境，它包括以师师关系和师生关系为重要指标的教学人际环境以及以教师对学校的认同感为核心的文化环境。其中，人际环境特别是师生关系对学生影响极大，师生关系融洽比师生关系紧张更有利于学生的学习，"爱屋及乌"是众所周知的道理，当学生喜欢、认可某位老师时，也会附带喜欢那位老师所教的科目，学生对学习有了兴趣就会认真听讲，主动求知，自然就不会觉得学习是一种压力了。因此，为学生提供良好的教学环境是解决学生学业负担问题的实践场域，创建和谐、融洽的师生关系则是其中举足轻重的关键指标。[②]

第三节 学业负担形成的学习效能模型

学习效能是学习者对自己能否胜任学习任务的主观判断以及学习效

---

① 蒋家傅、冯伯虎主编：《现代教育技术》，科学出版社 2013 年版，第 51 页。
② 李红梅、罗生全：《学业负担问题解决的教学效能逻辑》，《教育发展研究》2014 年第 10 期，第 69 - 74 页。

果的客观表征。也就是说，学习效能是学习者自身对任务完成"能"与"不能"的主观判断，是对自身学习状况的一种主观评估，具有主观性的特点，但它也包涵了效能特征。因此，学习效能在一定程度上又具有客观性，因为效能的大小必须要以客观的指标展现其效果，即用一种客观的标尺来体现实际效能情况。因此，学习效能首先以主观为基础，同时又兼具客观测量的一面，是主观与客观的统一体。在此认识的基础上，学业负担形成的学习效能模型的构建历经了文献分析、会议研讨、构建理论、编制指标、初测、复测和正式测试、问卷调查、实地调研等程序，严格遵循教育统计的基本过程，并且以聚簇分析、K – mean算法分析等研究方法分析得到的结果为依据，确定了学业负担的学习效能模型。该模型既有逻辑理路，又有一定的建构效度。在此基础上，相关分析的结果也验证了学业负担的学习效能模型具有较好的信度和效度，可以作为学生课业负担的测评工具。基于本书对学习效能的基本定义以及调查问卷的维度设计，对学业负担形成的学习效能模型的构建将从两个维度（个体学习效能和一般学习效能）、七个层面（学习态度、学习动机、学习期望、学习能力、学习策略、学习环境、学业成就）来展开。

一、个体学习效能

个体学习效能是学生对自己能够学好的一种信念，即学生认为需要以什么样的心理状态投入学习才能学好。以学生为主体的个体学习效能集中体现在学生的学习态度、学习动机和学习期望上。

（一）学习态度

学习态度是指学习者对学习活动所具有的一种心理倾向，反映了学习者对待学习的一种有选择性的内部状态。对学习态度的学习是学习过程中最重要的学习，如果学生的"学习能力"是一个相对稳定的常数，那学生的学习成绩的好坏就取决于学生的学习态度，也就是说，具有良好的学习态度，是取得良好学习成绩的先决条件，而不良的学习不仅是造成学习成绩不良的主要因素，还会造成学生沉重的学业负担。通常可以从学生对待学习的认知状况、情感状况和意志状况等方面加以判定和说明，它是由学习者的认知水平、情感体验和行为倾向共同组成的相互关联统一体。因而，我们可以通过学习者对学习活动价值的认知水平、对学习过程的享受程度以及学习行为的自觉性、探索性、坚持性和专注度等方面来综合地评估或判定他的学习态度。

其中，认知水平是学习态度的基础，它反映了学习者对学习活动及学习活动价值带有评价性质的理解和认识，它反映了学习者对学习活动价值的认识，只有当学习者认识到现在好好学习将来才会有更好的发展时，才有认真学习的心向；情感体验是指学生伴随认识而产生的情绪，由于情感本身就反映出学习者的学习态度，因此情感体验是学习态度的核心成分，表现为学习者对学习的喜爱或厌烦，直接影响学习者的学习性向；行为倾向是学习活动前的准备状态，是学生对学习活动情感体验做出的反应意向，例如，学生在学习过程中表现出来的专注度、自觉性、探索性和坚持性。认知水平影响情感体验，情感体验决定行为倾向，环环相扣、彼此制约。学习活动本身就极具挑战性，又容易让人紧张焦虑，并且很多时候略显枯燥乏味，需要学习者付之以良好的认知条件和积极的情感体验以及顽强的学习意志。因此，只有当学生真切认识到学习是一件有趣并且有意义的事时，他才会主动自觉地学习，并且在学习过程中表现出极高的积极性、探索性和坚持性，所谓"知之者不如好之者，好之者不如乐之者"，当学生有以学为乐的学习态度时，其过重的学业负担问题就迎刃而解了。

（二）学习动机

一个人之所以会出现某一行为，其直接的推动力来自于动机。所谓动机，是指引起和维持个体的活动，并使活动朝向某一目标的内在心理过程或内部动力。人的活动不管是简单的还是复杂的，都要受到动机的调节和支配，如参与游戏的称为游戏动机，参与劳动的称为劳动动机，参与学习的则称为学习动机。学习动机是学生学习的内部驱动力，反映着他们的需要、追求和目标。学生的学习动机对学习的影响，虽然不像认知结构、认知发展水平等变量那么直接，但也是影响学生学习的重要变量，而且学习动机本身也是学校教育的重要目标，因此学习动机的缺失与不足是造成学生学业负担过重的重要因素之一。学习动机是指激发个体进行学习活动、维持已引起的学习活动，并致使行为朝向一定的学习目标的一种内在过程或内部心理状态。学习动机一旦形成，不仅使学生对所学东西有一定的指向性，例如对学习表现出浓厚的兴趣，上课能集中注意力等等，而且也有一定的动力使学习过程中的注意状态、兴趣水平保持下去。因此，对教师来说，了解学生的学习动机，并采取一定的教学手段，激发和培养学生的学习动机是十分重要的。学习动机有着重要的作用：具有引起学习行为的唤起功能，具有引导学习者学习行为向某一特定目标的指向功能，具有强化学习的功能。①

学习动机是激发和维持学生的学习潜能和学习行为，并使学生的学习活动朝向某一学习目标的动力机制，是引导学生学习效能提高的内部原因，但它并不呈现为某种单一的结构，学生的学习活动是由多种不同动力因素组成的系统的集合，包括内部动机和外部动机。学习动机一旦形成，它不仅使学生对所学的东西有一定的指向性，例如对学习表现出深厚的兴趣、上课能保持注意力等，而且还具有一定的动力使这种注意力和兴趣不断维持下去。内部动机是由学习活动本身的意义和价值引起的动机，是学习者把学习活动上升为一种个人需要，在学习过程中能体验到自我满足，对学习充满兴趣和求知欲。这种内驱力是学生在学习过程中由于多次获得成功，体验到满足需要，逐渐肯定了最初的求知欲从而形成的一种相对稳定的学习动机；外部动机是学习活动的助推器，是

---

① 彭小虎、王国锋、朱丹主编：《儿童发展与教育心理学》，华东师范大学出版社2014年版，第173－175页。

由学习活动以外的因素诱发的动机，如：学生自我提高的动机，学习是为了将来能找到一个好工作或获得更好的发展；避免惩罚的动机，害怕学习不好就会受到老师或家长的惩罚；附属动机，为了不辜负师长的期望而努力学习的动机，是为了获得老师和家长的赞许或同伴的接纳而表现出来的把工作、学习搞好的一种需要。不论是内部动机亦或外部动机都可以调整和改善学习行为，强化学生积极和学习性向。毫无疑问，与学习动机较弱的学生相比，学习动机较强的学生更能坚持学习，更能直面学习过程中的难题，也更能取得较好的学业成就，因此，可以说学习动机与学习效能是一种相辅相成的线性关系。

（三）**学习期望**

学习期望是学生基于以往的学习经验和当前的学习刺激对今后学习活动所要达到何种学习目标以及教师专业发展何种程度的意念和心向，是学习者个体对学习活动所要达到目标的主观估计，包括学生对自我的期望和对教师的期望。其中，自我期望是学生对自我情感价值、能力发展以及行为发展方面的期望，即学生期望通过学习活动使自己的各方面能力得到提升，行为习惯能更大方得体、更有修养，进而让自己更加自信、自强。只有学生相信通过努力学习就能获得进步、提高学业成绩时，他才会以一种积极的、自觉的、能动的心态投入学习。换句话说，学习期望是保证学生"学"的前提，而强烈的学习期望则是保证学生"学好"的必要条件。对教师的期望是指学生对教师在教学态度、教学方法及师生关系等方面所抱有的期望，希望教师能够更加和蔼可亲、平易近人，与学生建立和谐友好的师生关系，能采用灵活多样的教学方法提高自身教学效能。

影响学习期待的元素是多方面的。首先，研究表明，父母对子女的要求与子女的学习期待之间存在着正相关，即如果家长对子女要求较高，则子女自己的学习期待一般也较高。其次，学习期待还与原来的学习成绩有正相关。一般说来，成功的经验会提高学生的学习期待，相反，失败的经验会降低学生的学习期待。再次，学生在班级中的成绩名次也会影响他的学习期待。优等生知道自己的学习成绩在同班同学之上，因此其学习期待一般较高；中等生处于中间的地位，一般安于现状；而差等生由于缺乏成功经验，其学习期待日趋降低。另外，教师对学生的期望水平也会对学习期望产生影响。教师对学生表现有较高的期望水平，会使学生提高对自己的评价，自信心得到提升，从而提高自己的学习期望，进而提高学习成绩，减轻学业负担。[①] 学生能对学习有所期望预示着拥有学习的主观动力和心理动因，它能够直接推动学生努力学习以达到某种学习目的，进而激发学习动机、改变学生学习势态，由传统被动学习蜕变为主动学习，走出被动学习所造成的学业负担过重的泥潭。

二、一般学习效能

一般学习效能是评价学生学习效能的客观指标体系，也是学生个体学习的外化表征，即学生从哪些方面判断并评价自己的学习，包括学生在学习过程中依存的学习环境、具备的学习能力和应用的学习策略。它是学生"学会学习"重要表征。

（一）**学习能力**

学习能力是学习者在学习活动上的个性心理特征，是学生认识和评判自身学习效能和学习效率的重要因子，是学生完成学习任务、提高学业成就、解决学业负担问题的必要手段，它包括学生的理解能力、记忆能力、接受能力、应用能力等基本能力和包涵了创新意识、创新思维、创新技术的创新能力，如：学生能记住老师要求背诵的内容，能很快地理解老师在课堂上讲解的内容，具有很好的信息接收能力和知识运用能力。学生是具有独特个性的差异个体，每个学生的学习能力也截然不

---

① 彭小虎、王国锋、朱丹主编：《儿童发展与教育心理学》，华东师范大学出版社
2014 年版，第 174 页。

同，一般来说，学习能力高的学生更能够有效、快捷地掌握教学内容和学习信息，并能及时将其吸收、内化为自身的能力，他们能紧跟甚至超过教师的教学进度，对复杂或较难的学习内容也能轻松驾驭。没有学习能力就不可能具有创造力，创造力的枯竭也就意味着生命力的枯竭。只有学习能力不断地提高增强，才能保证一个人的竞争力。毫无疑问，与那些盲目投入学习时间而学习能力较差的学生相比，学习能力较强的学生更注重学习的效率和效益，也拥有更高的学习效能，他们能很快理解并接受教学内容，并且能够将所学知识应用到现实生活中，达到融会贯通、举一反三并且"高效低耗"的完美学习境地。

（二）学习策略

学习策略是指学习者为了提高学习效率和学习质量，根据切实的需要而有意识、有目的地对学习过程进行调整和安排，它是学习过程中认知图式、信息加工方式及调控技能的综合生成。学习策略是一种程序性知识，由规则系统或技能构成，是学习技巧或学习技能的组合。学习策略具有四个方面的特征：第一，学习策略是学习者为了完成学习目标而积极主动地使用的。一般来说，学习者采用学习策略都是有意识的心理过程，学习时，学习者先要分析学习任务和自己的特点，然后，根据这些条件，制订适当的学习计划。第二，学习策略是学习者制订的学习计划，由规则和技能构成。每一次的学习活动对应的计划都应该是不相同的，也就是说，一个计划只对应或适用一次学习活动，好的学习策略应为每次学习活动量身定做，而不是把学习策略拿来就用，学习策略不是万能计划，而是灵活多变的。第三，学习策略是有效学习所必需的。学习策略实际上是从效果和效率两个方面来考量的，学习策略得不得当，适不适用，得看课堂效果和学习效率怎么样。例如，背诵一首古诗，如果一遍又一遍地朗读，只要有足够的时间，最终也能记住，但是，保持时间不会太长，记忆也不会很牢靠；相反，如果采用分散复习或尝试读一句背一句的方法，记忆的效果和效率一下子就会有很大的提高。第四，学习策略是有关学习过程的。它规定学习时做什么、不做什么，先做什么、后做什么，用什么方式做，做到什么程度等诸方面的问题。[1]

学习策略包括学习者的元认知策略、认知策略和资源管理策略。其中，元认知策略是学习者对自己信息加工过程进行调控的策略，它是以学习者认知过程本身为活动对象的，主要指学习过程中的计划、监控和调节策略，表现为学习者能设置学习目标、制订学习计划、及时检查、评估、反思并调整自己的认知活动等。认知策略是对人的心理加工过程起控制和调节作用的执行控制过程，是指用来帮助学习者提高学习、记忆和思维能力的策略，本质上是一种特殊的程序性知识，主要指学习过程中的复述和加工组织策略，如学生采用做笔记、列提纲、画图、作表、提问等方式来提高学习效率。资源管理策略是辅助学生管理可用资源和环境的策略，包含对学业时间、学习场域、学业求助的管理，它能够帮助学生统筹好各方面资源，提供最好的学习条件。大量实证研究表明，学习策略的掌握与运用与学生学习效能感和学业成就之间存在显著正相关，众多研究者一致认为学生有效运用学习策略能够提高其学习效能和学业成就。[2] 因此，学习策略是影响学习者学习效能的重要变量，也是学习者"学会学习"的重要外部表征，灵活多样的学习策略能够帮助学习者提高学习效率、缩短学习时间、减轻学业负担。

（三）学习环境

学习环境是促进学习者发展的各种支持性条件的统合。"促进学习者的发展"指明了学习环境的价值指向或存在意义，各种支持性条件包括学习资源、学习工具、学习活动、师生关系等要素；"统合"说明了围绕学习者发展，将各种支持性条件实现统整、融合的可能性和必要

---

[1]　学习考试用书研发中心编著：《教师资格认定考试系列教材小学教育心理学》，清华大学出版社2013年版，第116页。

[2]　张林、张向葵：《中学生学习策略应用、学习效能感、学习坚持性与学业成就关系研究》，《心理科学》2003年第4期，第603－607页。

性；根据学习者发展的需求，各种支持性条件的统合结果往往会产生各种各样的教学活动类型或模式。该定义明确了学习环境的主要目的和意义，并指出了构成学习环境的要素。所以考察学习环境需要了解学习环境的构成要素，明确学习环境的目的和意义，从而选择恰当的工具和丰富的资源，在学习理论和教学原则的指导下，设计能支持和促进学习者发展的学习环境。[①] 建构主义是我国新课程改革的理论支撑，基于构建主义的学习观、学生观和知识观，学习所依存的学习环境应该彰显如下价值观（乔纳森，2007）：学习者在意义建构中的核心地位；学习情境的重要性；学习者与教师、同学之间对话和协商；在意义建构中学习者先前学习经验的重要性；运用技术支持高级心智过程。建构主义所强调的是以学习者为中心的学习环境，只有在完全考虑学习者的需要的学习情境中，学习者才能自由、轻松地学习，感觉不到来自外界的压力。

　　学习环境是学生学习赖以存在和进行的所有外部条件的总和，包括学校、社会、家庭等物化环境和以师师关系、师生关系为纽带的人际环境。社会环境是一本无字书，对学生来说是一本隐形的教材，会对学生产生潜移默化的影响。学校环境作为最直接的影响力，在学校建设、学风校风、学习氛围等方面对学生学习产生了重要影响。而融洽的师生关系、和谐的生生关系既是学生有效学习的支撑条件，也是学生提高学习效能和学业成绩的价值诉求。物理环境和人际环境的存在并不以独立的方式影响学生学习，而是以相互影响，相互制约的方式共同作用于学生，任何一个场域的异化与错位都将以学业负担的形式反映在学生身上。众多教育研究表明，在平等、民主、和谐、友好的师生关系和班级气氛中，学生才可能具有高度的学习热情和兴趣，才不会觉得学习是一种压力和负担。由此，建构适应时代发展需求和学习者需求的学习环境是提高学习效能的举措之一。

---

① 柴少明：《计算机支持的外语协作学习》，科学出版社2013年版，第53页。

第四章

学业负担表现的类型层次模型

　　学业负担作为一个普遍的社会性存在，具有整体性的现状与特征，对此种现状与特征的把握，有助于我们对学业负担形成宏观层面的认知与了解。然而，学业负担在不同的类型、层次上亦表现出丰富的特征与价值，对不同区域、不同学校类型及不同学习阶段的学业负担特点进行精细的考量，能够挖掘出更加深刻与独特的数量特征。有鉴于此，本章在对既有研究数据进行整体分析的基础之上，对不同区域、不同学校类型及不同学习阶段的学业负担水平进行详细解析，以期探求学业负担问题解决的类型层次模型。

第一节　学业负担表现的区域模型

　　作为理论界与实践界的"顽疾"，素质教育不断推进的"绊脚石"，学业负担问题贯穿于教育发展和政策决策的全过程，是新课程改革走向深入必须面对和解决的核心问题。在中国现代化进程之中，由于受政治、经济、文化等因素的综合影响，不同区域呈现出差异化的发展进程，教育的发展过程亦呈现出巨大的区域差异。因此，本节通过对我国中小学生学业负担现状进行调查研究，探讨其在区域层面的不同特点，发现其存在的问题，并提出相应的改进措施与实施建议，以期为我国基础教育课程改革的深化推进和素质教育的有效实施清除障碍，为不同区域学业负担的有效治理提供现实参依。

一、研究对象与工具

（一）研究对象

本书在全国范围内按照7大区域抽取7个省（区）和2个直辖市，包括辽宁省、甘肃省、河北省、河南省、广东省、广西壮族自治区、山东省、天津市和重庆市等，分层抽样随机选取90所中小学校的学生作为研究对象，共发放问卷15000份，回收有效问卷13809份，有效回收率为92.06%（见表4.1）。

表4.1　研究对象基本情况

类别	项目	人数	所占百分比
性别①	男	6566	47.5%
	女	7028	50.9%
学生层次	小学②	4510	32.7%
	初中	4848	35.1%
	高中	4451	32.2%
学校类型③	普通学校	9186	66.5%
	示范学校	4621	33.5%
区域	东北	1741	12.6%
	西北	1206	8.7%
	华北	1415	10.2%
	华东	2888	20.9%
	华中	1837	13.3%
	华南	1283	9.3%
	西南	3437	24.9%

（注：①性别部分存在215个缺失值；②由于受认知水平的限制，小学一二三年级不在调查范围之内；③学校类型部分存在2个缺失值。）

（二）研究工具

本书采用问卷调查法，问卷属于自编问卷，是研究者在理论探讨、文献分析和参考其他问卷的基础上，根据项目分析、信效度分析编制而成，主要包括初拟问卷、预测问卷和正式问卷三个环节。问卷分为研究对象的个人基本资料、学习基本情况和五度选择三个部分，共计22题，其中11项填空题、11项选择题。第一部分主要涵盖年级、性别、年龄、区域等基本信息；第二部分主要对学业负担现状进行客观描述，主要包括学习时间和学习任务等；第三部分是关于学生学业负担主观部分的调查问卷，包括认知过程、情绪体验和行为反应三个维度，其采用里克特五点量表计分法以五分制代表其符合程度：1代表完全不符合；2代表不太符合；3代表一般；4代表比较符合；5代表完全符合。所有题均为正向计分，得分越高，表示学生所承担的主观学业压力越大。

二、调查结果与分析

此部分首先对学业负担的客观层面和主观层面进行整体性分析，以把握学业负担的整体现状。然后分别对七大区域的学业负担现状与特点进行分析，再详细考察七大区域在学业负担不同维度上的差异。

（一）中小学生学业负担总体表征

1. 客观层面

表4.2 中小学生学业负担客观层面表征

维度	平均值（M）	标准差（SD）
每天睡眠时间	7.94	1.41
周一到周五平均每天完成课后作业所需时间	2.10	1.32
周末平均每天完成家庭作业所需时间	2.83	1.89
平均每周参加各类学习辅导时间	1.83	2.55
每学期统一考试次数	3.06	1.51

（注：课余学习时间为每周课后家庭作业时间与每周参加各类学习辅导班时间之和。下同。）

表 4.2 的数据表明，中小学生平均每天睡眠时间为 7.94 小时，与国家规定的中小学生平均 9 小时[①]的睡眠时间相差 1.06 个小时，并且仍有 15.6% 的学生睡眠时间小于 6 小时。在课后学习时间层面，主要通过周一到周五平均每天完成课后作业所需时间和周末平均每天完成家庭作业所需时间两个层面进行考量。首先来看周一到周五平均每天完成课后作业所需时间，统计结果显示，中小学生周一到周五平均每天完成课后作业所需时间为 2.1 个小时，其中有 15% 的学生完成课后作业时间在 3 小时及 3 小时以上。其次，统计结果显示，中小学生周末平均每天完成家庭作业所需时间为 2.83 个小时，有 17% 的学生完成课后作业时间在 4 小时及 4 小时以上。在平均每周参加各类学习辅导时间层面，调查结果显示为平均每周为 1.83 小时，其中有 10.9% 的学生每周参加 5 小时及 5 小时以上课外辅导。在每学期统一考试次数层面，调查结果显示为平均每学期 3.06 次，但仍有 10.9% 的学生每学期的考试次数在 5 次及 5 次以上。

2. 主观层面

表 4.3　中小学生学业负担主观层面表征

维度	平均值（M）	题数
认知过程	2.41	3
情绪体验	2.27	4
行为反应	2.34	4
总体	2.33	11

① 2008 年 9 月 4 日教育部印发《中小学学生近视眼防控工作方案》中明确规定，要 "保证小学生每天睡眠 10 小时，初中学生 9 小时，高中学生 8 小时"。为方便计算，在此取中小学生平均睡眠时间 9 小时。http://www.gov.cn/gzdt/2008－09/05/content_ 1088045. htm.

表 4.3 的数据表明，中小学生学业负担主观层面的总体水平为 2.33，处于中等水平。在认知过程、情绪体验和行为反应三个维度上，中小学生学业负担的平均值分别为 2.41、2.27 和 2.34。其中，认知过程和行为反应的平均分高于总体平均水平，表明中小学生存在一定程度的学业负担压力，并表现出一定的行为反应，如身体不适、厌烦课堂学习等。

（二）中小学生学业负担区域总体表征

1. 东北地区的学业负担表征

（1）客观层面

表 4.4　东北地区中小学生学业负担客观层面表征

维度	平均值（M）	标准差（SD）
每天睡眠时间	8.00	1.36
周一到周五平均每天完成课后作业所需时间	2.28	1.37
周末平均每天完成家庭作业所需时间	3.06	2.05
平均每周参加各类学习辅导时间	2.83	2.88
每学期统一考试次数	3.15	1.34

表 4.4 的数据表明，东北地区中小学生平均每天睡眠时间为 8 小时，略高于调查总体水平，但较国家规定的平均 9 小时睡眠时间仍相差较远。东北地区中小学生周一到周五平均每天完成课后作业所需时间为 2.28 小时，大于调查总体的 2.10 小时。东北地区中小学生周末平均每天完成家庭作业所需时间为 3.06 小时，远大于调查总体水平的 2.83 小时。东北地区中小学生平均每周参加各类学习辅导时间为 2.83 小时，大大高于调查总体水平的 1.83 小时。东北地区中小学生平均每学期统一考试次数为 3.15 次，略高于调查总体水平。由此可以推断，东北地区中小学生学业负担的客观压力比全国其他地区较高。

（2）主观层面

表4.5　东北地区中小学生学业负担主观层面表征

维度	平均值（M）	标准差（SD）
认知过程	2.24	0.94
情绪体验	2.19	1.04
行为反应	2.30	0.83
总体	2.24	0.81

表4.5的数据表明，东北地区中小学生认知过程维度的平均值为2.24，低于调查总体水平。东北地区中小学生情绪体验和行为反应维度的平均值分别为2.19和2.30，低于调查总体水平的平均值2.27和2.34。因此可以推断，东北地区中小学生学业负担的主观压力比全国其他地区较低。

2. 西北地区的学业负担表征

（1）客观层面

表4.6　西北地区中小学生学业负担客观层面表征

维度	平均值（M）	标准差（SD）
每天睡眠时间	8.01	1.41
周一到周五平均每天完成课后作业所需时间	2.21	1.45
周末平均每天完成家庭作业所需时间	3.00	1.96
平均每周参加各类学习辅导时间	1.97	2.48
每学期统一考试次数	3.03	1.22

表4.6的数据表明，西北地区中小学生平均每天睡眠时间为8.01小时，略高于调查总体水平。西北地区中小学生周一到周五平均每天完成课后作业所需时间为2.21小时，大于调查总体的2.1小时。西北地区中小学生周末平均每天完成家庭作业所需时间为3小时，大于调查总

体水平的 2.83 小时。西北地区中小学生平均每周参加各类学习辅导时间为 1.97 小时，略大于调查总体水平的 1.83 小时。西北地区中小学生平均每学期统一考试次数为 3.03 次，略低于调查总体水平。由此可以推断，西北地区中小学生学业负担的客观压力比全国其他地区略高。

（2）主观层面

表 4.7 的数据表明，西北地区中小学生认知过程维度的平均值为 2.38，低于调查总体水平。西北地区中小学生情绪体验维度的平均值为 2.18，远低于调查总体水平。西北地区中小学生行为反应维度的平均值为 2.26，低于调查总体水平的 2.34。因此可以推断，西北地区中小学生学业负担的主观压力比全国其他地区略低。

表 4.7　西北地区中小学生学业负担主观层面表征

维度	平均值（M）	标准差（SD）
认知过程	2.38	1.02
情绪体验	2.18	1.03
行为反应	2.26	0.80
总体	2.27	0.83

3. 华北地区的学业负担表征

（1）客观层面

表 4.8　华北地区中小学生学业负担客观层面表征

维度	平均值（M）	标准差（SD）
每天睡眠时间	7.77	1.31
周一到周五平均每天完成课后作业所需时间	2.11	1.30
周末平均每天完成家庭作业所需时间	2.80	2.07
平均每周参加各类学习辅导时间	1.69	2.39
每学期统一考试次数	2.69	1.40

表4.8的数据表明，华北地区中小学生平均每天睡眠时间为7.77小时，低于调查总体水平。华北地区中小学生周一到周五平均每天完成课后作业所需时间为2.11小时，略大于调查总体的2.1小时。华北地区中小学生周末平均每天完成家庭作业所需时间为2.8小时，略大于调查总体水平的2.83小时。华北地区中小学生平均每周参加各类学习辅导时间为1.69小时，低于调查总体水平的1.83小时。华北地区中小学生平均每学期统一考试次数为2.69次，低于调查总体水平。由此可以推断，华北地区中小学生学业负担的客观压力比全国其他地区较低。

（2）主观层面

表4.9的数据表明，华北地区中小学生认知过程维度的平均值为2.15，远低于调查总体的2.41。情绪体验维度的平均值为2.07，远低于调查总体的2.27。华北地区中小学生行为反应维度的平均值为2.13，远低于调查总体水平的2.34。因此可以推断，华北地区中小学生学业负担的主观压力远低于全国其他地区。

表4.9　华北地区中小学生学业负担主观层面表征

维度	平均值（M）	标准差（SD）
认知过程	2.15	0.99
情绪体验	2.07	1.03
行为反应	2.13	0.84
总体	2.11	0.86

4. 华东地区的学业负担表征

（1）客观层面

表4.10　华东地区中小学生学业负担客观层面表征

维度	平均值（M）	标准差（SD）
每天睡眠时间	7.95	1.37
周一到周五平均每天完成课后作业所需时间	2.27	1.35
周末平均每天完成家庭作业所需时间	3.18	1.91
平均每周参加各类学习辅导时间	2.12	2.73
每学期统一考试次数	3.17	1.71

表4.10的数据表明，华东地区中小学生平均每天睡眠时间为7.95小时，略大于调查总体水平。华东地区中小学生周一到周五平均每天完成课后作业所需时间为2.27小时，大于调查总体的2.1小时。华东地区中小学生周末平均每天完成家庭作业所需时间为3.18小时，远大于调查总体水平的2.83小时。华东地区中小学生平均每周参加各类学习辅导时间为2.12小时，大于调查总体水平的1.83小时。华东地区中小学生平均每学期统一考试次数为3.17次，高于调查总体水平。由此可以推断，华东地区中小学生学业负担的客观压力远高于全国其他地区。

（2）主观层面

表4.11的数据表明，华东地区中小学生认知过程维度的平均值为2.37，略低于调查总体水平。华东地区中小学生情绪体验维度的平均值为2.27，与调查总体水平持平。华东地区中小学生行为反应维度的平均值为2.32，略低于调查总体水平。因此可以推断，华东地区中小学生学业负担的主观压力比全国其他地区较低。

表4.11　华东地区中小学生学业负担主观层面表征

维度	平均值（M）	标准差（SD）
认知过程	2.37	1.03
情绪体验	2.27	1.05
行为反应	2.32	0.84
总体	2.32	0.87

5. 华中地区的学业负担表征

（1）客观层面

表4.12　华中地区中小学生学业负担客观层面表征

维度	平均值（M）	标准差（SD）
每天睡眠时间	7.72	1.43
周一到周五平均每天完成课后作业所需时间	2.02	1.29
周末平均每天完成家庭作业所需时间	2.84	1.85
平均每周参加各类学习辅导时间	2.34	2.87
每学期统一考试次数	3.05	1.52

　　表4.12 的数据表明，华中地区中小学生平均每天睡眠时间为7.72小时，低于调查总体平均水平。华中地区中小学生周一到周五平均每天完成课后作业所需时间为2.02 小时，低于调查总体的2.1 小时。华中地区中小学生周末平均每天完成家庭作业所需时间为2.84 小时，略高于调查总体水平的2.83 小时。华中地区中小学生平均每周参加各类学习辅导时间为2.34 小时，大大高于调查总体水平的1.83 小时。华中地区中小学生平均每学期统一考试次数为3.05 次，略低于调查总体水平。由此可以推断，华中地区中小学生学业负担的客观压力略高于全国其他地区。

（2）主观层面

表4.13　华中地区中小学生学业负担主观层面表征

维度	平均值（M）	标准差（SD）
认知过程	2.47	0.98
情绪体验	2.28	1.01
行为反应	2.37	0.78
总体	2.36	0.81

表4.13的数据表明，华中地区中小学生认知过程维度的平均值为2.47，高于调查总体平均水平。华中地区中小学生情绪体验维度的平均值为2.28，略高于调查总体平均水平。华中地区中小学生行为反应维度的平均值为2.37，高于调查总体平均水平的2.34。因此可以推断，华中地区中小学生学业负担的主观压力比全国其他地区较高。

6. 华南地区的学业负担表征

（1）客观层面

表4.14　华南地区中小学生学业负担客观层面表征

维度	平均值（M）	标准差（SD）
每天睡眠时间	8.10	1.55
周一到周五平均每天完成课后作业所需时间	2.27	1.30
周末平均每天完成家庭作业所需时间	2.79	2.03
平均每周参加各类学习辅导时间	1.09	2.02
每学期统一考试次数	3.26	1.59

表4.14的数据表明，华南地区中小学生平均每天睡眠时间为8.10小时，高于调查总体平均水平。华南地区中小学生周一到周五平均每天完成课后作业所需时间为2.27小时，大于调查总体的2.10小时。华南地区中小学生周末平均每天完成家庭作业所需时间为2.79小时，低于

调查总体水平的 2.83 小时。华南地区中小学生平均每周参加各类学习辅导时间为 1.09 小时，远低于调查总体水平的 1.83 小时。华南地区中小学生平均每学期统一考试次数为 3.26 次，高于调查总体水平。由此可以推断，华南地区中小学生学业负担的客观压力略低于全国其他地区。

（2）主观层面

表 4.15　华南地区中小学生学业负担主观层面表征

维度	平均值（M）	标准差（SD）
认知过程	2.50	0.98
情绪体验	2.33	1.02
行为反应	2.37	0.78
总体	2.39	0.81

表 4.15 的数据表明，华南地区中小学生认知过程维度的平均值为 2.50，高于调查总体平均水平。华南地区中小学生情绪体验维度的平均值为 2.33，高于调查总体平均水平。华南地区中小学生行为反应维度的平均值为 2.37，略高于调查总体平均水平的 2.34。因此可以推断，华南地区中小学生学业负担的主观压力比全国其他地区较高。

7. 西南地区的学业负担表征

（1）客观层面

表 4.16　西南地区中小学生学业负担客观层面表征

维度	平均值（M）	标准差（SD）
每天睡眠时间	8.01	1.44
周一到周五平均每天完成课后作业所需时间	1.80	1.20
周末平均每天完成家庭作业所需时间	2.37	1.51
平均每周参加各类学习辅导时间	1.09	1.95
每学期统一考试次数	3.01	1.50

表 4.16 的数据表明，西南地区中小学生平均每天睡眠时间为 8.01 小时，高于调查总体平均水平。西南地区中小学生周一到周五平均每天完成课后作业所需时间为 1.80 小时，远低于调查总体的 2.10 小时。西南地区中小学生周末平均每天完成家庭作业所需时间为 2.37 小时，大大低于调查总体水平的 2.83 小时。西南地区中小学生平均每周参加各类学习辅导时间为 1.09 小时，大大低于调查总体水平的 1.83 小时。西南地区中小学生平均每学期统一考试次数为 3.01 次，略低于调查总体水平。由此可以推断，西南地区中小学生学业负担的客观压力远低于全国其他地区。

（2）主观层面

表 4.17　西南地区中小学生学业负担主观层面表征

维度	平均值（M）	标准差（SD）
认知过程	2.57	0.95
情绪体验	2.40	0.99
行为反应	2.47	0.79
总体	2.47	0.80

表 4.17 的数据表明，西南地区中小学生认知过程维度的平均值为 2.57，远高于调查总体平均水平。西南地区中小学生情绪体验维度的平均值为 2.40，远高于调查总体平均水平。西南地区中小学生行为反应维度的平均值为 2.47，高于调查总体平均水平的 2.34。因此可以推断，西南地区中小学生学业负担的主观压力比全国其他地区较高。

（三）区域中小学生课余学习时间差异

为考量不同区域内中小学生课余学习时间的差异，本书对不同区域的学生课余学习时间进行了单因素方差分析，显示不同地区之间中小学生课余学习时间存在明显的差异。本部分所指的中小学生课余学习时间是指学生在一周之内除上课之外的其他学习时间，包括周一到周五平均每天完成课后作业所需时间、周末平均每天完成家庭作业所需时间以及每周参加各类学习辅导时间。

表4.18　区域中小学生学业负担课余学习时间差异

区域	平均值（M）	标准差（SD）	F 值	概率
东北	20.23	10.74	96.02	0.000
西北	18.95	10.54		
华北	17.73	10.23		
华东	19.77	9.62		
华中	17.95	9.21		
华南	17.93	9.94		
西南	14.79	8.41		

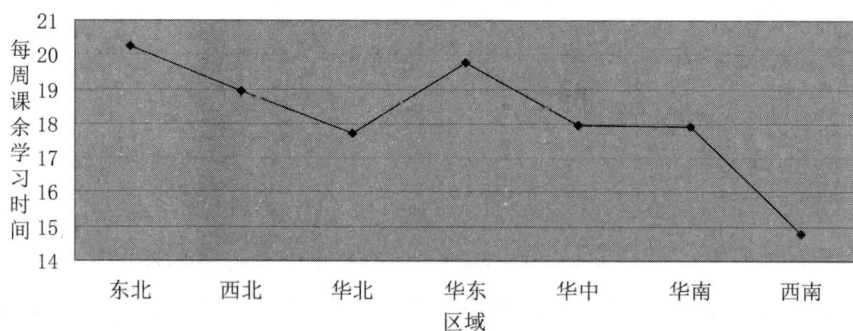

图4.1　中小学生课余学习时间区域差异

表4.18和图4.1的数据表明，不同区域中小学生的每周课余学习时间存在明显差异。其中，东北地区的每周课余学习时间明显高于其他地区，其平均值为20.23。而西南地区的每周课余学习时间明显低于其他地区，其平均值为14.79。华北、华中和华南三个地区的每周课余学习时间没有明显差异，华东和西北没有明显差异。

（四）区域中小学生考试次数差异

表4.19　区域中小学生学业负担考试次数差异

区域	平均值（M）	标准差（SD）	F 值	概率
东北	3.15	1.34	21.35	0.000
西北	3.03	1.22		
华北	2.69	1.40		
华东	3.17	1.71		
华中	3.05	1.52		
华南	3.26	1.59		
西南	3.01	1.50		

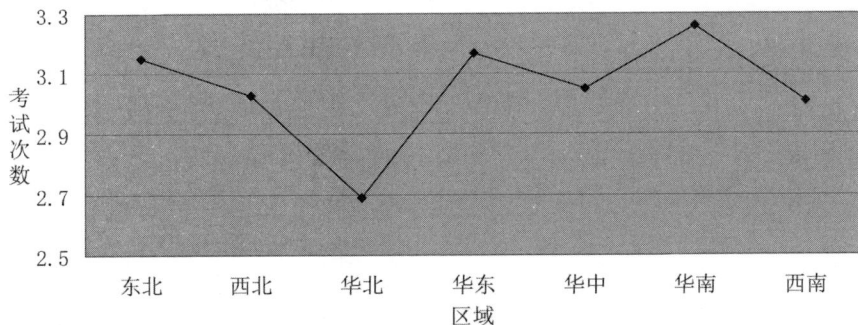

图4.2　中小学生考试次数的区域差异

表4.19和图4.2的数据表明，不同区域中小学生的考试次数存在明显差异。华南地区的平均考试次数明显高于其他地区。华北地区的平均学习任务明显低于其他地区。东北、西北、华东、华中以及西南五个地区的平均考试次数没有明显差异。

（五）区域中小学生认知过程差异

表4.20和图4.3的数据表明，不同区域中小学生的认知过程存在明显差异。其中，西南、华南和华中地区的平均认知过程明显高于其他

地区，其平均值分别为2.57、2.50和2.47。而华北和东北地区的平均认知过程明显低于其他地区，其平均值分别为2.15和2.24。华东和西北两个地区的平均认知过程没有明显差异。

表4.20　区域中小学生学业负担认知过程差异

区域	平均值（M）	标准差（SD）	F值	概率
东北	2.24	0.94	44.13	0.000
西北	2.38	1.02		
华北	2.15	0.99		
华东	2.37	1.03		
华中	2.47	0.98		
华南	2.50	0.98		
西南	2.57	0.95		

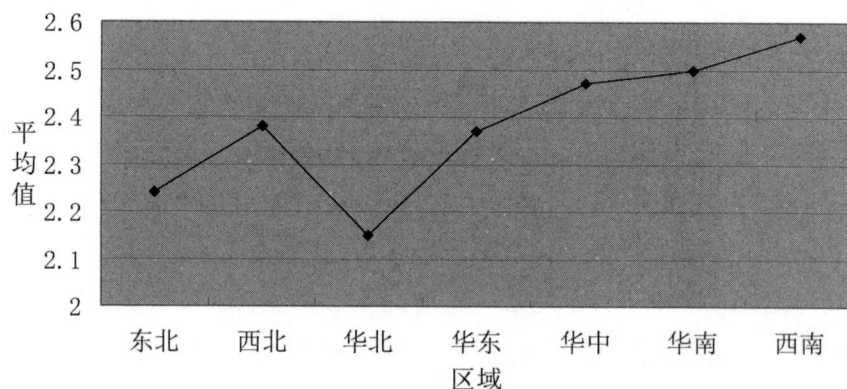

图4.3　中小学生学习任务的认知过程差异

（六）区域中小学生情绪体验差异

表 4.21 区域中小学生学业负担情绪体验差异

区域	平均值（M）	标准差（SD）	F 值	概率
东北	2.19	1.04	22.08	0.000
西北	2.18	1.03		
华北	2.07	1.03		
华东	2.27	1.05		
华中	2.28	1.01		
华南	2.33	1.02		
西南	2.40	0.99		

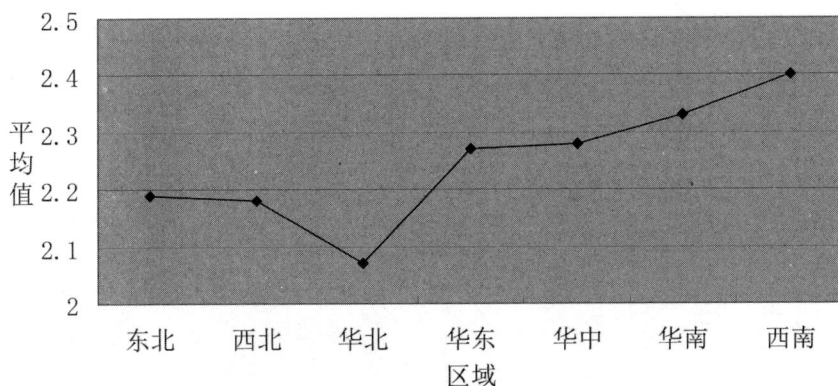

图 4.4 中小学生学习任务的情绪体验差异

表 4.21 和图 4.4 的数据表明，不同区域中小学生的情绪体验存在明显差异。其中，西南、华南、华中和华东地区的平均情绪体验明显高于其他地区，其平均值分别为 2.40、2.33、2.28 和 2.27。而华北地区的平均情绪体验明显低于其他地区，其平均值为 2.07。东北、西北两个地区的平均情绪体验没有明显差异。

（七）区域中小学生行为反应差异

表4.22　区域中小学生学业负担行为反应差异

区域	平均值（M）	标准差（SD）	F 值	概率
东北	2.30	0.83	34.17	0.000
西北	2.26	0.80		
华北	2.13	0.84		
华东	2.32	0.84		
华中	2.37	0.78		
华南	2.37	0.78		
西南	2.47	0.79		

表4.22和图4.5的数据表明，不同区域中小学生的行为反应存在明显差异。其中，西南、华南和华中地区的平均行为反应明显高于其他地区，其平均值分别为2.47、2.37和2.37。而华北地区的平均行为反应明显低于其他地区，其平均值为2.13。东北、西北、华东三个地区的平均行为反应没有明显差异。

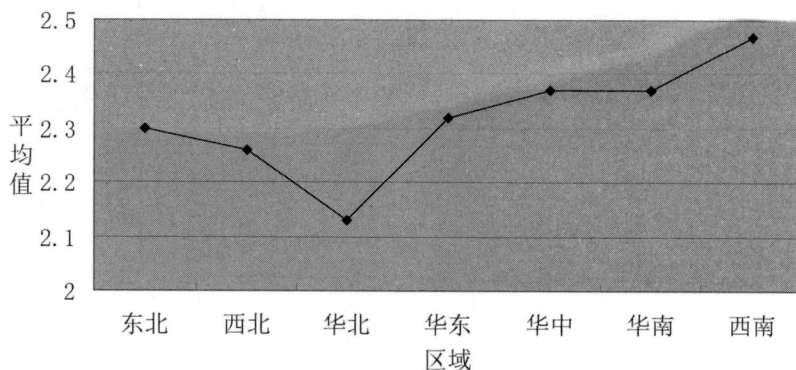

图4.5　中小学生学习任务的行为反应差异

三、结论与建议

通过上述对中小学生学业负担进行调查，研究结果表明：华北地区无论是在客观维度还是在主观维度，其学业负担均表现出较低水平；华中地区无论是在客观维度还是在主观维度，其学业负担均表现出较高水平；东北地区、西北地区和华东地区都表现出高客观维度和低主观维度；而华南地区和西南地区均表现出低客观维度和高主观维度。不同区域中小学生学业负担课余学习时间存在明显差异，东北地区的学生课余学习时间明显多于其他地区并高于平均水平；不同区域中小学生学业负担考试次数存在明显差异，华北地区的平均考试次数明显低于其他地区；不同区域中小学生学业负担认知过程存在明显差异，华南地区的平均认知过程明显高于其他地区；不同区域中小学生学业负担情绪体验存在明显差异，华南、西南和华中地区的平均情绪体验明显高于其他地区；不同区域中小学生学业负担行为反应存在明显差异，西南、华南和华中地区的平均行为反应明显高于其他地区。基于以上结论与差异现状，为促进区域中小学生学业负担的合理与均衡发展，提升学生的学习效果，减轻学生的学习压力，提出以下建议。

（一）推进区域教育资源优化配置

通过上述分析可以得知，中小学生学业负担问题存在着明显的区域差异，此种状况的现实存在，与不同区域的经济发展水平有重要现实关联。一个地区的经济发展水平不仅制约和影响着该地区的教育规模和速度，还影响着人才培养的需求和课程设置，从一定程度上能够促进教育教学方法、手段和教育学组织形式的变革和发展。[1] 在现代化推进过程之中，不同区域的经济发展水平存在一定差异，经济发达地区在教育方面的资金和物质等投入较多，这为其吸引优秀的师资力量、装备优良的教学设备、开发合理的课程等提供了重要保障。因是之故，为保证不同区域学业负担的合理水平，要加快推进区域教育资源的优化配置。从上述的调查结果可以发现，我国华中、华南和西南地区的学业负担总体水

---

[1] 靳玉乐：《现代教育学》，四川教育出版社 2006 年版，第 100—102 页。

平比其他地区较为严重。因是之故，国家教育行政部门在进行教育资源整体配置的时候应加大对这些地区的投入与支持，以促进不同区域教育资源的合理均衡，进而为学业负担达到合理水平提供有效经济支撑。

（二）完善区域学业负担监测机制

目前，关于学业负担问题的理论探讨和实证研究可谓层出不穷、见仁见智，但对什么样的负担才是合理的学业负担，什么样的负担才是过重的学业负担等问题尚未有过明确探讨与界定。因是之故，探寻学业负担问题的监测与预警机制，成为研究学业负担问题应着力的研究点。区域学业负担监测机制的建立和完善，提供了参透学业负担问题奥妙的重要工具，并为学业负担问题的有效解决提供了新的逻辑思路。在现今教育发展背景之下，区域学业负担监测机制的建立和完善，需要在结合本区域发展实际的基础上，开发出合理的学业负担评价标准，同时需要协调政府教育部门成立专门的监测机构，以对学业负担问题的现实状况进行有效观察和监督。

（三）建构区域学业负担评价模型

由于受到政治、经济和文化等不同社会环境因素的影响，不同区域的学业负担表现出不同的水平和特征。因是之故，要对不同区域的学生学业负担水平进行整体评估和把握，就需要在合理价值观的引导下建构区域学业负担评价模型，进而为不同区域学业负担问题的合理解决提供有效参依。区域学业负担评价模型的建构，需要以区域政治、经济和文化发展现状为背景，以区域教育发展现状为现实依据，运用合理、有效的方法开发出学业负担评价指标体系，从而能够较为全面地概括和描述区域学业负担的不同现状和特点。并在此基础上，采用模糊层次分析法确定各指标的权重，进而运用模糊综合评价模型，解出区域学业负担评价指标的模糊隶属度矩阵，根据最大隶属度原则，确定不同区域的学业负担发展水平，进而为学业负担问题的"善治"提供有效凭依。

第二节 学业负担表现的类型模型

由于受到传统政策体制的制约，我国教育体系之中始终存在着重点学校与普通学校之分，其长时间存在于基础教育、中等教育，乃至高等教育之中。此种状况的长期存在，阻碍着我国教育公平事业的良性发展。虽然随着我国民主化程度的不断推进与加深，重点学校的概念提法已退出政策体系舞台，然而又提出了示范学校的概念，其与重点学校之提法实无两意。示范性学校拥有优秀的生源质量、雄厚的师资力量以及完善的办学条件，其自身存在着先天的教学优势。而普通学校相较于示范学校则相去甚远。本章力图考察示范学校和普通学校的学生学业负担的现状及现实差异，并提出缩小校际间差异的相关建议，以期为我国教育公平事业的深入推进提供借鉴。本书采用自编问卷对 13809 人进行调查研究，所有题均为正向计分，得分越高，表示学生所承担的主观学业压力越大。

一、调查结果与分析

本部分首先对不同学校的学业负担水平进行总体考察，以把握不同类型学校的学业负担现状与特点，然后分别考察不同类型学校在学业负担不同维度上的差异。

（一）中小学生学业负担类型总体表征

1. 普通学校的学业负担表征

（1）客观层面

表4.23　普通学校中小学生学业负担客观层面表征

维度	平均值（M）	标准差（SD）
每天睡眠时间	7.96	1.42
周一到周五平均每天完成课后作业所需时间	1.98	1.31
周末平均每天完成家庭作业所需时间	2.68	1.83
平均每周参加各类学习辅导时间	1.68	2.50
每学期统一考试次数	3.06	1.47

　　表4.23的数据表明，普通学校中小学生平均每天睡眠时间为7.96小时，略高于调查总体水平，但较国家规定的平均9小时睡眠时间仍相差较远。普通学校中小学生周一到周五平均每天完成课后作业所需时间为1.98小时，低于调查总体的2.10小时。普通学校中小学生周末平均每天完成家庭作业所需时间为2.68小时，低于调查总体水平的2.83小时。普通学校中小学生平均每周参加各类学习辅导时间为1.68小时，略低于调查总体水平的1.83小时。普通学校中小学生平均每学期统一考试次数为3.06次，与调查总体水平持平。由此可以推断，普通学校中小学生学业负担的客观压力较低。

　　（2）主观层面

表4.24　普通学校中小学生学业负担主观层面表征

维度	平均值（M）	标准差（SD）
认知过程	2.45	0.99
情绪体验	2.31	1.03
行为反应	2.38	0.82
总体	2.37	0.83

　　表4.24的数据表明，普通学校中小学生情绪体验维度的平均值为2.45，高于调查总体水平的2.41。普通学校中小学生情绪体验和行为

反应维度的平均值分别为 2.31 和 2.38，均高于调查总体水平的平均值 2.27 和 2.34。因此可以推断，普通学校中小学生学业负担的主观压力较高。

2. 示范学校的学业负担表征

（1）客观层面

表 4.25　示范学校中小学生学业负担客观层面表征

维度	平均值（M）	标准差（SD）
每天睡眠时间	7.91	1.39
周一到周五平均每天完成课后作业所需时间	2.34	1.32
周末平均每天完成家庭作业所需时间	3.12	1.97
平均每周参加各类学习辅导时间	2.11	2.62
每学期统一考试次数	3.04	1.59

表 4.25 的数据表明，示范学校中小学生平均每天睡眠时间为 7.91 小时，略低于调查总体水平。示范学校中小学生周一到周五平均每天完成课后作业所需时间为 2.34 小时，大于调查总体的 2.1 小时。示范学校中小学生周末平均每天完成家庭作业所需时间为 3.12 小时，大于调查总体水平的 2.83 小时。示范学校中小学生平均每周参加各类学习辅导时间为 2.11 小时，大于调查总体水平的 1.83 小时。示范学校中小学生平均每学期统一考试次数为 3.04 次，略低于调查总体水平。由此可以推断，示范学校中小学生学业负担的客观压力较高。

（2）主观层面

表 4.26 的数据表明，示范学校中小学生认知过程维度的平均值为 2.32，低于调查总体水平。示范学校中小学生情绪体验维度的平均值为 2.19，远低于调查总体水平。示范学校中小学生行为反应维度的平均值为 2.28，低于调查总体水平的 2.34。因此可以推断，示范学校中小学生学业负担的主观压力较低。

表4.26　示范学校中小学生学业负担主观层面表征

维度	平均值（M）	标准差（SD）
认知过程	2.32	1.00
情绪体验	2.19	1.01
行为反应	2.28	0.80
总体	2.25	0.83

（二）类型中小学生课余学习时间差异

为考量不同区域内中小学生课余学习时间的差异，本书对不同区域的学生课余学习时间进行了独立样本 T 检验，显示不同学校类型之间中小学生课余学习时间存在明显的差异。本部分所指的中小学生课余学习时间是指学生在一周之内除上课之外的其他学习时间，包括周一到周五平均每天完成课后作业所需时间、周末平均每天完成家庭作业所需时间以及每周参加各类学习辅导时间。

表4.27　类型中小学生学业负担课余学习时间差

类型	平均值（M）	标准差（SD）	T 值	概率
普通学校	16.86	9.80	−17.311	0.000
示范学校	19.93	9.50		

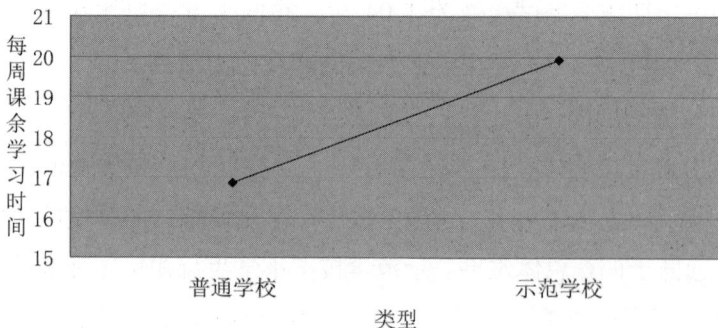

图4.6　中小学生课余学习时间区域差异

表 4.27 和图 4.6 的数据表明,不同学校类型中小学生的每周课余学习时间存在明显差异。示范学校中小学生的课余学习时间与普通学校中小学生的课余学习时间之间有明显的差异,示范学校中小学生的课余学习时间显著高于普通学校中小学生的课余学习时间。

（三）类型中小学生考试次数差异

表 4.28 类型中小学生学业负担考试次数差异

类型	平均值（M）	标准差（SD）	T 值	概率
普通学校	3.06	1.47	0.95	0.341
示范学校	3.04	1.59		

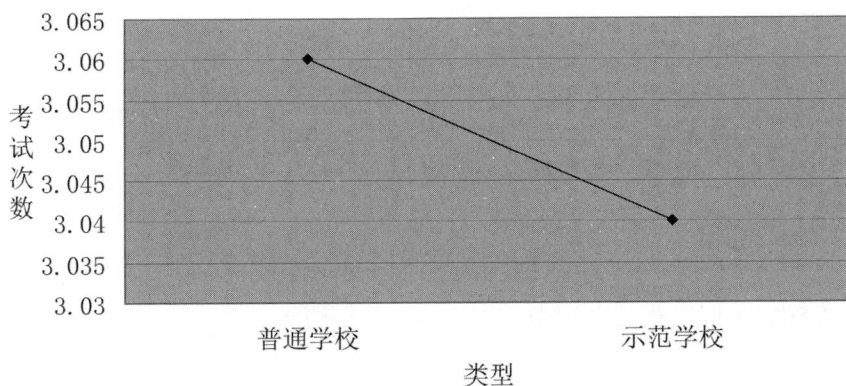

图 4.7　中小学生考试次数的类型差异

表 4.28 和图 4.7 数据表明,不同类型学习中小学生的考试次数不存在明显差异。普通学校的平均考试次数的平均值为 3.06,示范学校的平均考试次数的平均值为 3.04,两者之间没有显著差异。

（四）类型中小学生认知过程差异

表4.29　类型中小学生学业负担认知过程差异

类型	平均值（M）	标准差（SD）	T值	概率
普通学校	2.45	0.99	7.56	0.000
示范学校	2.32	1.00		

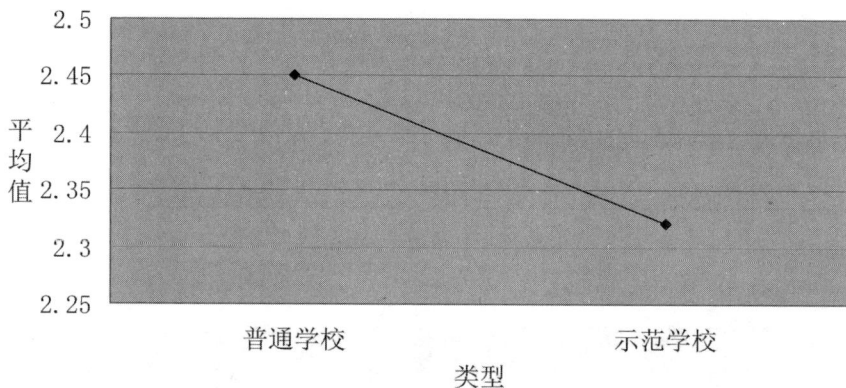

图4.8　中小学生学习任务的认知过程差异

表4.29和图4.8的数据表明，不同类型学校中小学生的认知过程存在明显差异。普通学校中小学生的学业负担水平在认知过程维度上明显高于示范学校。

（五）类型中小学生情绪体验差异

表4.30　类型中小学生学业负担情绪体验差异

类型	平均值（M）	标准差（SD）	T值	概率
普通学校	2.31	1.03	6.78	0.000
示范学校	2.19	1.01		

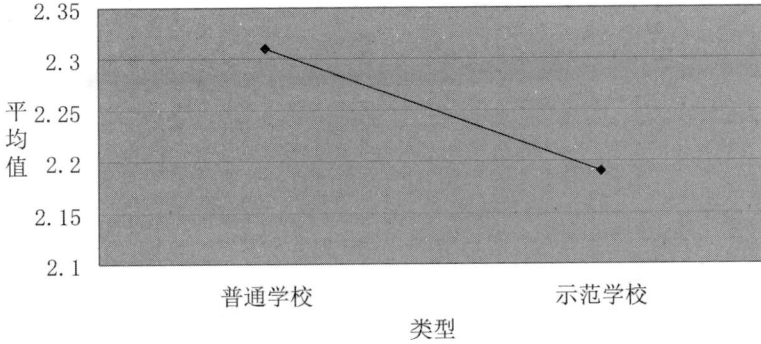

图4.9 中小学生学习任务的情绪体验差异

表4.30和图4.9的数据表明，不同学校类型中小学生的情绪体验存在明显差异。普通学校中小学生的学业负担水平在情绪体验维度上明显高于示范学校。

（六）类型中小学生行为反应差异

表4.31 类型中小学生学业负担行为反应差异

类型	平均值（M）	标准差（SD）	T 值	概率
普通学校	2.38	0.82	6.86	0.000
示范学校	2.28	0.80		

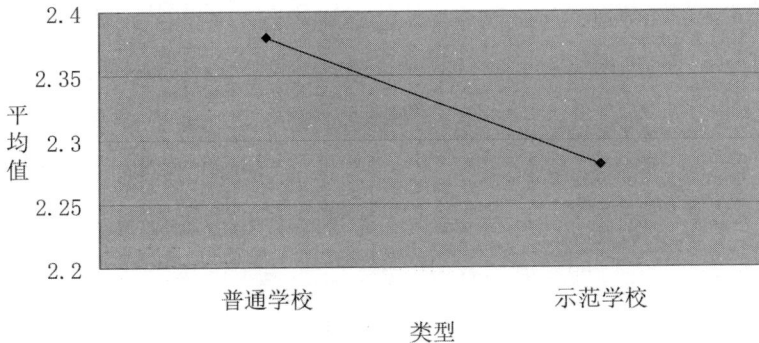

图4.10 中小学生学习任务的行为反应差异

表 4.31 和图 4.10 的数据表明，不同学校类型中小学生的行为反应存在明显差异。普通学校中小学生的学业负担水平在行为反应维度上明显高于示范学校。

二、结论与建议

通过上述对中小学生学业负担进行调查，研究结果表明：在总体表征层面，普通学校学生的学业负担水平在客观维度上，除统一考试次数略高于示范学校之外，其他均低于示范学校。在主观维度上，示范学校的学业负担水平均低于普通学校。不同类型学校中小学生学业负担课余学习时间存在明显差异，示范学校的学生课余学习时间明显多于普通学校的学生；不同类型学校中小学生学业负担考试次数不存在明显差异；不同学习阶段中小学生学业负担认知过程维度存在明显差异，示范学校学生的平均认知过程明显低于普通学校的学生；不同类型学校中小学生学业负担情绪体验存在明显差异，示范学校学生的平均情绪体验明显低于普通学校的学生；不同类型学校中小学生学业负担行为反应存在明显差异，示范学校学生的半均情绪体验明显低于普通学校的学生。基于以上结论与差异现状，为改进不同类型中小学生学业负担的合理与均衡发展、提升学生的学习效果、减轻学生的学习压力，提出以下建议。

（一）推进教师资源优化配置

教师是影响学校教育教学质量的关键所在，学生学业负担水平的高低，在一定程度上取决于教师的教学效能水平。示范学校和普通学校的现实差距，其关键就在于教师教学能力和水平之间的现实差异。有鉴于此，推进教师资源的优化配置，是缩小示范学校和普通学校的现实差距的重要策略。具体来看，为促进学生学业负担水平的合理发展，需要加强教师校际间的合理配置与有效交流，以推进不同学校类型教师资源的合作学习和交流互动，进而实现教师资源的优化配置，为学生学业负担水平的优化创造良好的教学环境。推进不同类型学校教师的校际流动，是实现教师资源优化配置的重要策略之一。教师流动是实现教育均衡发展，促进社会公平的重要路径。教师流动可以合理地配置教师资源，使得校际间教师资源在年龄结构、学历结构、能力结构和学科结构等方面趋向合理，优化学校之间内部的教师资源系统。因是之故，实现校际间教师的合理流动，推进教师资源的优化配置，是优化学生学业负担水平的关键所在。

（二）充分利用课余学习时间

调查结果显示，在学业负担的客观维度层面，除睡眠时间之外，示范学校的客观水平均高于普通学校。在学业负担的主观维度层面，示范学校的主观水平均低于普通学校。主观水平是判断学生学业负担轻重的重要指标变量，得分越高表明学业负担水平越高，学生的学业负担也就越重。示范学校学生的课余学习时间与普通学校相比较多，而其学业负担水平却比普通学校较轻。因此，我们可以推断出，适量的课余学习时间，是保证学生学习效能水平、降低学生学业负担的重要因素所在。有鉴于此，要适当增加普通学校的课余学习时间，以保障学生学习效果。具体是指，首先，普通学校的教师要适当增加不同科目的课后作业，以使学生能够及时巩固所学知识；其次，教师要激发学生的学习动机，以使学生能够主动温习已经学习过的知识；最后，家长要充分发挥引导者和监督者的角色，以使学生能够在宽松、愉悦的氛围中进行学习活动，并根据学生的兴趣、爱好为其准备适量的辅导课程。

（三）有效执行就近入学政策

从调查结果我们可以看出，普通学校学生的主观学业负担水平在总体及各个维度上均高于示范学校的学生，而主观学业负担水平又是判断学生学业负担现状的重要指标所在，表明普通学校学生的学业负担水平要高于示范学校的学生。究其原因，我们可以推断出与当前社会上盛行的择校观念有重大现实关联。择校的现实存在，以人为方式分化了学生，致使相近学习成绩的学生聚集在一起，即学习好的聚集在示范学校，而学习水平一般的学生聚集在普通学校。这就导致示范学校和普通学校校际间的差距逐年扩大。就近入学政策的提出是针对择校现状的猛烈回击，该政策要求学生在义务教育阶段根据学区就近入学。这在一定程度上保证了学校生源的相对均衡。有鉴于此，地方政府应该积极响应国家就近入学政策号召，加快推进就近入学政策的有效推进，以均衡学生结构，进而优化学生学业负担水平。

第三节　学业负担表现的层次模型

本节所谓的层次，具体是指学生的学习阶段，即小学阶段、初中阶段和高中阶段。不同学习阶段的学生，面临着不同的学习任务和学业压力，因此，其学业负担水平应当呈现出差异性的分布。为考量不同层次学生具体的学业负担水平现状，本节力图从小学阶段、初中阶段和高中阶段的学生的具体特点进行把握，并根据调查结果提出相应建议和对策，以便为不同层次学生学业负担水平的优化提供参依。本书采用自编问卷对 13809 人进行调查研究，所有题均为正向计分，得分越高，表示学生所承担的主观学业压力越大。

一、调查结果与分析

本部分首先对不同学习阶段的学生学业负担水平进行总体考察，以把握不同学习阶段学生学业负担现状与特点，然后分别考察不同学习阶段学生在学业负担不同维度上的差异。

（一）中小学生学业负担层次总体表征

1. 小学阶段学生的学业负担表征

（1）客观层面

表4.32 小学生学业负担客观层面表征

维度	平均值（M）	标准差（SD）
每天睡眠时间	9.17	1.05
周一到周五平均每天完成课后作业所需时间	1.25	1.88
周末平均每天完成家庭作业所需时间	1.82	1.31
平均每周参加各类学习辅导时间	1.94	2.44
每学期统一考试次数	2.12	1.46

表4.32 的数据表明，小学阶段学生平均每天睡眠时间为9.17小时，高于国家规定的平均9小时睡眠时间，说明小学阶段的学生睡眠时间能够保障。小学阶段学生周一到周五平均每天完成课后作业所需时间为1.25小时，远远低于调查总体的2.10小时。小学阶段学生周末平均每天完成家庭作业所需时间为1.82小时，远低于调查总体水平的2.83小时。小学阶段学生平均每周参加各类学习辅导时间为1.94小时，略高于调查总体水平的1.83小时。小学阶段学生平均每学期统一考试次数为2.12次，低于调查总体水平。由此可以推断，小学阶段学生学业负担的客观压力较低。

（2）主观层面

表4.33 小学生学业负担主观层面表征

维度	平均值（M）	标准差（SD）
认知过程	1.75	0.77
情绪体验	1.56	0.73
行为反应	1.93	0.76
总体	1.75	0.64

表4.33 的数据表明，小学阶段学生情绪体验维度的平均值为1.75，远低于调查总体水平。小学阶段学生情绪体验和行为反应维度的平均值

分别为 1.56 和 1.93，均远低于调查总体水平的平均值 2.27 和 2.34。因此可以推断，小学阶段学生学业负担的主观压力较低。

2．初中阶段学生的学业负担表征

（1）客观层面

表4.34　初中生生学业负担客观层面表征

维度	平均值（M）	标准差（SD）
每天睡眠时间	7.72	1.16
周一到周五平均每天完成课后作业所需时间	2.18	1.21
周末平均每天完成家庭作业所需时间	3.17	1.88
平均每周参加各类学习辅导时间	2.28	2.80
每学期统一考试次数	3.46	1.32

表4.34 的数据表明，初中阶段学生平均每天睡眠时间为 7.72 小时，低于调查总体水平，与国家规定的中小学生平均 9 小时的睡眠时间相差 1.28 个小时。初中阶段学生周一到周五平均每天完成课后作业所需时间为 2.18 小时，大于调查总体的 2.10 小时。初中阶段学生周末平均每天完成家庭作业所需时间为 3.17 小时，远大于调查总体水平的 2.83 小时。初中阶段学生平均每周参加各类学习辅导时间为2.28小时，远大于调查总体水平的 1.83 小时。初中阶段学生平均每学期统一考试次数为 3.46 次，大于调查总体水平。由此可以推断，初中阶段学生学业负担的客观压力较高。

（2）主观层面

表4.35　初中生生学业负担主观层面表征

维度	平均值（M）	标准差（SD）
认知过程	2.34	0.87
情绪体验	2.38	1.01

续表

维度	平均值（M）	标准差（SD）
行为反应	2.42	0.78
总体	2.38	0.76

表4.35的数据表明，初中阶段学生认知过程维度的平均值为2.34，低于调查总体水平。初中阶段学生情绪体验维度的平均值为2.38，高低于调查总体水平。初中阶段学生行为反应维度的平均值为2.42，低于调查总体水平的2.34。因此可以推断，初中阶段学生学业负担的主观压力较高。

3. 高中阶段学生的学业负担表征

（1）客观层面

表4.36 高中生生学业负担客观层面表征

维度	平均值（M）	标准差（SD）
每天睡眠时间	6.93	1.00
周一到周五平均每天完成课后作业所需时间	2.88	1.30
周末平均每天完成家庭作业所需时间	3.48	1.97
平均每周参加各类学习辅导时间	1.21	2.23
每学期统一考试次数	3.55	1.31

表4.36的数据表明，高中阶段学生平均每天睡眠时间为6.93小时，远低于调查总体水平及国家规定的睡眠时间。高中阶段学生周一到周五平均每天完成课后作业所需时间为2.88小时，大于调查总体的2.10小时。高中阶段学生周末平均每天完成家庭作业所需时间为3.48小时，大于调查总体水平的2.83小时。高中阶段中小学生平均每周参加各类学习辅导时间为1.21小时，低于调查总体水平的1.83小时。高中阶段学生平均每学期统一考试次数为3.55次，大于调查总体水平。由此可以推断，高中阶段学生学业负担的客观压力较高。

（2）主观层面

表4.37   高中生生学业负担主观层面表征

维度	平均值（M）	标准差（SD）
认知过程	3.14	0.80
情绪体验	2.86	0.87
行为反应	2.68	0.71
总体	2.87	0.68

表4.37的数据表明，高中阶段学生认知过程维度的平均值为3.14，大于调查总体水平。高中阶段学生情绪体验维度的平均值为2.86，远大于调查总体水平。高中阶段学生行为反应维度的平均值为2.68，大于调查总体水平的2.34。因此可以推断，高中阶段学生学业负担的主观压力较高。

（二）层次中小学生课余学习时间差异

为考量不同层次内中小学生课余学习时间的差异，本书对不同层次的学生课余学习时间进行了单因素方差分析，显示不同层次之间中小学生课余学习时间存在明显的差异。本部分所指的中小学生课余学习时间是指学生在一周之内除上课之外的其他学习时间，包括周一到周五平均每天完成课后作业所需时间、周末平均每天完成家庭作业所需时间以及每周参加各类学习辅导时间。

表4.38   层次中小学生学业负担课余学习时间差异

层次	平均值（M）	标准差（SD）	F 值	概率
小学	11.82	7.02	1729.43	0.000
初中	19.37	9.74		
高中	22.48	9.20		

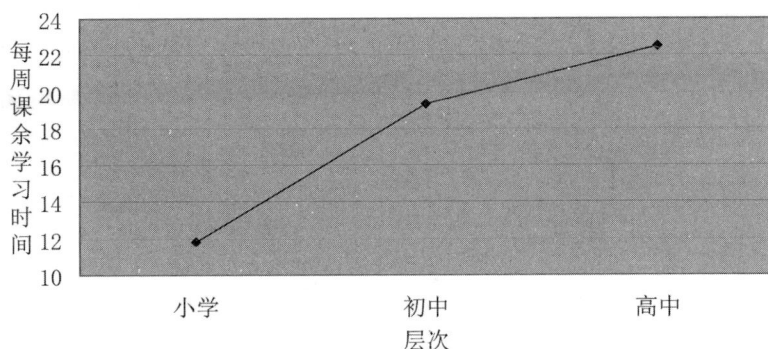

图4.11 中小学生课余学习时间层次差异

表4.38和图4.11的数据表明，不同层次中小学生的每周课余学习时间存在明显差异。其中，高中阶段学生的每周课余学习时间明显高于其他阶段的学生，其平均值为22.48。而小学阶段学生的每周课余学习时间明显低于其他阶段的学生，其平均值为11.82。

（三）层次中小学生考试次数差异

表4.39 层次中小学生学业负担考试次数差异

层次	平均值（M）	标准差（SD）	F值	概率
小学	2.12	1.46	1438.14	0.000
初中	3.46	1.32		
高中	3.55	1.31		

表4.39和图4.12的数据表明，不同区域中小学生的考试次数存在明显差异。其中，高中阶段学生的平均考试次数明显高于其他阶段的学生，其平均值为3.55。而小学阶段学生的平均考试次数明显低于其他阶段的学生，其平均值分别为2.12。初中阶段学生的平均考试次数与高中阶段学生的平均考试次数无明显差异。

图 4.12　中小学生考试次数的层次差异

（四）层次中小学生认知过程差异

表 4.40　层次中小学生学业负担认知过程差异

层次	平均值（M）	标准差（SD）	F 值	概率
小学	1.75	0.77	3289.67	0.000
初中	2.34	0.87		
高中	3.14	0.80		

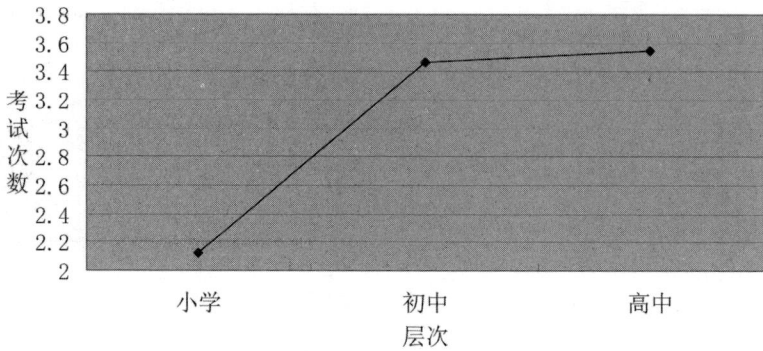

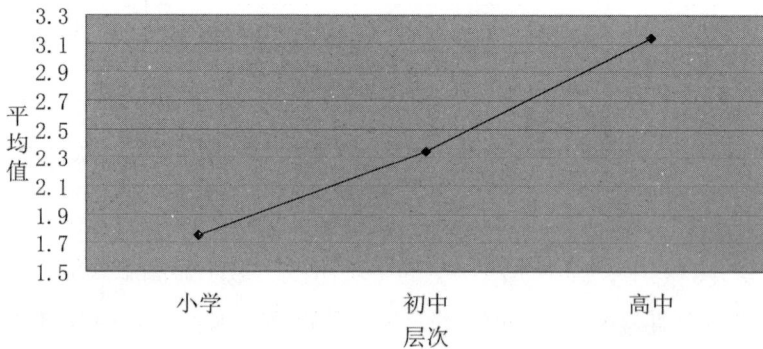

图 4.13　中小学生学习任务的认知过程差异

表4.40和图4.13的数据表明，不同层次中小学生的认知过程存在明显差异。其中，高中阶段学生的平均认知过程明显高于其他地区，其平均值为3.14。而小学阶段学生的平均认知过程明显低于其他阶段的学生，其平均值分别为1.75。小学阶段学生、初中阶段学生以及高中阶段学生之间在此维度上有明显差异。

（五）层次中小学生情绪体验差异

表4.41　层次中小学生学业负担情绪体验差异

层次	平均值（M）	标准差（SD）	F 值	概率
小学	1.56	0.73	2486.01	0.000
初中	2.38	1.01		
高中	2.86	0.87		

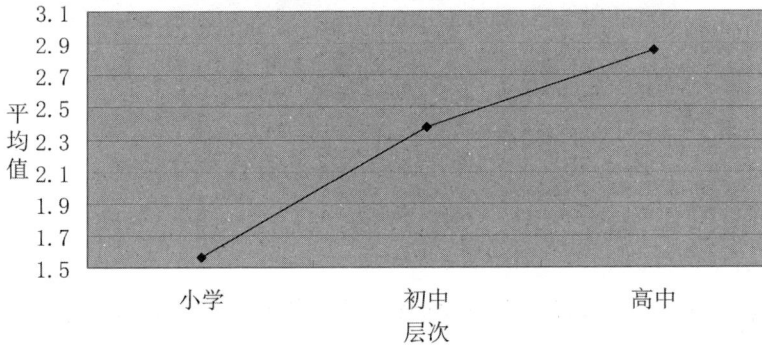

图4.14　中小学生学习任务的情绪体验差异

表4.41和图4.14的数据表明，不同层次中小学生的情绪体验存在明显差异。其中，高中阶段学生的平均情绪体验明显高于其他阶段的学生，其平均值为2.86。而小学阶段学生的平均情绪体验明显低于其他阶段的学生，其平均值为1.56。小学阶段学生、初中阶段学生以及高中阶段学生之间在此维度上有明显差异。

（六）层次中小学生行为反应差异

表4.42　层次中小学生学业负担行为反应差异

层次	平均值（M）	标准差（SD）	F 值	概率
小学	1.93	0.76	1171.25	0.000
初中	2.42	0.78		
高中	2.68	0.71		

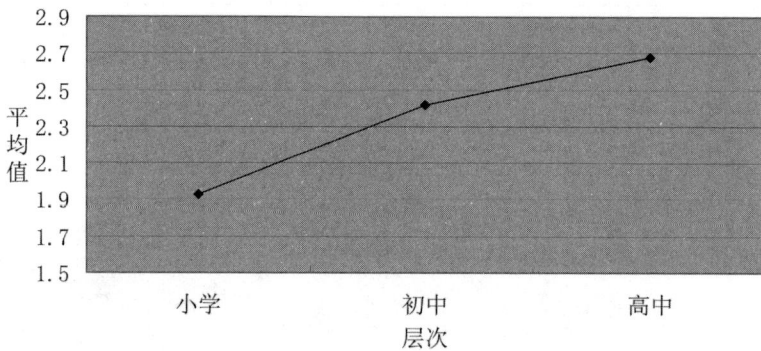

图4.15　中小学生学习任务的行为反应差异

表4.42和图4.15的数据表明，不同层次中小学生的行为反应存在明显差异。其中，高中阶段学生的平均行为反应明显高于其他阶段的学生，其平均值为2.68。而小学阶段学生的平均行为反应明显低于其他地区，其平均值为1.93。小学阶段学生、初中阶段学生以及高中阶段学生之间在此维度上有明显差异。

二、结论与建议

通过上述对中小学生学业负担进行调查，研究结果表明：在学业负担水平总体特征的客观维度上，从小学到初中再到高中，不同层次学生的睡眠时间依次降低。在课外辅导时间层面，高中〈小学〉初中。在主观维度上，从小学到高中依次上升，表明高中阶段学生的学业负担水平高于初中和小学。初中阶段的学生，无论是在客观维度还是在主观维度，其学业负担均高于小学阶段的学生。不同学习阶段中小学生学业负担课余学习时间存在明显差异，高中阶段学生的平均课余学习时间明显多于初中阶段和小学阶段的学生；不同学习阶段中小学生学业负担考试次数存在明显差异，高中阶段、初中阶段学生的平均考试次数明显高于小学阶段的学生，初中阶段学生和高中阶段学生之间没有明显差异；不同学习阶段中小学生学业负担认知过程维度存在明显差异，高中阶段学生的平均认知过程明显高于初中阶段、小学阶段的学生，初中阶段的学生明显高于小学阶段的学生。不同学习阶段中小学生学业负担情绪体验存在明显差异，高中阶段学生的平均情绪体验明显高于初中阶段、小学阶段的学生，初中阶段的学生明显高于小学阶段的学生。不同学习阶段中小学生学业负担行为反应存在明显差异，高中阶段学生的平均行为反应明显高于初中阶段、小学阶段的学生，初中阶段的学生明显高于小学阶段的学生。基于以上结论与差异现状，为改进不同层次中小学生学业负担的合理与均衡发展，提升学生的学习效果，减轻学生的学习压力，本书提出以下建议。

（一）对小学生的课余学习进行合理调试

怀特海根据学生的身心发展特点将学生的心智发展周期界定为浪漫阶段、精确阶段以及综合阶段，与其相对应的教育原则依次为自由—纪律—自由。小学处于怀特海心智发展的浪漫阶段，其主要任务是通过引导儿童探究未知世界，进而培养学生的好奇心及探究的兴趣和乐趣。此阶段的儿童应该在自由、宽松的氛围中学习与成长。然而调查结果显示，多数儿童在课余时间不得不按照父母的既定安排参加各类辅导班，有的学生甚至每周要上数十小时的课外辅导课程。此种状况的现实存在，严重挤占了学生自由发展的时间和空间，阻碍了学生兴趣的培养及思维的训练。有鉴于此，家长应该认清学生的身心发展规律，合理安排学生的课余学习时间，以促使儿童在自由、宽松的家庭氛围中健康、快乐地成长。

（二）对初中生的心理动态进行适时引导

初中学生处于情感、思维、智力等成长的关键时期，同时又处于人格成长的"叛逆期"。过重学业压力的客观存在，容易将此时较为脆弱的心灵"压垮"，进而影响儿童身心的和谐、健康发展。处于初中阶段的学生，是怀特海所描述的精确阶段。习得精确、系统、具体的知识是此阶段儿童的重要任务所在。因是之故，提升此阶段儿童的知识接收量本应无可厚非，然而关键在于知识量的传授与习得要把握合适的度，要寻求儿童心理发展阶段与知识获取量之间的合理张力。有鉴于此，教师有必要对初中学生的心理动态进行适时的跟踪、观察和恰当引导，以使学生认清当前阶段的主要任务，为学生未来的健康发展奠定基础。

（三）对高中生的学业压力进行有效缓解

高中阶段的学生面临着人生重要转折点——"高考"的巨大压力。在现今既有教育体制之下，尚未有能够取代高考的政策制度。有鉴于此，"高考"依旧是高中生必须面对的一座大山，其对学生身体、心理所造成的巨大压力自不待言。因是之故，学校、教师以及家长要充分发挥合力，为高中学生创造良好的学习及生活环境，以减轻学生面临的巨大考试压力。具体做法包括：学校要为学生提供良好的物质条件，以使学生具有安定的学习环境；教师提升自身教学效能，以使学生能够学得轻松、学得快乐；家长要调整好自己的心态，不给学生增加额外的心理负担。

第五章

学业负担表现的现实图景

　　学生学业负担过重是多种因素交互共同作用的结果，并不是简单的学习时间过长、学习任务超标，更表现为学生内隐性的心理负担，因此，对学业负担问题不能局限于对表象的现实问题进行归因和对策研究，应该对学业负担的理论结构、本质内涵、个体特征和多维特点有一个全面、科学的认识，这不仅有助于我们更加理性地认识学业负担问题，更对优化学业负担具有重要的意义。

第一节　学业负担表现的理论结构

　　长期以来，学业负担过重仿佛成了社会大众和专家学者不证自明的共识，而不同学生学业负担的种种特征表现，也被视为显露无遗、俯拾皆是的现象。但事实并非如此，学生学业负担的实际情况要比人们想象中更加复杂隐晦，大多数人对其认知其实一直是笼统、表层甚至片面的，而这直接制约了人们对学业负担问题其他层面的理解与把握，并进而影响到学业负担问题解决的整体进度与效果。因此，无论是在理论探究中还是在具体实践中，无论从事实角度还是价值角度来看，对负担的现实图景做出清晰地勾画是需要首先深究的问题。有鉴于此，本章首先对学业负担问题的由来和演变进行系统梳理，再深入挖掘学业负担的内涵，在此基础上构建学业负担水平测量的理论体系并对全国 8 个省（自治区）、2 个直辖市和 1 个计划单列市的 90 所中小学校学生进行调查，共发放问卷 15500 份，期望以更加深入、有效的科学研究，促成对学业负担现状全面、深刻的揭示。

一、学业负担问题的由来和演变

新中国成立以来，学业负担问题曾多次引起历任国家领导人的关注，这一概念的首次明确提出是在 1954 年发表在《人民教育》的《积极设法消除学生过重的课业负担》一文中。该文提出要响应和执行毛泽东同志提出的"学习好、身体好、工作好"，"健康第一，学习第二"的指示，并将课业负担概括为"学生所背负的课程负担以及生理负担"，次年 7 月教育部发布"关于减轻中小学学生过重负担"的指标。这一时期，学业负担过重的原因在于对教学质量和学业成绩激进式的追逐，导致负担水平超过学生身心发展水平，再加上当时的基础教育受到前苏联教育家凯洛夫《教育学》中教学论的影响，更加强调教师的教授、学生的领受，关注系统的知识和教科书的运用，[①] 这也是当时学生学业负担过重的重要原因。

1977 年，随着全国高校恢复统一招生考试、择优录取的招生制度以及重点中小学兴办，学校之间出现了日益加剧的升学竞争局面，各级学校都出现了严重的片面追求升学率的现象，一些学校为了考出好成绩让学生加班加点，甚至不惜采用疲劳战术，从而增加了学生的学业负担。这一问题再次得到党中央和全社会的关注，1978 年 4 月，邓小平同志在全国教育工作会议上指出："学生负担太重是不好的，今后仍然要采取有效措施来防止和纠正。"进入 90 年代以后，随着市场经济条件体制的确立、竞争就业形势的加剧和贫富差距的迅速扩大，整个社会的竞争很快转化为升学竞争，再一次强化了学生的学业负担，并且呈现出越演越烈的趋势。1993 年中共中央、国务院颁布的《中国教育改革和

---

① 宋乃庆、杨欣、王定华、朱德全：《学生课业负担测评模型的构建研究——以义务教育阶段学生为例》，《西南大学学报》（社会科学版）2015 年第 5 期，第 75 - 81 页。

发展纲要》第一次将基础教育中普遍存在的通过增加学生学业负担，达到片面追求升学率的办学倾向称为"应试教育"，并明确要求："中小学教育要由'应试教育'转向全面提高国民素质的轨道，面向全体学生，全面提高学生的思想道德、文化科学、劳动技能和身体心理素质，促进学生生动活泼地发展。"随后又出台一系列减负规定，并开展了多次减负专项工作，以扭转学校不正常的升学竞争局势，克服学生片面追求升学率的倾向，促进学生素质的全面发展。这一时期对学业负担的研究开始关注其成因，包括课程设置、评价制度、学校制度、教学方法对学业负担的影响。

进入新世纪之后，为了积极、科学地推动素质教育，全国从上到下都投入到学生课业负担问题的讨论当中来。21 世纪的钟声刚刚敲响，江泽民同志就发表了《关于教育问题的谈话》，提出："现在一些学生负担很重，结果形成了很大的心理压力，这不利于青少年学生的健康成长。"为了贯彻此谈话精神，全国各地出现了新一轮对学生学业负担问题的大讨论。2007 年 10 月，胡锦涛同志首次在中共十七大政治报告中明确提出："要减轻中小学生的过重课业负担，全面提高学生的综合素质。"2008 年，温家宝的政府工作报告中指出"全面实施素质教育，推进教育改革创新。深化教育内容和方式、考试和招生制度、质量评价制度等改革。切实减轻中小学生课业负担"。2009 年政府工作报告中又再次提到减负问题，指出"推进素质教育。各级各类教育都要着眼于促进人的全面发展，加快课程、教材、教育方法和考试评价制度改革，把中小学生从过重的课业负担中解放出来，让学生有更多的时间思考、实践、创造"。2013 年 3 月，习近平同志在参加首都义务植树活动时亲切询问小学生"课外作业多不多？负担重不重?"再次表达了国家最高领导人对中小学生课业负担问题的高度关注。与此同时，研究者对课业负担的探究更加深入和系统化，从教育学、经济学、社会学、心理学、统计学等不同学科对课业负担问题进行了跨学科、跨领域的探索，并提出了诸多有益见解。[①]

回顾课业负担这一概念的发展与变化，不难发现以下几个要点：第一，课业负担问题由来已久，其成因与不同历史时期的国情有关。第二，人们对课业负担的关注反映了我国应试教育传统与素质教育发展趋势之间的冲突，时至今日，对"素养"、"能力"、"态度"的强调，更加尖锐化这一矛盾。第三，课业负担源于教育者过分强调学科知识的掌握，引发学生不良反应的学习现象，可能造成兴趣与特长的丧失，导致片面发展。

二、中小学生学业负担内涵的再认识

一直以来，人们关于学业负担内涵的解读和理解、对课业负担过重的表现和减负目标的认识都众说纷纭，莫衷一是。概念的清晰界定是研究的根系，只有根系健全与发达，后续展开的相关理论研究才会枝繁叶茂，在理论基础上的实践改进才能硕果累累。要明晰学业负担的本质，则要回答两个问题：即学业负担是什么？如何进行轻重的权衡？了解分析这些观点，有助于我们形成科学合理的课业负担理论，为课业负担监测奠定坚实的理论基础。

第一种观点认为学业负担是一种客观存在，将学业负担理解为学生应该或必须承担的课业责任、任务。客观存在的学业负担，并不针对某个具体的承担者，它是教育实施者（如学校）施加到学生身上统一的可以量化的客观物，如规定的学习科目、上课时间、作业及考试等。如邬志辉提出，"学生负担就是学生为了达到自身素质全面发展之目的所

---

① 宋乃庆、杨欣、王定华、朱德全：《学生课业负担测评模型的构建研究——以义务教育阶段学生为例》，《西南大学学报》（社会科学版）2015 年第 5 期，第 75 - 81 页。

应该承担的全部任务与责任。"① 程晗认为，"课业负担是学生在一定时间和范围内必须承担的课业责任。"② 在这一语境下，学业负担问题就是超出学生身心发展需要和身心承载负荷，违背国家相关行政部门规定的负担限阈的负担任务。根据张桂春等人的研究，这一意义上的课业负担过重主要表现在以下三个方面：一是"超纲"或"超标"，即教学、考试的难度和内容超出了课程标准的基本要求；二是"超时"，即延长学生学习的时间，加课、补课、不按时放学、节假日补课、上校外补习班等；三是"超量"，即课程、资料、作业、考试等的内容和频率多于学生可承受的范围。所谓减负，也就是要消除上述"三超"现象。在这一语境下，对学业负担的量度主要包括学习时间和任务量的调查和统计分析，即学生承载的学习时间和学习任务在绝对量上与学生的身心承载能力的较量。学习时间包括学生在校学习的统一时间，也包括中小学生在学校外，完成学习任务达成学校教育目标的必要时间。学习任务指的是学生在学校需要学习的各类课程，需要参加的各种教学活动及其这些课程、活动所需要完成的作业、测验和考试等。

第二种观点认为学业负担是一种主观感受，把"学业负担"定义为，学习者在学习的过程中，以其个人以往的体验经历，对压力情景（学生角色、学习任务、学习的行为环境、学习的物理技术环境、学习的人际关系环境和自我系统）所施加给他们的某种责任、义务与压力的一种主观的身心上的体验。如毕恩铭提出，"学生课业负担过重是指学生在完成一定课业时的一种心理感受。"③ 王安全认为，"学习负担是学习者对学习时间的长短，学习量的大小，学习任务的难易程度等方面形

① 邬志辉：《"减负"与"加负"——关于学生负担问题的深层次思考》，《现代中小学教育》1997 年第 6 期，第 3 - 6 页。
② 程晗：《对"减负"的理性解读》，《教育理论与实践》2000 年第 5 期，第 21 - 23 页。
③ 毕恩铭：《学生课业负担过重的学习心理探析》，《山东教育科研》1996 年第 1 期，第 35 - 36 页。

成的一个综合性主观感受。"[1] 阴国恩认为，"学习负担实质上是个体与社会和物理环境交互作用过程中产生的学习压力。因此学习压力中一个重要的系统就是学生的自我系统。"[2] 根据相关学者研究，这一语义下的学业负担以主观的、抽象的因素为表征。如有研究者指出过重的课业负担将使处于生长发育阶段的中小学生的身心负荷超载，疲劳超过了一定的限度，多数学生即使休息后也难以调整恢复，甚至产生某种生理疾病或心理偏差。学习个体在主观上感受到学习时间太长、任务太重、效果不好等而产生负面的情绪体验，并由此产生某种疾病或心理偏差，如视力减退、厌学情绪、考试综合征等。早在 20 世纪 90 年代就有研究者提出学业负担不是一个普遍的问题，每个学生由于其学习能力不同，可承受的学习量也不同，因此每个人对学业负担的感受也不一样。[3] 基于这种观点，对学业负担的研究立足于对承担者个体主观感受的调查，关注学生的生理体验和情绪感受。

第三种观点认为学业负担是主客统一体，既有客观属性，也有主观属性。如肖建彬提出，"'学习负担'是人类个体以个体经验的方式，在对人类经验吸纳、加工以认识和适应生存环境的过程中，对认定的目标、承担的任务和责任所带来的压力的一种体验，以及为此而消耗的生命。体验是主观的，消耗（生理、心理、时间）则是客观的。"[4] 顾志跃认为，"学生的课业负担是由客观负荷与主观感受两部分组成的，客

---

① 王安全：《论学生学业负担过重的不确定性》，《现代教育论丛》2006 年第 2 期，第 5 - 7 页。

② 阴国恩、李勇：《学习负担的压力理论与对策》，《天津教育》2004 年第 10 期，第 14 - 18 页。

③ 代其平：《不应片面提倡减轻学业负担》，《教育评论》1987 年第 5 期，第 62 - 63 页。

④ 肖建彬：《学习负担：涵义、类型及其合理性原理》，《教育研究》2001 年第 5 期，第 53 - 56 页。

观负荷是指学习的时间和数量，主观感受是指对学习的态度和喜欢程度。"① 依据这一观点，减负除了要减轻学生的客观负荷外，还要减轻学生的课业负担感受或心理负担。因此，在分析学生的学业负担的具体内容时，应该包括以学习时间和数量为代表的客观负荷，以及对学习的态度和喜欢程度为代表的主观感受两大类。

三、学业负担评测指标体系构建

通过对以上关于学业负担内涵的分析理解，我们认为学业负担是客观学习任务与学生主观感受的统一。但在学业负担研究过程中，我们也持有一个基本倾向，即更加关注和重视学业负担的主观层面。我们认为，尽管学习任务是学生学业负担的客观诱因与基础，没有学习任务的刺激与施压，学生便不会有所谓的学业负担产生，但在测量学生学业负担的程度或水平时，却不能仅以任务量的多少作为度量标准。因为面对同样的学习任务，不同学生会有着不同的负担感受，过轻、过重或适中都有可能。用学习时间、学习科目、作业量或考试次数等客观指标来衡量学业负担的实际程度，只能反映出一些表层现象，而不能揭示出内在真相及规律。实际上，将客观学习任务作为学业负担的度量标准，最终只会得出要减轻学习任务（或时间）的简单结论，而这便是以往许多"减负"研究的普遍误区，也是"减负"实践效果不力的根源所在。基于此，我们秉持的第一个基本假设为：在测量学业负担水平时，应该把学生的学习状态与主观感受作为主要度量标准，而把客观的学习任务作为辅助指标。

（一）客观层面的指标

从根本上说，教育的本质是一项培养人的活动，其最终归旨在于促进人的全面发展。然而在教育教学过程中学业负担的失衡歪曲了教育以

① 顾志跃：《中小学生课业负担问题——中小学教育改革热点问题导读之十一》，《教育科学研究》2004 年第 11 期，第 15 - 16 页。

人为中心的要义，走向唯分数主义的歧途，减轻学生过重课业负担的目的在于实现学生身心的健康全面发展，让教育回归本真。教育实践中存在的课业"超标"、"超时"、"超量"的情况不利于学生的健康全面发展，因而可被看作课业负担过重的一种表现。这属于学业负担外显的、客观的、易测量的负担部分，主要以学习时间和学习任务及效果两个二级维度进行测评，其中学习时间的考量实际上也是侧面反映同等任务量作用于不同学生身上造成的精力投入差异，包括课后作业时间、家庭作业时间、学习辅导班时间和睡眠时间四个三级维度。学习任务及效果包括考试次数、作业时间排名、总体成绩三个三级指标。

（二）主观层面的指标

在对课业负担的理解中最难的也是最复杂的大概就是对课业负担内涵的理解，其中最关键的是怎么看待课业负担的主观性和客观性。具体地说就是，当我们在说学生课业负担很重的时候，是说他们的心理感受还是在说外在的压力刺激。这也是大家对什么是课业负担以及应该怎么来表达课业负担矛盾最多的问题。2001 年教育部颁布《基础教育新课程改革纲要（试行）》，首次系统提出"三维目标"的概念，明确强调要在教学中关注学生的情感态度问题，2010 年国家颁布《国家中长期教育改革和发展规划纲要（2010—2020）》第五章高中教育阶段部分明确提出加强对学生学业、心理方面的指导。从课业负担的研究趋势来看，伴随着这两个文件的相继颁布，人们对于学生课业负担问题的研究，逐渐由对学生课业负担的外显行为研究转向对学业负担内在心理机制的研究。但从实践层面来看，为了落实减负政策，规范学校办学行为的需要，一些地方行政部门出于简单易操作的目的，设计的中小学生课业负担检测内容主要局限于客观的课业任务和完成时间，而未涉及学生主观的课业感受与压力。然而，仅局限于客观层面负担水平的测量是不全面的，学业负担不仅表现为显性的负担，如书包重、课时长、作业多、考试频等，而且更多地显示为一种内隐的心理负担，如焦虑、恐惧、厌学、精神紧张等，因此我们更侧重对学生的课业负担的内隐形式，即课业心理负担的关注。通过综合运用教育学与心理学的视角，我们对学业负担的构成要素进行了新的解读，将学生的学业负担进一步细化为学生在认知过程、学业情绪以及学习行为三个层面上的负担。

首先，是学生在认知过程的负担感受。认知过程是指主体认识客观事物的过程，即对信息进行加工处理的过程，包括感觉、知觉、记忆、思维和想象等一系列的心理活动。在认知过程中，每一项心理活动都需要个体付出一定的身心投入，因而产生相应的身心负担。心理学中有关于认知负荷的研究，主要是通过对认知过程中人的各项生理和心理指标的测量来评判学习者的负担程度。这一方法虽然较为科学地揭示了个体认知负荷的产生机理与特征，但并不适用于对学生学业负担的测量。因为认知负荷的测量是在短暂、特定的学习情境中进行的，而学生平时的学习活动则是长期、多样与复杂的。所以我们只能从整体出发，依据学生平时的认知学习表现来估量学生在认知过程中的负担程度。为此，在本书编制的问卷中，"认知过程"项目涉及到学生的任务完成情况、对学习内容的理解水平以及最终的学习效果等，其中"任务完成"维度反映的是任务量给学生带来的认知负担，"理解水平"维度反映的是任务的性质（即难度）给学生带来的认知负担，"学习效果"维度反映的是总体学习活动给学生带来的认知负担。

其次，是学生在情绪体验层面的负担表现。情绪上的体验感受是学生在长期承担一定课业任务和一定课业压力的情况下所出现的情绪状态。这些情绪状态作为学业负担导致的结果，能够在很大程度上反映出学生学业负担的状况。情绪体验层面的负担感受主要分为胜任感、疲劳感、焦虑感、厌恶感，其中胜任感是学生对自己是否能按时按量完成任务的自我考量，例如考量其"在学习过程中是否经常感觉力不从心"；疲劳感是学习者完成超额学习任务后所导致的身体机能减弱、学习效率下降的现象，是监测学生身心健康状态的重要指标；焦虑感是繁重的学业负担，沉重的心理压力使学生长期处于超负荷运转和精神紧张症状，表现为焦虑不安、冲动易怒、注意力难以集中等；厌恶感是学生对学校生活失去兴趣，对学习产生厌倦情绪而持冷漠态度甚至厌恶、逃避的心理状态，表现为对大多数学习内容毫无兴趣，学习生活总是不如意，一提到学习就感到烦躁不适等。四种情绪体验因指向对象不同而在性质方面有所区别，其中疲劳感是指学生对任务强度的身体感知，胜任感是指学生在学习活动中的成败体验，焦虑感是学生因学习而产生的心理压力，厌恶感是指学生对学习的心理倾向。

最后，是学生在行为反应层面的负担表现。行为反应是个体对外界刺激所表现出的活动倾向，是学生认知负担感受和情绪负担感受在行为上的反应。在不同程度的学业负担之下，学生对学习会表现出不同程度的活动倾向，因此可以根据学生日常学习中的活动倾向来判断学业负担程度的高低。问卷中，"行为反应"项目包含了承受性、自觉性、专注性和主动性四个维度。其中"承受性"维度测查的是学生对学习的身心适应程度，"自觉性"维度测查的是学生对学习所表现出的自觉自愿程度，"专注性"维度测查的是学生学习精力的集中程度，"主动性"维度测查的是学生学习内在驱动力的高低。

第二节　学业负担表现的多维特点

在学业负担问题域中，对学业负担整体现状的客观总结与描绘，是解决学业负担其他层面问题的前提。在这一问题上的理解与探索程度，影响并决定着整体学业负担问题解决的进度与成败。本节致力于通过以上建立的理论指标体系对中小学生的学业负担水平进行测量，试图了解勾勒出不同学段各学校、各区位、各年级之间学业负担情况的现实图景，为学业负担问题优化提供现实支撑。

一、学业负担的学段差异

表5.1　中小学生学业负担的学段差异

维度	小学生(a) (M/ SD)	初中生(b) (M/ SD)	高中生(c) (M/ SD)	F 值	事后比较
认知过程	1.75/ 0.77	2.33/ 0.86	3.14/ 0.80	3214.062***	a<b<c***
情绪体验	1.56/ 0.73	2.37/ 1.00	2.85/ 0.86	2427.213***	a<b<c***
行为反应	1.92/ 0.76	2.40/ 0.78	2.68/ 0.70	1146.559***	a<b<c***
总体	1.74/ 0.64	2.37/ 0.76	2.87/ 0.67	2878.436***	a<b<c***

表5.1 显示：无论是整体水平，还是各层面的具体表现，高中生的学业负担水平均明显高于初中生，而初中生又明显高于小学生。

二、小学生学业负担现状及特征

学业负担是相对性的存在，它是个相对概念，具有主体差异性、情景具体性和难以测量性，对待学业负担问题不能一概而论，应该根据具体情境、时间、科目和承受主体等的不同作具体分析。要了解学生学业负担的现状特征必须对学业负担的总体特征及个体特征有所了解。

（一）小学生学业负担总体表现

表5.2　小学生学业负担总体表现

维度	平均值（M）	标准差（SD）
认知过程	1.75	0.77
情绪体验	1.56	0.73
行为反应	1.92	0.76
总体	1.74	0.64

如表 5.2 数据显示：小学生学业负担总体均值为 1.74，这说明小学生学业负担总体表现较轻。从各层面的负担表现来看，情绪体验＜认知过程＜行为反应，这表明小学生学业负担主要反映在行为反应层面。

（二）小学生学业负担的性别差异

性别差异可能会导致学生学习认知、情绪及行为上的不同，从而影响到学生的学业负担水平。所以，性别因素是分析学生学业负担水平时需要考虑的重要方面。为考察不同性别学生之间在学业负担上的水平差异，我们进行了男女生之间的独立样本 t 检验。

表 5.3 小学生学业负担的性别差异

维度	男（M/SD）	女（M/SD）	t
认知过程	1.79/ 0.79	1.69/ 0.74	4.202***
情绪体验	1.61/ 0.77	1.50/ 0.68	5.064***
行为反应	1.99/ 0.78	1.84/ 0.72	6.681***
总体	1.80/ 0.66	1.67/ 0.60	6.402***

（注：＊P＜0.05，表示显著差异；＊＊P＜0.01，表示非常显著差异；＊＊＊P＜0.001，表示极其显著差异。下同。）

性别差异的独立样本 t 检验结果显示，小学男生和女生在学业负担整体水平上存在极其显著差异（t＝6.402, P＜0.001），即小学男生的学业负担整体水平明显高于女生。另外，无论在认知过程层面，还是在情绪体验层面和行为反应层面，小学男生的学业负担均明显高于小学女生。

在小学阶段，女生学业负担水平明显轻于男生，这可能与男、女生身心发展规律有关。生理学及心理学的相关研究揭示，女生的身体及心智发育普遍要早于男生。儿童期的女生在认知、情绪和行为等方面的成熟水平都要高于同龄男生。在日常学习中，女生相比男生能够理解与认知更高难度的学习内容，能够更好地表达与调整自己的情绪，也会表现出更好的行为意识与习惯，其学业负担水平自然也就相对较轻。

（三）小学生学业负担的学校差异

学校类别是影响学生学业负担形成与表现的重要因素。受学校办学理念、条件及实效等方面的影响，不同学校学生的学业负担可能会表现出不同的水平与特征。在本书中，所调查学校有两类，一类为示范学校，一类为普通学校，为考察这两类学校学生在学业负担水平上的差异状况，我们进行了独立样本 t 检验。

表 5.4　小学生学业负担的学校差异

维度	示范学校（M/SD）	普通学校（M/SD）	t
认知过程	1.64/ 0.71	1.80/ 0.79	−6.923***
情绪体验	1.52/ 0.70	1.58/ 0.75	−2.373***
行为反应	1.88/ 0.74	1.94/ 0.77	−2.500***
总体	1.68/ 0.61	1.78/ 0.65	−4.330***

学校差异的独立样本 t 检验结果显示，示范学校小学生和普通学校小学生在学业负担整体水平上存在显著差异（t = −4.330，P < 0.001），即普通学校小学生的学业负担整体水平明显高于示范学校小学生。另外，t 检验结果显示，无论在认知过程层面，还是在情绪体验层面和行为反应层面，示范学校小学生和普通学校小学生均存在显著差异（三者的 sig 值均小于 0.001），即普通学校小学生的负担水平明显高于示范学校小学生。

在小学阶段，普通学校小学生的负担水平明显高于示范学校小学生，这可能与二者整体效能上的差异有关。相比普通学校，示范学校在师资力量与学生素质上均有明显的优势。首先，示范学校的优厚待遇能够招揽到更优秀的师范毕业生，同时能够保证教师能够获取更丰富的教育资源，有机会接受更多的职前职后培训，促使教师积淀了较为丰厚的教育教学知识，树立了较为先进的教育教学理念，掌握了较为科学的教育教学方法，这些因素汇集起来最终会反映于更优的教师教学效能之上。其次，示范学校能够竞争到更优质的生源，同时能够为学生提供更优越的学习环境与条件，营造更浓厚的学习氛围，促使学生取得较高的学习效能。高效能的教师能够通过改善教学来减轻学生的学业负担，高效能的学生能够通过自我调节来缓解自身的学业负担，在这双重优势之下，示范学校小学生的学业负担水平自然也就要低于普通学校小学生。

（四）小学生学业负担的区位差异

本书把所调查学校所在地位置划分为城市、县城和农村，以此来比较不同地域学生的学业负担水平的差异情况。为此，我们进行了区域差异的单因素方差分析。

表 5.5 区域差异的单因素方差分析

维度	城市(a) (M/ SD)	县城(b) (M/ SD)	农村(c) (M/ SD)	F 值	事后比较
认知过程	1.63/ 0.69	1.91/ 0.91	1.91/ 0.82	71.917***	$a < b$***, $a < c$***
情绪体验	1.50/ 0.69	1.56/ 0.74	1.67/ 0.82	29.198***	$a < c$***, $b < c$*
行为反应	1.87/ 0.74	1.94/ 0.81	2.00/ 0.77	14.281***	$a < c$***
总体	1.67/ 0.59	1.79/ 0.70	1.86/ 0.68	41.398***	$a < b$**, $a < c$***

如表 5.5 数据表明，农村小学生和县城小学生的整体学业负担水平明显高于城市小学生，而农村小学生与县城小学生之间在整体学业负担水平上无显著差异。其中，在认知过程层面，农村小学生和县城小学生的负担水平明显高于城市小学生，而农村小学生与县城小学生之间并无显著差异；在情绪体验层面，农村小学生的负担水平明显高于县城和城市小学生，而县城小学生与城市小学生之间并无明显差异；在行为反

应层面，农村小学生的负担水平明显高于城市小学生，而农村小学生与县城小学生之间无明显差异，城市与县城之间也无明显差异。

总体看来，在小学阶段，农村学生和县城学生的整体学业负担水平明显高于城市学生，这可能与现实中城乡学校教育教学理念的差异有关。相比农村和县城学校，城市学校得益于各种主客观条件，能够更为迅速地接受与运用先进的教学理念，跳出"知识中心"教育取向的牢笼，更加重视学生身心的全面、和谐发展。同时，在减负政策的推进中，城市学校贯彻得更加彻底，如减量家庭作业、规范在校时间、保障睡眠时间，采用科学、合理、先进的教学设备和教学方法，这些都在一定程度上对学生学业负担的缓解起到作用。另外，农村小学生在情绪体验层面表现出的学业负担最重，这可能是由于相比县城与城市小学生，他们在平时学习中所得到的关注与支持不够。农村小学生中很多为留守子女，学习中遇到困难时无法得到家长的及时关心与帮助，更容易产生消极的学业情绪。

（五）小学生学业负担的年级差异

年级差异是分析学业负担特征时必须予以考虑的重要因素。这可以从两个层面得到辨认：首先，从客观层面来说，按照一般的学制安排，不同年级的学生有着不同的学习目标、内容及要求，因而在日常学习中会面临不同的学习任务。这种学习任务的不同不仅会反映在"量"的多少，也会体现为"质"的高低。其次，就主观层面而言，不同年级对应着学生的不同年龄，也便意味着个体身心发展的不同阶段与时期。因此，不同年级的学生在心理倾向、情绪情感以及行为能力等方面自然会有着一定差异。来自主、客观双重层面的诸多不同，最终可能会导致学生在学业负担水平及特征上表现出年级差异。在小学阶段，考虑到一至三年级学生的心智成熟程度尚低，因此仅将四、五、六年级小学生列为调查与分析对象。为考察不同年级的小学生在学业负担整体水平及具体特征上的差异情况，我们采用了单因素方差分析方法。

表5.6 小学生学业负担年级差异

维度	四年级(a) （M/ SD）	五年级(b) （M/ SD）	六年级(c) （M/ SD）	F 值	事后比较
认知过程	1.78/ 0.80	1.73/ 0.74	1.73/ 0.76	1.717	
情绪体验	1.52/ 0.72	1.53/ 0.71	1.64/ 0.76	13.076***	a<c***,b<c***
行为反应	1.89/ 0.76	1.91/ 0.73	1.96/ 0.79	3.383*	a<c**
总体	1.72/ 0.64	1.72/ 0.60	1.78/ 0.67	4.368*	a<b*,a<c*

上述数据显示，六年级学生的整体学业负担水平明显高于四、五年级学生，而四、五年级学生之间在整体学业负担水平上无显著差异。具体说来，在情绪体验层面，六年级学生的负担水平明显高于四、五年级学生，而四、五年级学生之间并无明显差异；在行为反应层面，六年级学生的负担水平明显高于四年级学生，而四年级学生与五年级学生之间无明显差异，五年级学生与六年级学生之间也无明显差异。

在小学阶段，六年级学生的整体学业负担水平明显高于四、五年级学生，而四、五年级学生之间在整体学业负担水平上无显著差异，这可能与六年级这一阶段的特殊性有关。六年级是小学阶段的最后一年，虽然没有升学考试的压力，但是仍不可避免地面临着用考试分数进行成绩分层的压力，加上学生也亟需为进入初中的更高强度学习打下坚实基础做最后的努力，因此这一阶段的学习受到学校、教师以及家长的高度重视与期望，这自然会在一定程度上加重学生的学业负担。另外，在认知过程方面，三个年级学生学业负担水平并没有出现明显差异，这说明小学生学业负担年级差异的来源并不在于学习任务本身。

三、初中生学业负担现状及特征

学业负担是不断变化、不确定的，是学习者个体对学习活动量的主观感受，而每个学习者是具体的、有差异的，所以他们不可能有相同的学业负担或相同的负担承受能力。

（一）初中生学业负担总体表现

表5.7 初中生学业负担总体表现

维度	平均值（M）	标准差（SD）
认知过程	2.33	0.86
情绪体验	2.37	1.00
行为反应	2.40	0.78
总体	2.37	0.76

数据表明，初中生学业负担总体均值为 2.37，这说明初中生学业负担总体表现略轻。从各层面的表现来看，各层面上的学业负担水平相近，这表明初中生学业负担在各层面的表现大致相似。

（二）初中生学业负担的性别差异

为考察不同性别初中生之间在学业负担上的水平差异，我们进行了男女生之间的独立样本 t 检验，其中既包括整体学业负担水平的性别差异检验，又涉及到学业负担各个层面上的性别差异检验。

表5.8 初中生学业负担性别差异

维度	男（M/SD）	女（M/SD）	t
认知过程	2.38/ 0.91	2.28/ 0.81	3.973***
情绪体验	2.43/ 1.05	2.31/ 0.94	3.913***
行为反应	2.48/ 0.80	2.34/ 0.75	6.109***
总体	2.43/ 0.79	2.31/ 0.72	5.382***

上述数据结果显示，男生和女生在学业负担整体水平上存在显著差异（t = 5.382，P < 0.001），即初中男生的学业负担整体水平明显高于

女生。另外，无论在认知过程层面，还是在情绪体验层面和行为反应层面，初中男生的负担水平均明显高于女生。

在初中阶段，男生学业负担无论在整体水平还是在各个层面上都明显高于女生，这可能与男、女生身心发展规律有关。生理学及心理学的相关研究揭示，女生的身体及心智发育普遍要早于男生，其中在青春期阶段表现最为明显。初中阶段的女生在认知、情绪和行为等方面的成熟水平都要高于同龄男生。认知能力的快速发展使得女生相比男生能够理解更高难度的学习内容，情绪管理与行为调控能力的相对成熟使得女生能够更好地处理与消减学业所带来的心理压力，表现出更好的行为意识与习惯，这些优势最终使得女生的学业负担水平要低于男生。

（三）初中生学业负担的学校差异

表5.9 初中生学业负担的学校差异

维度	示范学校（M/SD）	普通学校（M/SD）	t
认知过程	2.23/ 0.82	2.38/ 0.88	-5.579***
情绪体验	2.27/ 0.98	2.41/ 1.00	-4.469***
行为反应	2.33/ 0.76	2.44/ 0.78	-4.374***
总体	2.28/ 0.73	2.41/ 0.76	-5.460***

上述数据表明，示范学校初中生和普通学校初中生在学业负担整体水平上存在显著差异（t = -5.460，P = 0.000 < 0.001），即普通学校初中生的学业负担整体水平明显高于示范学校初中生。另外，就学业负担表现的三个具体层面而言，无论在认知过程层面，还是在情绪体验层面和行为反应层面，示范学校初中生和普通学校初中生也均存在显著差异（三者的 sig 值均小于 0.001），即普通学校初中生的负担水平明显高于示范学校初中生。

在初中阶段，示范学校学生的学业负担水平明显低于普通学校学生，其原因可能与小学生学业负担学校差异的原因一样，即归结于示范学校在办学理念、师资力量与生源质量上的优势。示范学校办学理念的科学性更利于学校回归教育本真，摒弃知识中心、应试中心的落后教育观，强调学生的全面发展，从而能够减轻学生因"异化的学习"而产生的学业负担；示范学校的教师在学校办学理念及自身教育观念的引领下，能够通过调整教学目标、改进教学方法、提升教学能力等途径，从而减轻学生的学业负担；相比普通学校学生，示范学校学生往往有着更为扎实的学业基础、更为科学的学习方法与习惯，这些优势能够助益学生的"自我减负"。

（四）初中生学业负担的区位差异

表 5.10　初中生学业负担的区位差异

维度	城市(a)(M/ SD)	县城(b)(M/ SD)	农村(c)(M/ SD)	F 值	事后比较
认知过程	2.18/ 0.83	2.60/ 0.77	2.44/ 0.90	87.705	a < c < b***
情绪体验	2.28/ 0.98	2.63/ 0.92	2.40/ 1.03	36.299	a < c < b***
行为反应	2.33/ 0.76	2.58/ 0.73	2.44/ 0.82	31.426	a < c < b***
总体	2.27/ 0.73	2.61/ 0.68	2.43/ 0.80	61.192	a < c < b***

上述数据结果表明：县城初中生的整体学业负担水平明显高于农村初中生，同时农村初中生的整体学业负担水平又明显高于城市初中生。同时就各个层面而言，县城初中生的学业负担水平明显高于农村初中生，农村初中生又明显高于城市初中生。

县城初中生的学业负担水平明显高于农村与城市初中生，这可能与学校布局与教育资源配置有关。县城初中一般为该地区内为数不多的重点学校，集中着该区域最多、最优秀的教育资源，因而会引起该地区学生的激烈竞争，特别是一些优秀的农村学子为了得到更好的教育，会"舍近求远"而涌入县城初中，而县城初中为了招揽优质生源，也会有意推动这一竞争局势。在现实中，县城初中生面临着更大学业竞争压力，其最明显体现即为班额过大现象十分突出且普遍，这一点已经为不少研究者所揭示，同时在本书的实地调查中也得到印证。为了争取到有限的优质教育资源，县城初中生必须要与更多人进行竞争，必须要投入更多的学习时间与精力，势必会因而产生更重的学业负担。

（五）初中生学业负担的年级差异

表5.11　初中生学业负担年级差异

维度	初一（a） （M/ SD）	初二（b） （M/ SD）	初三（c） （M/ SD）	F 值	事后比较
认知过程	2.16/ 0.84	2.36/ 0.83	2.50/ 0.89	60.585	a < b < c***
情绪体验	2.06/ 0.95	2.45/ 0.98	2.64/ 0.98	143.968	a < b < c***
行为反应	2.24/ 0.77	2.44/ 0.75	2.57/ 0.77	73.427	a < b < c***
总体	2.15/ 0.73	2.42/ 0.72	2.57/ 0.76	129.949	a < b < c***

上表数据结果表明：初三学生的整体学业负担水平明显高于初二学生，而初二学生在整体学业负担水平上又明显高于初一学生。同时在各层面的差异表现也是如此。

总的看来，在初中阶段，随着年级的升高，学生的学业负担无论是在整体水平，还是在各个具体层面上的负担表现，均有不断加重的趋势。这是由于在中国的教育体制下，初中阶段以来，随着年级的升高，高考"紧箍咒"会越箍越紧，作业量的加大、考试频率的提升、在校学习时间的延长、课余活动的削减都不可避免地加重学生的学业负担。

四、高中生学业负担现状

由于学生自身的学习方式、学习性向和学习效能等方面的差异，使得学生个体对学业负担的承受能力以及学业负担的个体差异也不尽相同。

（一）高中生学业负担总体表现

表5.12 高中生学业负担总体表现

维度	平均值（M）	标准差（SD）	
认知过程	3.14	0.8	
情绪体验	2.85	0.86	
行为反应	2.68	0.7	
总体	2.87	0.67	

数据显示：高中生学业负担总体均值为2.87，这说明高中生学业负担总体表现略重。从各层面的负担表现来看，认知过程＞情绪体验＞行为反应，这表明高中生学业负担主要反映在认知过程层面。

（二）高中生学业负担的性别差异

表5.13 高中生学业负担性别差异

维度	男（M/SD）	女（M/SD）	t
认知过程	3.11/ 0.83	3.16/ 0.76	−2.078*
情绪体验	2.87/ 0.92	2.84/ 0.81	1.267
行为反应	2.74/ 0.73	2.63/ 0.68	4.974***
总体	2.89/ 0.71	2.85/ 0.64	1.811

上述数据结果显示，高中男生和女生之间的学业负担水平差异不显著（t＝1.811，P＞0.05），即高中男女生之间在学业负担整体水平差别不大。具体说来，在认知过程层面，女生的负担水平明显高于男生；在情绪体验层面，高中男女生之间在情绪体验层面上的负担表现差别不大；在行为反应层面，高中男生的负担水平明显高于女生。

在认知过程层面，高中女生的负担表现明显高于男生，这可能是由于高中课程特点以及男、女生的思维差异所导致。相比中小学课程，高中课程的理论性明显增强，需要学生具备较高的抽象思维，而一般来说，男生比女生更擅长抽象思维，因此在课程学习中会比女生相对轻松。在行为反应层面，高中男生的负担表现明显高于女生，这可能是由于男女生的性格差异所造成。因为女生相比男生更有耐心，所以也就更能适应枯燥、单调的高中学习生活。

（三）高中生学业负担的学校差异

表 5.14　高中生学业负担的学校差异

维度	示范学校（M/SD）	普通学校（M/SD）	t
认知过程	3.11/ 0.82	3.15/ 0.78	− 1.491
情绪体验	2.80/ 0.88	2.88/ 0.85	− 3.009＊＊
行为反应	2.63/ 0.70	2.71/ 0.71	− 3.522＊＊＊
总体	2.82/ 0.69	2.89/ 0.66	− 3.226＊＊＊

上述数据结果表明，普通学校高中生的学业负担整体水平明显高于示范学校高中生。具体说来，在认知过程层面，示范学校高中生和普通学校高中生的负担表现不存在显著差异，即普通学校高中生和示范学校高中生在认知过程层面上的表现差别不大；在情绪体验层面，普通学校高中生的负担水平明显高于示范学校高中生；在行为反应层面，普通学校高中生的负担水平明显高于示范学校高中生。

在高中阶段，示范学校学生的学业负担整体水平明显低于普通学校学生，这一特征与小学、初中阶段大体相似，其原因也基本一致。但有所不同的是，两类学校学生的显著差异主要表现在情绪体验与行为反应层面，而在认知层面则不明显。其中，"认知层面"差异的不明显，可能与高中学习生活的特性有关。高中阶段的课程更具难度、任务愈加繁重，任何高中生于此情形之下都会产生不小的认知负担，所以在不同学校之间并没有显著差异。而情绪体验层面与行为反应层面的显著差异，可能与学校的办学理念与学习环境有关。相比而言，示范学校在办学理念及实际举措上更加重视与趋近素质教育，注重反思并削弱应试教育的不良影响，其在学习环境的营造上更具人性化，会顾及到学生的学业情绪与实际体验，关切学生的学习反应并加以干预，而这些均有利于减轻学生在情绪体验与行为反应上的负担表现。

（四）高中生学业负担的区位差异

表5.15的数据结果表明：（1）在学业负担的整体水平上，农村高中生明显高于县城高中生，同时县城高中生又明显高于城市高中生。（2）高中生学业负担在各个具体层面上的地域差异表现出类似特征，即无论是在认知过程层面，还是在情绪体验层面和行为反应层面，农村高中生的负担水平均明显高于县城高中生，同时县城高中生的负担水平又均明显高于城市高中生。

表5.15 高中生学业负担的区位差异

维度	城市(a)(M/ SD)	县城(b)(M/ SD)	农村℃(M/ SD)	F 值	事后比较
认知过程	3.01/ 0.82	3.19/ 0.78	3.22/ 0.75	31.479***	$a<b^{***}, a<c^{***}$
情绪体验	2.76/ 0.91	2.87/ 0.84	2.96/ 0.81	18.393***	$a<b^{**},$ $a<c^{***}, b<c^*$
行为反应	2.59/ 0.73	2.70/ 0.68	2.77/ 0.69	22.64***	$a<b^{***},$ $a<c^{***}, b<c^*$
总体	2.77/ 0.71	2.90/ 0.65	2.96/ 0.63	30.905***	$a<b^{***},$ $a<c^{***}, b<c^*$

在高中阶段，农村高中生的学业负担水平明显高于县城与城市高中生，这可能与以下三方面的因素有关。首先，由于经历了小学与初中阶段的"劣势积累"与"过度应试"，农村高中生的学业基础一般较为薄弱，且综合素质偏低，因此在应对更加艰深、多样的高中课程时，往往

会比县城和城市高中生显得更加吃力。其次，农村高中生所背负的自我期望与家长期望要远远高于县城与城市高中生，在平时学习中会因而产生较重的心理压力。另外，农村高中生得到的学习支持明显不足，相比县城与城市高中生，其在学校办学质量、教师能力、家长支持等方面都处于劣势，这也是造成其学业负担较重的主要推手。

（五）高中生学业负担的年级差异

表5.16　高中生学业负担年级差异

维度	高一（a）（M/SD）	高二（b）（M/SD）	高三℃（M/SD）	F 值	事后比较
认知过程	3.17/ 0.80	3.10/ 0.81	3.13/ 0.77	3.102*	a＞b*
情绪体验	2.88/ 0.86	2.81/ 0.89	2.87/ 0.83	2.495	
行为反应	2.70/ 0.71	2.67/ 0.71	2.67/ 0.69	0.785	
总体	2.89/ 0.68	2.84/ 0.69	2.87/ 0.64	2.457	

上述数据结果表明，高中生学业负担的年级差异仅表现在认知过程层面。具体说来，即高一学生在认知过程层面的负担水平明显高于高二学生，而高一学生和高三学生之间无明显差异，高二学生和高三学生之间也无明显差异。

总的来说，不同于小学生与初中生，高中学生学业负担的年级差异并不明显。此种现象可能与高中阶段的升学"怪相"有较大关系。在小学与初中阶段，升学压力一般仅在毕业班学生身上有明显的表现。但高中阶段大不相同，受愈加严峻的高考竞争形势之逼迫，升学压力逐渐"前移"至低年级学生，具体表现为低年级学生的课程学习计划提前、进度加快与强度加剧。在此情形下，低年级学生所承受的学习任务及升学压力与高年级学生"并无二致"，因此在学业负担的表现上也就没有明显差异。另外，由于要经历一定的学习"适应期"，低年级学生甚至可能会在某些方面表现出比高年级学生更重的学业负担水平。

第三节　学业负担认知的多重转换

一、学业负担认知的场域转换

从历史上来看，人们常把学业负担归根于社会历史问题，认为公众对于教育万能的社会认知、对人力资本论的社会诉求以及教育价值观的社会偏向都是学生学业负担产生的诱因。如有研究指出，公众对教育功能的认知偏差和过度诉求必然造成社会心理病态、社会行为失范和社会评价狭隘，而社会病理心态依托文化机制的形式影响教育价值观，社会行为假借利益机制影响教育政策，社会评价通过传播机制影响教育评价，进而造成教育价值观失衡、教育政策失效、教育评价失准，这一系列恶性循环最终演化为学业负担的生成机制，使减负运动陷入越减越重的怪圈。[①] 有研究指出，当前功利主义教育价值观横行，俨然已经成为学业负担滋生的土壤。功利主义教育价值取向过分强调社会的需求，忽视人自身的内在需求，最终导致了教育运行模式的偏失、教育内容偏向科学主义的唯理性课程观、课堂教学以书本知识、教师、教案为本位，唯独没有学生以及仓库式的教学模式，扼杀了学生的主体性和主动性，加重了学生的学习负担。[②]

此外，把学业负担问题归结于政策法规失效的研究也颇多，认为学业负担政策在深层次上表现为教育观念选择的价值问题，是政策制定者价值观的直接反映，是对当下社会背景和教育现实问题中价值关系的根

---

① 罗生全、李红梅：《学业负担的社会机制》，《教育发展研究》2014 年第 12 期，第 45 – 50 页。
② 许杰：《论我国现行教育价值取向与学生的学习负担》，《教育科学》2003 年第 1 期，第 25 – 28 页。

本性总体认识。① 有研究者认为，学业负担问题久治不愈，因为没有着眼于政策治理的方向思考，从政策网络中审视，学业负担是公共政策失范、教育政策失准和相关政策失位共同作用的结果。着眼于当前推进教育治理体系和治理能力现代化建设的时代诉求，学业负担治理应在有效顶层设计的制度创新中寻求突围之路，而这关键在于探寻其政策治理机制，即在政策逻辑中为学业负担"定性"、在政策系统中为学业负担"定形"、在政策价值中为学业负担"定向"。②

宏观层面上讲，中小学生学业负担过重属于一个广泛的社会历史问题，是由错综复杂的社会现象造成的，折射出深刻的历史根源；从微观层面上看，中小学学业负担过重属于一个相对狭小的个体学习问题，受学生个体学习方式和身心承受能力等多种因素的共同影响；然而，从中观层面考虑，学生学业负担过重则是一个发生在学校场域内的基于特定教育教学活动而产生的教育和管理问题，与学校自身发展效能密切相关。学校作为制度化的专门从事教育事业的机构，能够"传递"并"过滤"来自外部社会系统的各种影响因素，并且通过自身的学校效能、教学实践和制度安排，对学生的学业负担状况产生强有力的影响。亦即，学校教育是一种有目的的培养人的活动，能给学生带来更为全面、系统、深刻的影响，因此学校教育质量和效能高低对学生有至关重要的作用。鉴于学校系统本身的复杂性和造成学生学业负担影响机制的多样性，学校效能的内部结构也必然呈现多元化发展态势。③ 因此，学校是学生学业负担真正发生的地方和问题缓解的主阵地。

学业负担问题是理论界和实践界的"顽疾"，虽开出了多元政策的

---

① 靳玉乐：《学业负担政策的价值重建》，《西南大学学报》（社会科学版）2015年第4期，第81－86页。

② 张铭凯：《学业负担的政策治理机制》，《全球教育展望》2015年第12期，第70－79页。

③ 李红梅、罗生全：《学业负担优化：学校效能视角》，《基础教育》2015年第6期，第87－92页。

"良方"，但仍然收效甚微。学生学业负担长期过重是多重因素共同造成的结果，是学生所在的教育场域、家庭场域、社会场域、制度场域、文化场域等多重场域相互作用的结果，每一场域或多或少都对学生学业负担的形成有所"贡献"，但其"贡献值"却各有不同。从历史上来看，对学业负担的认知主要从社会场域和政策场域出发的居多，因为所有的问题都能够归结于社会生活问题，抑或是相关政策法规失效造成的结果。然而，毫无疑问，学生的第一要义是学习，学习是学生的主要任务，学生活动范围最广、活动时间最长的场所还是学校，有学习就必然有负担，学校场域是学生学业负担最直接的"生产厂"。因此，学业负担问题首先应该是一个产生于学校环境中的教育问题，对学业负担的认知也应该首先从学校领域出发，从教育教学中认知学业负担问题。虽然学生学业负担过重的深层原因来自于社会场域根深蒂固的价值观念和政策场域名存实亡的教育法规，但这并不意味着教育界人士就能够置身事外，就可以推卸身上的责任，在学校场域内，学校效能研究的"唯结果化"倾向引导学校教育教学和管理工作误入盲目追求学生的成绩和分数的歧途，致使学生学业失衡、负担过重。

二、学业负担认知的理论转换

学业负担是学习者在学习过程中对学习任务的难度、深度和广度的个体认知和情绪体验以及在此过程中的行为反应。因此，个体在学习过程中的认知水平、情绪体验和行为反应都会对学习产生重要的影响，认知水平的高低影响学习者的情绪体验，情绪体验进而影响学习者的行为选择，三者相互影响，彼此制约。学习心理是学习者对学习活动这一客观事物的主观反应，包涵学习者在学习过程中的认知过程、情感和意志过程。从学业负担的定义看，它是一定的场域内学业主体对学业客体的主观感受和体验，包括在学习过程中由负担引发的内瘾性心理创伤和外显性行为反应。从定义可以看出，过重的学业负担必定会引起学生学习行为的变化以及内在心理的波动，而由于个体承受负担的能力的不同，学习行为和心理变化程度必然也会不同。也就是说，不同水平的学业负担会有不同的行为反应。反之亦然，不同的行为表现方式预示着学生的学业负担水平。因此，我们对学业负担的认知必须综合客观层面的负担事实和主观层面的负担感受，即学业负担的客观指标和学生对学业负担的认知过程、情绪体验及行为反应。换句话说，对学业负担的认知要从其理论结构出发进而深化其理论结构。

首先，客观指标是我们认知学业负担的度量衡。在我国，基础教育阶段学生学业负担过重是有目共睹的事实，中小学生要承受繁杂的学习内容和大量的背诵任务，在课后还有看不完的书，做不完的题，学生长期被压在题海之中，埋在书山之下，身心俱疲，压力之重可想而知。总而言之，在学校教育中，学生学业负担过重具体表现在："超标"（超纲），即超出课程标准（教学大纲）的基本要求，表现出"难"；"超时"，延长学生学习的时间，拖堂，补课，占用音乐、美术、体育等"副科"现象严重，表现出"长"；"超量"，课程多、资料多、作业多、考试多，超过政府教育部门对基础教育的有关限量，表现出"多"。毋庸置疑，学校教育违背教育原则、蔑视教育规律，酿成了学校效能低下和学生学业负担过重等一系列教育问题的惨剧，当之无愧地成了学生学业负担过重的"头号功臣"，因此只有提升学校整体效能才能解决学生学业负担过重的燃眉之急。

其次，学生对学业负担的自我感知是我们认知学业负担的重要尺度。从心理学视角看学习的心理实质就是认知加工，认知加工就要占用主体的认知资源，就会形成认知负荷，认知负荷就是学业负担。因此，可以说学业负担的内在本质是学生在学习过程中进行认知加工所形成的认知负荷，学业负担重的实质就是认知负荷重。学业负担的认知负荷观认为，学业负担是学生学习过程中进行认知加工时所投入的心理资源总量，也是学生在学习过程中所承载的认知加工任务的分量。认知负荷是学生学习中学业负担的核心与本质，学业负担就是学生知觉到要在学习中承担的认知加工任务量，认知负荷的大小是反映学生学业负担轻重与否的核心指标。所以减负的关键在于减轻学生学习过程中的内在认知负荷和外在认知负荷，优化学习中的认知负荷。[①]

再次，学生的学习行为反映是认知学业负担的重要参照。学习行为是学习主体在学习场域内所有反应的总和，包括一切内在和外在的生理性和心理性的反应。学生的学习行为包括很多方面。第一，从学习过程来看，它涉及作计划、预习、学新课、复习、考试、应用等环节；第二，从学习形式来看，它涉及听课、做笔记、阅读、思考、做作业、讨论、写作等活动；第三，从学习包含的心理活动来看，它涉及注意、记忆、思维、想象、情感、意志等成分。从学生学习负担问题的表现上看，学习行为的运用状况是导致负担过重或过轻的症结所在。中小学学生学习负担既存在过重的一面，也存在过重背后所隐藏的负担较轻乃至过轻的一面。学习负担"过重"主要表现为：在学时间长、上课时数过多、作业量过大、简单机械的重复性训练过频；而学习负担"较轻"则表现在：学习主要局限于接受现成的知识，学生的学在很大程度上被教师的教所替代，学生的学习方式已基本模式化、套路化，考试科目（内容）与非考试科目（内容）学习负担严重失衡。不难看出，学生学习负担过重或过轻，学生学得多、学得苦、学得累却学得被动、学得不好，甚至不愿去学，在很大程度上与学生学习行为的单一、片面以及机械行为的大量重复使用有关。只有对学生的学习行为进行优化指导，才能从根本上解决学生学习负担问题。最后，从学习行为研究的初衷来看，教学论视域下的学习行为研究就是要寻找有效的学习行为，而有效的学习行为是减轻学生学习负担的根本举措。

最后，学业情绪是认知学业负担的"晴雨表"。学业情绪是指学生

---

①　赵俊峰：《解密学业负担——学习过程中的认知负荷研究》，科学出版社2011年版，第4、60页。

对学业负担所持有的一种态度或应对学业负担的一种倾向，具体来说是学生对待学业负担时表现出的内部心理倾向。而学业情绪作为一种非智力因素对学生的成长与发展起着重要作用。郭江澜（2005）采用问卷调查的方式，探查了态度的三种成分认知、情感和意向与学习行为的关系。研究表明，影响学习行为的最主要因素不是认知，而是意向和情感，因此要让学生形成一种能够促进学习行为的学习态度，关键在于使学生产生对学习的愉悦体验和强烈的投入意愿。[1] 因此，学业情绪是学校心理健康情绪教育的重要切入点之一，也是减轻学生过重学业负担的重要途径之一。

学生对学业负担的认知过程、情绪体验和行为反应并不是相互独立的，而是有着重要的联系。"感时花溅泪，恨别鸟惊心。"良好的学业情绪有助于学生认知活动的开展，帮助学生形成积极主动的学习态度，有利于建立良好的师生关系，促进学生身心健康的发展。国内许多研究也发现，学业情绪能够影响或者调节学生认知的加工过程，还会影响学生的学习动机、学习兴趣、学习的努力程度，甚至会影响到学生对学习策略的使用情况。有学者指出，学习是内外协调发生的，学习者的内部心理结构变化涵盖认知变化和情意变化，是基础和根本，而外部行为表现则是学习通过躯体和肌肉的协调运动来展示所学到的东西，是形式和承载体，两者表现出一种"以内养外、以外表内，内外协调、表里贯通"的关系。[2] 此外，认知过程与学习行为关系密切，具体表现有二：其一，学习行为的产生需要一定的学习心理活动予以支撑。如果一种行动没有心智在其中起作用，那么这种行动要么是一种习惯的动作，要么是一种盲目的行动。心智是根据对未来可能的结果的预测而应付目前刺

---

① 李小平、郭江澜：《学习态度与学习行为的相关性研究》，《心理与行为研究》2005 年第 4 期，第 265－267 页。

② 盛群力：《论有效教学的十个要义——教学设计的视角》，《课程·教材·教法》2012 年第 4 期，第 16 页。

激的能力，目的在于控制将会发生的结果。行为需得到心智的指导和支撑，必须以心理活动为基础。其二，学习行为是学习心理活动的外在反映。心理活动主要涉及到人的精神生活领域，由感知、记忆、思维、意志和情感等活动组成。与人的生理活动一样，心理活动很难通过感官进行直接观察。而行为活动则是人的生理和心理的直接的外化着的形式，它既表现着心理活动的自由能动性，又表现着生理和心理活动的统一性。学习行为是学习者外化着的生理活动（表现为动作和运动）和心理活动（表现为目的、价值、计划以及对生理性动作和运动的有意信息指令的调控）的有机统一。[①]

三、学业负担优化的策略转换

（一）学校层面

首先，缩短学习时间。据报道，我国学生在校天数长达 251 天，是世界上最多的。众所周知，拖堂、补课现象是学生负担过重表现之一。本来一节课可以掌握的知识，却要占用学生宝贵的课间休息时间，甚至还要补课才能掌握，久而久之，形成了一种恶性循环。应严禁学校和教师在课余时间、寒暑假、双休日和其他法定节假日组织学生集体补课或上新课。此外，还需要加强监督，禁止教师以任何理由占用学生的体育课、音乐课、科学课等课程。

其次，减轻学习任务。假期严厉禁止中小学校统购配发各种练习册、暑、寒假作业以及各类参考书，这些资料偏深、偏难，不具备大众化特点，既苦了学生，又严重伤害了他们的自尊心，加重了他们的精神和精力负担，同时也苦了家长。英国的小学从一年级到三年级都是没有家庭作业没有考试的，除了上课以外，学生其余的时间安排就是一个字"玩"。教育部关于减负的"十条规定"对于作业量也做出了严格的要

---

① 向葵花：《中小学学生学习行为研究——旨在改进学生生活与发展状态的学习行为分析》，博士学位论文，华中师范大学 2014 年。

求，小学阶段不能留书面作业，要在确保安全的前提下，因地制宜地安排学生参观博物馆、图书馆、文化馆等社会设施，组织参加力所能及的手工劳动、农业劳动，同时指出，一年级新生入学后，要严格按照课程标准从"零起点"开展教学，不得拔高教学要求，不得加快教学进度。[①]

再次，修订教材，降低教材难度，增加教材的趣味性。改革考试内容，要注重对学生运用知识能力（包括创新能力）的考核。考试内容决定学生负担的重与轻，试卷可以分两部分，一是基础知识，占70%，二是能力测试，占30%，基础试题可以是以选择方式为主，内容是只要教师在课堂上认真讲，学生认真听，就可以掌握的基础知识。这样学生就不用课后上各种补习班了，作业量也小了。能力题不必一定有标准答案，只要能体现能力就行，这个能力是从平时课后大量阅读、各种实践中培养的，死读书和读死书是不能答好能力题的，能力题可以是出10道，选择答5道，因学生的能力也不一样，题要面大，便于学生选择。

最后，减少考试次数。现在频繁的考试也是中小学生负担过重的主要表现。大考、小考、段考、期中考、期末考、单元考、各种考试众多，考得学生晕头转向，大大加强了学生的学习负担，而收到的实际学习效果却不太理想。对于考试，"十条规定"要求，小学一至三年级不举行任何形式的统一考试，从四年级开始，除语文、数学、外语每学期可举行1次全校统一考试外，不得安排其他任何统考。每门课每学期测试不超过两次。考试内容严禁超出课程标准；同时实行"等级加评语"的评价方式，采取"优秀、良好、合格、待合格"等分级评价，多用鼓励性评语，激励学生成长。全面取消百分制，避免分分计较。[②] 所以我们必须要改变频繁考试的做法，应把培养学生的能力摆在首要的位

---

① 教育部：《小学生减负十条规定》，2013年。
② 教育部：《小学生减负十条规定》，2013年。

置，真正地从应试教育转向素质教育，这样才能使教师教得轻松，学生学得轻松，从而达到减轻学生的过重负担的目的。

（二）教学层面

首先，教师要树立以生为本的教育理念和以人为本的价值观念。教育教学的终极价值是促进人的自由自觉发展，"关注人的潜力如何最大限度地调动起来并加以实现，以及人的内部灵性与可能性如何充分生成。"教师的教育教学价值观通过影响教师的教育教学目标、内容建构、形式和方法选择等建构学生"应然"学习状态和"实然"学习过程，在有意识的教育教学中无意识异化学生的主体存在，使得学生应该承担的学业任务外化为工具性存在，忽略了学生主观的感受和客观的承受范围。当前，"教学质量等于学业成绩"的教学质量观的异化、"学业成绩等于考试分数"的教学评价观的异化、"教学为本等于作业为本"的教学过程观的异化和"课业增量等于追分秘诀"的教学哲学的异化，是课业何以从中小学生"助学法宝"沦落为其"成长大敌"的蜕变路线。鉴于此，需要确立整体化的共通价值观——教师通过"人为"的价值革新和价值手段建构"为人"的价值观念，以学生自由自觉发展为根本出发点和价值归属，真正建构起基于尊重个性、呵护自由、培育兴趣、掌握知识、启迪智慧、享受快乐等的整体教育教学价值观；差异化的多元价值观——教师充分理解和认识不同个体的认知、情感和行为，对学生学习任务分配、情感交流和行为互动应观照个性化的特征；具身化的交互价值观——教师"为人"的价值观念不仅应关注学生学业量的表现，更需要深刻理解由此带来的具有个性化的身体表现，进而揭示以"为人"的价值"人为"造成学生额外负担的互动机理。① 其次，教师要不断提高自身的教学效能。教师是学生在学习过程中的直接接触者，优化学生学业负担需要以教师对自身教学能力和影响学生程度

---

① 罗生全、张铭凯：《观念・能力・场域：学业负担优化的教学视点》，《西南大学学报》（社会科学版）2015 年第 4 期，第 87－92 页。

的主观判断和客观能力为重要着眼点。高效能教师能够在教学能力的运用中不断更新并升华其原有的观念体系，进而不断改善自身的教学能力结构。从教师教学效能所有构成要素来看，每个要素都是以学生效能的存在为前提，会对学生的学习效能产生直接或间接的影响：

教学情绪是优化学业负担的价值内核，教师积极的教学情绪会渲染整个课堂气氛，带动学生的学习热情，学生有了愉悦的心情，就不会感觉学习是一种负担了；

教学期望是优化学业负担的动力机制，皮格马利翁的"期待效应"启示我们，教师的期望对学生有一种心理暗示作用，学生获得老师的期望、信任和表扬时就仿佛得到了一种奋发向上的能量和动力，为了不让老师失望而认真学习，积极进取；

教学能力是优化学业负担的必要条件，毫无疑问，与教学能力平庸又不思进取的教师相比，教学能力较高的老师更容易实现教学目标，取得更好的教学效果，才能把复杂、枯燥的教学内容简单化、趣味化，使学生轻松学会、学懂；

教学策略是优化学生学业负担的有力保证，教师只有安排好教学时间、掌控好教学节奏、能够灵活并充分运用各种教学方法和教学资源，才能取得较好的教学效益，达到"高效低耗"的理想教学效果；

教学环境就是优化学生学业负担的实践场域，良好的教学环境是保障学生学习顺利进行的前提条件，特别是以师生关系为核心的人文环境对学生影响极大。

总体而言，教师教学能力的提升是保证学业负担合理水平的"技术支撑"，教师应具有适应学生学业水平发展的基础性能力、学习能力、反思能力和科研能力，并将能力转化和升华为教育教学中不断提升的自身思想水平。基于此，教师通过再构自身的能力结构，满足学生个性化发展对任务承担的差异化需求，从而根据不同年龄阶段学生制定个性化的学习任务，采取多元化的教育教学方式，提升教育教学的适切性和实效性，进而促进学生学业发展水平，最终使得学生学业负担更趋合理和优化。如此，基于教师教学能力的提升助推其教学时效的提高，进而最大限度地利用课堂时间，减少时间损耗，在增加学生学习机会的同时减轻学生的负担。①

（三）学习层面

由于学生自身的学习方式、学习性向和学习效能等的差异，使得学业负担因人而异，故而学生个体对自身的学业负担量难避其责。学生学习方式、学习习惯和学习能力等的差异是学习效能和学业成绩异质的重要原因。要解决学生学业负担过重问题需要以学生自身的学习效能为动力和源泉。学习效能是学生自我效能在学习领域的彰显，是学习者对自己能否利用自身的能力或技能完成学习任务的自信程度的信念和期望，它展现了学生对自己学习能力的认知，是学生个体对控制自己学习行为和学习成绩能力的一种主观判断，会影响学生在学习过程中学习动力的投入和学习期望的寄予，继而影响学生的学业成就。因此，学生学习效能的高低决定了个体在面对学习困难时，是勇于接受挑战还是坚决回避困难的态度。毫无疑问，学习效能低的学生在面对学习困难时往往畏首畏尾、瞻前顾后，不相信凭借自己的能力能够克服学习障碍、解决学习问题，所以他们容易产生厌学情绪，缺乏学习动机，滋生学习倦怠情绪，一遇到学习难题就会紧张、焦虑甚至坐立不安的，产生过重的心理负担。学生是学校教育教学过程的主体，更是学业负担的直接承受者，促进学生学业成就的提高和身心的健康发展是学校教育系统存在的意义和价值。优化学生学业负担必须以增加学生的学习效能为前提，"减负"是"增效"的目的，"增效"是"减负"的途径也是动力之

---

① 罗生全、张铭凯：《观念·能力·场域：学业负担优化的教学视点》，《西南大学学报》（社会科学版）2015 年第 4 期，第 87 – 92 页。

源。① 总而言之，学生既是学业负担的承受主体，也是学业负担产生的直接根源。优化学生学业负担学生层面的努力是根本要素。

学习效能包括主观的个体学习效能感和客观的一般学习效能。个体学习效能是学生对自己能够学好的一种信念，即学生认为需要以什么样的心理状态投入学习才能学好。学生对个体学习效能感的主体认知是其对学习能力的自我信念以及在学习过程中的自我体验，也是学生据以认知自身学习状态和学业负担的内在坐标，它能够规范、激励和调节学生主体的学习活动。学生对自我身心的主体认知包括对学习态度、学习动机和学习期望的体认和觉察。一般学习效能是评价学生学习效能的客观指标体系，也是学生个体学习的外化表征，即学生从哪些方面判断并评价自己的学习，包括学生在学习过程中依存的学习环境、具备的学习能力和应用的学习策略。学生个体学习效能感的高低预示着学生能够"自主学习"的程度，而一般学习效能的高低则诠释了学生在多大程度上"学会学习"，从个体学习效能感到一般学习效能是学生从"自主学习"走向"学会学习"的过程，二者相互补充、互为依存、不可分割，个体学习效能感（自主学习）是一般学习效能（学会学习）的充分条件，一般学习效能（学会学习）是个体学习效能感（自主学习）的必要条件。在学习过程中"学会学习"的缺失必将费时费力、事倍功半，而"自主学习"的丧失则会让学习变成无本之木、无源之水。因此，既有能自主学习的个体效能感又具备学会学习的一般学习效能是提升学生学习效能、优化学业负担的重要保障。②

---

① 李红梅、罗生全：《学业负担优化：学校效能视角》，2015 年第 6 期，第 87 - 92 页。

② 罗生全：《学业负担与学习效能的关系及优化》，《中国教育学刊》2015 年。

第六章

教师的学业负担认知

一直以来，学业负担失衡问题如同长在基础教育身上的毒瘤痼疾，久治不愈、愈演愈烈，成为难缓解的全民焦虑、难承受的民族之痛，更有媒体称，当减负的目标像西西弗斯的巨石那样年年推进、又每每回到原点的时候，损害的已不仅仅是青少年的身心健康，更是中华民族的美好未来。在"减负"这场越打越陷入胶着的"围歼战"中，政府、社会、学校、家庭纷纷持枪上阵，却显效甚微。究竟这场恶战该怎么打、从哪里找到撬动敌人堡垒的突破口，各方之言芸芸。例如有学者聚焦社会层面，认为学业负担过重的问题其实是一个社会问题而不是教育问题，其主要原因在于教育领域以外一系列公共政策的失当。改革之所以难以持久，其中一个重要的原因就是改革只局限在教育领域，缺乏必要的社会环境支撑。① 有学者聚焦教育系统，认为学生学业负担过重问题发生在教育领域，首先表现为学业量的超负荷，其次表现为由此而引起的一系列身体上、思想上的非常规发展，这严重违背了教育的根本目的。教育行政部门和学校作为教育责任主体本身，应当首先为减负负责。② 也有研究者提出减轻学生负担应当从提高教学时效入手，追求教学时效的最大化。③ 此外，有研究者着眼于教师教学效能的角度，提出

---

① 项贤明：《教育改革中的问题辨析》，《中国教育学刊》2015 年第 1 期，第 1－5 页。

② 许蔚萍：《学业负担过重是教育问题还是社会问题——兼与项贤明先生商榷》，《中国教育学刊》2015 年第 8 期，第 1－3 页。

③ 蔡伟：《提高教学时效 减轻学生负担》，《中国教育学刊》2000 年第 4 期，第 41－43 页。

学业负担问题解决的教学效能逻辑在于建构以教学效能为旨归的教师专业发展策略体系、以学习者为中心的教学信念体系和以个性化学业测评的教学文化体系。[①]

　　毋庸置疑的是，学业负担问题是一个多因素交织而生的"复杂性事件"，是社会、家庭、学校合谋制造的，但是无论学业负担的影响因子如何庞杂，"减负"的责任人如何多元，学生无疑是最直接、最核心、最突出的减负主体。然而，需要考虑的是，学生，尤其是义务教育阶段的学生在生理、心理各方面尚未成熟，如果过多倚仗学生的自觉、自愿和自律进行自我调节、自我优化，恐怕效果不彰，难以为继。因而，教师作为学生学校生活中的直接影响者，必然担负起引领学生、帮助学生摆脱学业负担失衡这一"紧箍咒"的责任。再者，学业负担发生、繁衍于学校场域之内，作为学校场域中最重要的主体，也是教育教学活动的亲历者——教师和学生，更应该携手，从外部教学效能的提升，到内部学习效能的优化，由外促内，由内生外，环环相扣，良性推进。其中，教师教学效能的提升固然不可避免地牵涉到教学技能、教学策略等技术层面的因素，但是透视冰山之底，究竟是什么原动力激发着教师敢于、乐于从自身出发找原因、想对策，以不断强化教学技能、开发教学策略为手段减轻学生学业负担呢？那是一名教师的理念、观念和信念层面的强大力量！教师对学业负担的合理认知如同指引其在行为上做出减负动作的神经中枢，对学业负担的本质透视、高低测度、归因判断是开启教师"减负增效"之门的钥匙，是直抵负担失衡问题的阿喀琉斯之踵的致命一击。

---

① 李红梅、罗生全：《学业负担问题解决的教学效能逻辑》，《教育发展研究》2014 年第 10 期，第 69－74 页。

第一节　教师认知学业负担的逻辑理路

教师认知学业负担的逻辑理路在于从学业负担本质的认知到学业负担轻重的判断，再到学业负担原因的归结，只有当教师正确认知学业负担的本质，才能清晰权衡学业负担量度，进而才能在学业负担问题归因上做出责无旁贷的担当，最后从教育教学层面实现"减负"中教师作用的发挥，达成教师之于"减负"的核心效用。其中，对学业负担本质的认知是教师参与负担调控的基石，对学业负担轻重的判断是教师参与负担优化的关键，对学业负担归因的主体担当是教师引领量力负担形成的核心。

一、对学业负担本质的认知是教师参与负担调控的基石

教师对学业负担本质的认知包括对学业负担必要性、主客统一性、非确定性的认知，只有明确学业负担的必要性，才能为减负划底线，只有明晰学业负担的主客统一性，才能为轻重权衡立标准，只有明了学业负担的非确定性，才能为合理优化寻路子。

（一）明确学业负担的必要性，为减负划底线

学业负担的存在是绝对性的，学习之路本身就是一条荆棘之路，路上充满困难和挑战，学习过程中面临的学习任务是学生在学校实现教育和培养目标的前提条件，在学校学习中需要参与的课程学习，需要完成的课程作业，需要应对的测评考试，需要达成的学习目标等都是负担的源头所在，有学习就必然会有学习任务的承载和学习时间、个体精力的消耗。因此，只要学生在学校开展学习，只要学习者期望达成学校教育目标，就一定面临着承载生理、认知、情感层面负担及由此带来的生命消耗。而且，只要控制在合理范围之内，学业负担的存在对学习活动呈正向推动作用。从认知过程来看，学生每天接受新知识、新技能，这意

味着他们无时无刻不在打破认知平衡，重建新的认知结构，这是一个信息加工的过程，在这期间学生对信息进行接受检测、转化编码、储存重建、提取利用等一系列操作和加工，工作记忆在接收、保持、加工信息的过程中必然消耗一定的认知能量或资源，认知负荷因此产生，学业负担由此而来。从情感上来看，学生的学习情绪体验分为放松感、紧张感、疲劳感、不能胜任感、焦虑感和厌恶感，大量实验和事实现象证明一定程度的紧张感有助于学生学习活动的开展和个体的学习进步。因为处于放松感阶段的学生表现为情绪的平静与放松，对目前状态持满意态度，容易产生惰性、安于现状。而处于疲劳感、不能胜任感、焦虑感和厌恶感阶段的学生，由于产生厌烦、失望、焦虑等负面情绪，会影响学习活动的展开。只有处于一定紧张感阶段的学生能感受到学习的紧迫感，会想办法改进学习策略、提升学习能力、优化学习效能，在学习活动中时刻保持充实状态。综上，学业负担是学习活动中必然存在的，在一定程度上正向刺激学生的发展。

教师只有明确了学业负担的必要性和积极意义，才能避免将其价值简单归为消极作用，而忽视适当负担可能具有的积极价值，也才能为减负设置合适的底线，而不是一味追求政策要求上减负的硬性规定，从而忽视学习效果层面，导致"任务减到底，质量也降到底"的后果，这无疑是因噎废食、削足适履。学业负担的必要性特征意味着教师要拉起一条"标准线"，过重的"负担量"和"负担种类"才需要"减"，合理的学业负担与过重的学业负担体现在"度"上，合理还是过重就是看负担与"度"的距离，意识到这一点，教师们才能明白"减负"实质上是"优化负担"，是教师在"量"上的把控和"负担结构"上的调整，不"过重"就不要减，"合理的"不要减，而且是"减轻"，不是"减掉"，不是"减"到没有。如果忽视这一点，就会陷入以教学质量为代价达成减负表面标准的"拆东墙补西墙"的泥潭中。

（二）明晰学业负担的主客统一性，为轻重权衡立标准

学业负担具有主客二重性，其客观性表现在一定的学业负担是学生

完成学习任务所必需的，是学生之所以成为学生这一特定角色不可避免要承担的。学业负担的主观性表现为两个层面，第一，不同的学生对于相同的学习任务所感受到的压力值高低不一。第二，同样的学生在不同时间维度对同样的学习任务所感受到的压力值高低不一。这是由于学业负担是学生学习时间、学习数量、学习精力、情感投入以及压力感受的复杂函数方程，个体对学习时间长短的认知，任务时间跨度的感知、任务难易程度的判断等，都受到中小学生个体的学习态度、学习期望、学习目标、学习环境、学习能力、学习策略等主客观因素的影响。学习态度端正、学习期望切适、学习目标明确、学习策略丰富的学生，有较高的学业负担承受限阈，学习信念低、学习信心弱、学习兴趣薄、学习能力低的学生，有较低的学业负担承受限阈。

　　教师只有明晰学业负担的主客统一性，才能为轻重权衡立标准。对学业负担的评价和量度分为主客两个层面。既包括了对学校层面有关上课时间、作业时间、课程教学、考试、测验等客观因素的测量和评价，也包括了中小学生个体对学习任务、学习难易程度，对学习的自我效能感等方面的主观体验和个人感受。教育行政部门通过对一定年龄阶段的学生生理、心理情况展开调查研究，得出这一阶段学生能承受的学习时间和任务量的阈值，并通过政策文件的形式对学业负担量进行刚性规定，包括在校学习的统一时间、校外完成学习任务的时间、作业量、考试测验频率、睡眠时间等等。教育行政部门只能从宏观出发，立足普适性、一般性，将学生看作处于一定年龄阶段的具有同样身心特点的抽象的人，提出适宜于"群体"的政策规定。而教师，作为学生学习活动中朝夕相处的亲密伙伴，作为学生学业负担的直接调控者，应该将学生看作活生生的具体的人，性格有差异，能力有高低，兴趣有浓薄，对待学业负担问题也应持具生化态度，有差异、个别化、具体化地考量学业负担的轻重，认识到负担既是负担物与负担承受者间的相互作用，更加体现为学生面对负担物所产生的主观的压力型感受。而不是将负担简单归结等同于负担物自身，重视负担的客观性而忽视了其主观性。

（三）明了学业负担的非确定性，为合理优化寻路子

正是由于学业负担所包含的主观性因素决定了学业负担的非确定性，非确定性指学业负担具有个体性、具体性和独特性，学习负担轻重的量度因人、因时、因具体的学习情景而异，不同的学习个体因为对学习任务的主观认识、期望、态度、价值判断不同，及受自身素质、学习能力、学习环境等客观因素的影响，对学业负担的认识和感受具有鲜明的个性差异。具体来说，取决于每一个学生个体的生理和心理承受能力的强弱和身心健康水平的高低；取决于个体的学习需要与自我发展动力的强弱；取决于学生提高学习成效的潜能大小；取决于学生是否热爱学习和热爱劳动的态度和价值观念。引入非确定性假设，学生学业负担就不再是简单的"过重"问题，而是一个需要个性化量度、弹性化调控的比较和相对的问题。

教师只有意识到学业负担的非确定性，才能为合理优化寻路子。避免过度依赖外部干预减轻（少）学业负担物（数量），忽视负担承受者面对与处理负担物时的心理感受，以及不同承受者对同一负担物感受的差异性，陷入无效又无望的努力当中。一视同仁的"减法"，尽管会产生一定的积极作用，但有时结果却会事与愿违：使得原本觉得负担过重的学生"物减而神不减"，即减少了学习任务量却没有减少心理负担，如那些学力不济且畏惧学习的学生；而那些原本觉得负担不重甚至较轻的学生则感到减得过头，几乎无事可做了。因此，虽然减轻外在负担物的具体数量是减负措施中常见的手段，但是却显得不太"高明"。教师需要深究负担的内涵和减负的本质，认清学业负担的生成与量度都是主观认知的结果，减轻学业负担从另一层面来讲就是提升学生学业负担承受的阈值，而学生的学习态度、学习期望、学习目标等主观因素，学习能力、学习策略、学习成就和学习环境等客观因素是深刻影响学业负担主观认知的关键因素。倘若教师牢牢抓住这些关键因素，发挥教师教育教学的力量，以它们为突破口，就能真正在减负的同时达到质量的保障和提升。

二、对学业负担轻重的判断是教师参与负担优化的关键

如果说教师对学业负担本质的清晰理解是其参与解决学业负担问题的前提，那么在此基础上对学业负担的轻重权衡就是解决学业负担问题的关键第一步，就如同医生的号脉问诊环节，只有搞清楚病症，才能正确归因、对症下药。同样的，要优化学业负担，就要搞清楚以何种因素权衡学业负担的合理性及合理程度，这包括对学业负担的表征判断和对学业负担的轻重测度两个方面。

（一）从主客两个层面出发表征学业负担

由于学业负担有主客统一性，既是教育实施者（如学校）施加到学生身上统一的可以量化的客观物，又是学习者在学习的过程中，以其个人以往的体验经历，对课业内容所施加给他们的某种责任、义务与压力的一种主观的身心上的体验。[①] 因此，教师对学业负担轻重的判断应从主客结合的层面出发，单只以某一层面为标准进行的判断都是有失偏颇的。分析学生的学业负担的具体表征时，应该包括以学习时间和任务量为代表的外显的、具体的、客观的因素，以及以学生生理体验和情绪感受为代表的主观的、抽象的因素两大类。[②] 客观因素上表现为上课时数过多、作业量大、学习时间过长以及简单机械的重复性训练过于频繁，即学生承载的学习时间和学习任务在绝对量上超过学生的身心承载能力。主观因素上表现为学习个体因感受到学习时间太长、任务太重、效果不好等而产生负面的情绪体验，并由此产生某种生理疾病或心理偏

---

① 肖建彬：《学习负担：涵义、类型及合理性原理》，《教育研究》2001 年第 5 期，第 53 - 56 页。

② 顾志跃：《中小学生学业负担问题》，《教育科学研究》2004 年第 11 期，第 15 - 16 页。

差，如视力减退、厌学情绪、考试综合征等。[①] 因此，教师认识学业负担的表征时，既要从整体上、宏观上把握国家、社会、学校层面对中小学生在教育目标、学习任务上的具体要求，考虑到整体平均合理的负担水平，又要从个体上、微观上深入了解中小学生的价值观念、学习效果，将两者进行有机结合，联动分析。

（二）从个体化角度出发测度学业负担

由上而论，学业负担的表征需从主客二层展开，相比而言，主观层面学业负担的分析和判断更为复杂。一般来说，学生的学业负担与客观层面的学习时间和任务量成正比，但与此同时，学习时间和任务量并不直接决定中小学生对学习负担的主观感受，即同样的学习时间和任务强度，不同的学习个体受到自身因素的影响，其产生的学业负担感受可能并不一致。个体对学习时间长短的认知、任务难易程度的判断等，都受到中小学生个体的学习态度、学习动机和学习期望等主观因素，以及学习能力、学习策略、学习环境和学习效果等客观因素的影响。因此，不能只凭借统一任务量对学生学业负担进行测度，而要针对某个具体的承担者，从认知、情绪、行为三方面入手，准确把握"负担的轻重"及"轻重程度"，具体来说，学业负担过重的学生在认知上表现为认知疲倦，呈现出认知功能弱化的状态，例如对新事物反应迟钝、注意力不集中、记忆力下降、思维僵化等；在情绪上表现为低落、羞愧、厌烦、迷茫无助，感觉无所适从，甚至体验到焦虑紧张、痛苦绝望；在行为上表现为缺乏目的性、坚持性，遇见挫折就退缩、逃避，容易悲观失望、缺乏信心，总是感觉自己不能很好地完成认知任务，学习自觉性差、学习坚韧性差和学习自制力差，甚至对学习持回避、放弃和抵抗态度。只有如此，才能立足于学业负担的个体性、具体性和独特性，因人而异、因时而论，而非一刀切、一锅端，才能真正准确判断每个学生的学业负担

---

① 艾兴：《中小学生学业负担：概念、归因与对策——基于当前基础教育课程改革的背景》，《西南大学学报》（社会科学版）2015 年第 7 期，第 93 – 97 页。

程度。

（三）以"质""量"兼顾为原则测度学业负担

我国中小学生的课业负担问题表现出"量重质轻"的特点。[1] 课业负担过重只是不需要的负担，即无效的、低效的、负效的教育劳动（学与教的活动）太多了，而有效的、高效的、正效的教育劳动含量太低了。[2] "太重"主要表现学生的学习方式已经基本上模式化、套路化，死记硬背、重复抄写、机械训练的频率过高。"太轻"表现为学习主要是局限于接受现成的知识，学生的学习过程在很大程度上被教师的教所替代，教学过程中教师主导作用与学生主体性发挥不足，从学习的"质"上来说，学生的学业负担向"较轻"倾斜。当下以负担物的具体数量来评判学业负担是否过重或减负工作是否到位大多侧重"数量"的减少，虽然操作方便，可感性强，但其忽视了深究负担的内涵和减负的本质，难以达到"减在心灵"的效果。因此，教师对中小学生学习负担的分析应该有一种辩证的和复杂的思维方式，既要看到学生学习负担过重的一面，又要看到负担过重背后所隐匿的负担较轻乃至过轻的一面；既关注负担"量"的方面，也重视负担"质"的方面，即结构合理性方面，以"质""量"兼顾为原则测度学业负担。

三、对学业负担归因的主体担当是教师引领量力负担形成的核心

找准病因，把握病例的关键，其中，学生的"学"是学业负担产生之内源，但教师的"教"才是"正本清源"之关键。一线教师只有清楚并认同这一点，才能树立起学生学业负担优化的主题担当意识，进而引领量力负担的形成。

---

① 扈中平、刘朝晖：《减负：不仅仅是"减"》，《教育研究与实验》2004 年第 3 期，第 45 - 48 页。
② 刘合荣：《学业负担问题：理性的事实判断与缓解策略》，《教育研究与实验》2008 年第 5 期，第 7 - 12 页。

（一）学生的"学"是学业负担产生之内源

学业负担问题的出现，产生于两个原因：[1] 其一，学生承载的学习时间和学习任务在绝对量上超过了学生的身心承载能力，在普遍意义上给学生带来了过重的学习负担。由于部分地区、学校或教师，对学生的学习目标和课程教学提出了比国家统一课程标准更高的新要求，导致学习时间、学习任务的绝对量使学生难以承载。其二，学习个体在主观上感受到学习时间太长、任务太重、效果不好等而产生负面的情绪体验，并由此产生某种疾病或心理偏差。针对第一个原因，教师应根据青少年儿童的身心发展规律以及所处的不同层次、类型、教育的培养目标适当削减过重的学习任务、缩短过长的学习时间。但是，简单机械地从负担物数量出发，一味削减学习任务量并不是解决学业负担问题的最佳途径，因为学业负担是一个常量，随意和过分的删减会导致学习效果的大打折扣，以学习质量为代价换取学业负担的缓解是无异于饮鸩止渴的盲目行为。仅在学业负担问题产生的外围因素打转，难以就其内核，解决学业负担问题就要优化学业负担，应综合协调内外部因素，重点考虑内部因素，即扩大学生学业负担承受的限阈，提升学生的学习效能，而学习效能是一个由学习态度、学习动机、学习期望、学习策略、学习能力、学习环境等多因素组成的复杂方程。其中，端正的学习态度、合理的学习动机、切适的学习期望能促使学生在学习过程中敢于逆水行舟、迎难而上，促生敢于直面学习苦旅中暴风骤雨的气魄和胆识，积极开发高效的学习策略、提升学习能力、寻求更优的学习环境。同时，学习策略的优化、学习能力的增强、学习环境的优化更能正向刺激学习态度、学习目标、学习期望等因素的协调与发展。这些因素之间环环相扣，形成学业负担问题解决的突围之势，几者之间息息相关、共生共长，共同作用于学习任务和目标的选择过程、认知因素的调节过程、非认知因素

---

[1] 艾兴：《中小学生学业负担：概念、归因与对策——基于当前基础教育课程改革的背景》，《西南大学学报》（社会科学版）2015 年第 7 期，第 93 - 97 页。

的控制过程，从而最终落脚于学业负担问题的解决上来。

（二）教师的"教"是"正本清源"之关键

要提升学生学习效能，扩大学生学业负担承受的限阈，最直接、最关键的责任人还是教师。由前所述，学生，尤其是义务教育阶段的学生在生理、心理各方面尚未成熟，他们尚不具备或欠缺自觉、自愿和自律地自我调节学习效能、自我优化学业负担的能力。因而，教师作为学生学校生活中的直接影响者、教育教学生活的主导者、学生身心发展的领路人，必然担负起引领学生、帮助学生摆脱学业负担失衡这一"紧箍咒"的责任。学生学业负担的过重与教师的教学认知、期望、能力、策略等直接相关，教师既可以成为学生乐学、好学、会学的引路人，也可成为学生苦学厌学、误学的"导火线"。[1] 其中，教师主观层面的学业负担观和客观层面的教学能力是影响学生学业负担的核心因素。从主观负担观来看，教师对于学业负担本质的认识、学业负担表征的判别、学业负担影响因素的剖析直接影响教师的教学认知、教学情绪和教学期望。例如，持有正确的学业负担观的教师能清晰地认识到自身的教学活动，特别是课堂教学对学生学业负担感知的强大影响力，因此愿意带着饱满的精神和愉快的情绪进入课堂，给学生营造积极向上的学习环境，并持续对所有学生抱有合理期望，注意时常给予信任和表扬以给他们带去奋发向上的能量和动力。从客观能力来看，拥有丰富的教学策略和较高教学能力的教师能够制定清晰明确的教学目标，恰当地选择和组织教学内容、生动有趣的组织教学活动、客观全面地评价学生。这样的教师能在最短的教学时间内传授给学生尽可能多的知识，把复杂、枯燥的教学内容简单化、趣味化，使得学生"乐学"、"善学"，达到较高的教学效率，收获较高的"学习效率"，从而减轻学业负担。教师主观层面的学业负担观和客观层面的教学能力是教师影响学生学业负担的逻辑所

---

① 靳玉乐、张铭凯：《探寻学业负担与教学效能的关系——基于新世纪以来文献的分析》，《课程·教材·教法》2015 年第 5 期，第 3－11 页。

在，其中主观层面的学业负担观是教学能力优化的前提和根基，只有树立正确的学业负担观，教师才能意识到自身是调控学业负担的乘方因子，树立对学业负担归因的主体担当，进而才能从自我层面入手，提升教学能力，改进教学策略。综上所述，虽然学生的"学"是学业负担产生之内源，但教师的"教"才是"正本清源"之关键，教师只有意识并深刻体会这一点，才能树立"责任人"意识，充分发挥教师与学生"接触机会多"、"了解程度深"、"调控效果快"等优势，充分合理解读每一个孩子作为独立的、具体的、生动的个体对学业负担不同的承受限阈，量身策划"量力负担"，以合理的强度刺激学习活动开展的同时，又兼顾学生的身心健康。

第二节 教师认知学业负担的现实表现

学生学业负担过重问题长期以来影响着我国基础教育事业的发展，不仅对学生的身心健康造成危害，而且严重阻碍着素质教育的顺利实施。通过对教师教学情况的调查，分析教师对学生学业负担的认知，有助于促进教师反思自身的教学理念与实践，从而调整教学方法和内容，提高自我发展的自觉性，从根本上解决基础教育学生学业负担轻重的动态平衡问题。

一、调查目的

教师是影响学生学业负担过重的直接关系人，教师对学业负担价值认识的失衡导致其走上一味以增加作业量为手段达成学业成绩提升目的的歧途。教师对班级学生学业负担轻重判断的偏颇和乏力更是容易使学生陷入更加严重的学业负担困境中。因此从教师的角度来正确认知学业负担，深刻剖析学业负担与学生发展的关系，使学业负担科学化与合理化，有助于教师的自我反省和调整，提高教师教学技能，从而真正减轻学生学业负担，调动学生学习积极性，进而促进基础教育的优质发展。

二、调查对象

调查小组在辽宁、甘肃、天津、河北、浙江、山东、河南、广东、广西、重庆、云南等省市区对中小学教师进行抽样调查，共发放问卷（3000）份，回收2380份，回收率（79.33%）。

表6.1　调查对象所在省份（单位:%）

	频率	百分比	有效百分比	累积百分比
辽宁	278	11.7	11.7	11.7
甘肃	202	8.5	8.5	20.2
天津	269	11.3	11.3	31.5
河北	67	2.8	2.8	34.3
浙江	265	11.1	11.1	45.4
山东	220	9.2	9.2	54.7
河南	362	15.2	15.2	69.9
广东	174	7.3	7.3	77.2
广西	69	2.9	2.9	80.1
重庆	317	13.3	13.3	93.4
云南	157	6.6	6.6	100.0
合计	2380	100.0	100.0	

就有效问卷而言，调查对象分布情况如下：从地区来看，辽宁省占11.7%，甘肃省占8.5%，天津市占11.3%，河北省占2.8%，浙江省占11.1%，山东省占9.2%，河南省占15.2%，广东省占7.3%，广西壮族自治区占2.9%，重庆市占13.3%，云南省占6.6%。

三、调查内容

（一）调查对象的基本情况

1. 调查对象的男女比例

就有效问卷来看，调查对象中男教师占 32%，女教师占 68%。（见图 6.1）

2. 调查对象的任教学校所在地

就有效问卷来看，调查对象的任教学校所在地中，任教于城市学校的教师占 52.1%，县城教师占 21.3%，农村教师占 26.6%。（见图 6.2）

性别

男：■
女：□

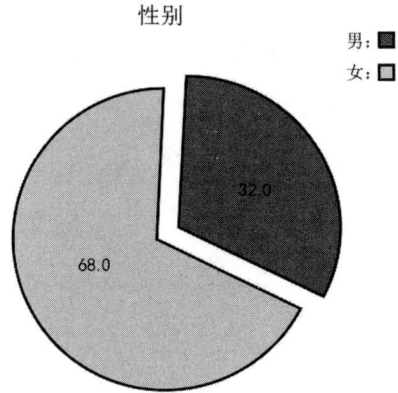

图 6.1　调查对象的男女比例
（单位：%）

学校所在地

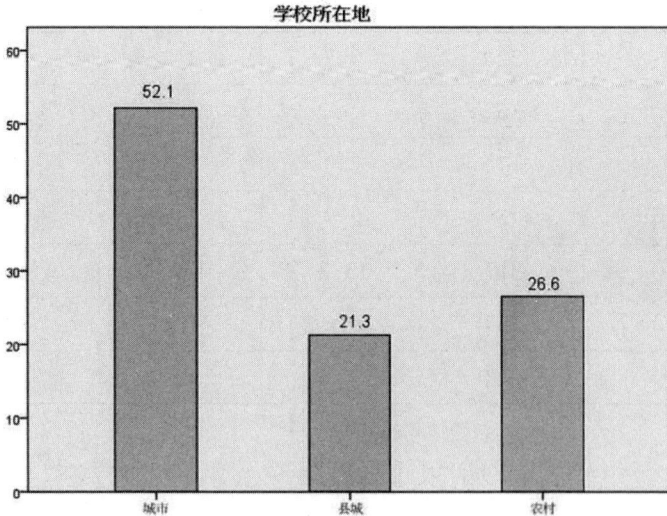

图 6.2　调查对象的任教学校所在地（单位：%）

3．调查对象的任教年级

就有效问卷来看，调查对象中，任教于四年级的教师占8.2%，五年级教师占8.9%，六年级教师占9.2%，即小学教师占26.3%；七年级教师占13.2%，八年级教师占12%，九年级教师占12.1%，即初中教师占37.3%；高一年级教师占14.1%，高二年级教师占13.3%，高三年级教师占9%，即高中教师占36.4%。（见图6.3）

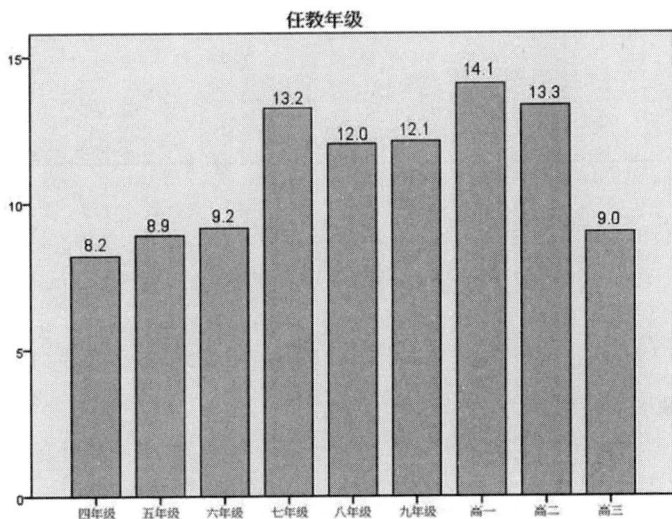

图6.3　调查对象的任教年级（单位:%）

4．调查对象的主要任教科目

就有效问卷来看，语文教师占24.0%，数学教师占20.7%，英语教师占16.5%，化学教师占5.6%，历史教师占5.4%，地理教师占3.8%，科学教师占2.1%，生物教师占3.4%，物理教师占6%，思想政治教师占5.8%，计算机教师占1%，体育教师占2.4%，艺术教师占2.5%，其他教师占0.9%。（见图6.4）

5. 调查对象的教龄

就有效问卷来看，教龄为0-5年的教师占16.5%，教龄为6-10年

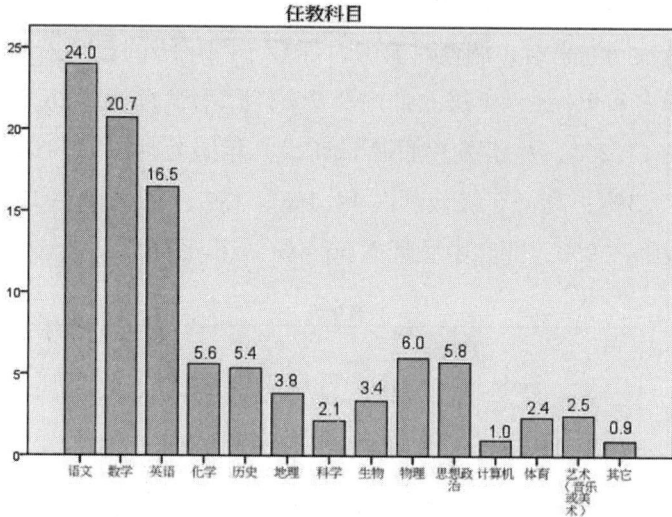

图6.4　调查对象的任教科目（单位:%）

的教师占19.8%，教龄为11–15年的教师占21.5%，教龄为16–20年的教师占18.8%，教龄为21年以上的教师占23.4%（见表6.2）。

表6.2　调查对象的教龄（单位:%）

	频率	百分比	有效百分比	累积百分比
0–5年	393	16.5	16.5	16.5
6–10年	472	19.8	19.8	36.3
11–15年	512	21.5	21.5	57.9
16–20年	447	18.8	18.8	76.6
21年以上	556	23.4	23.4	100.0
合计	2380	100.0	100.0	

（二）教师对学生的学习任务认知情况

1. 学生每天在校的学习时间长短

就有效问卷来看，3.3%的教师认为"学生每天在校的学习时间很长"这一项完全不符合现实情况，8.2%的教师认为不太符合，24.4%的教师认为一般，28.7%的教师认为比较符合，35.4%的教师认为非常符合。由此看来，64.1%的教师认为学生每天在校的时间很长。（见图6.5）

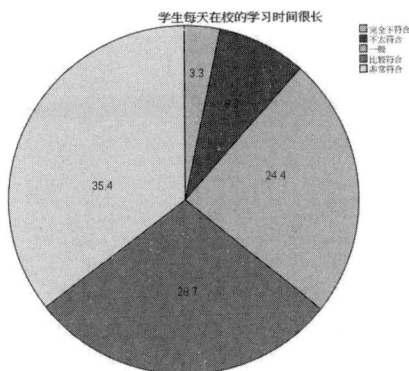

学生每天在校的学习时间很长

2. 学生对所学内容的理解程度

图6.5 学生每天在校时长（单位:%）

在调查中，5.7%的教师认为"学生对所学的内容理解起来很费劲"与现实情况完全不符合，29.4%的教师认为不太符合，34.7%的教师认为一般，23.1%的教师认为比较符合，7.1%的教师认为比较符合。由此看来，35.1%的教师认为学生所学的内容理解起来不费劲，30.2%的教师认为理解起来费劲。（见下页图6.6）

3. 教师给学生安排的学习任务情况

从教师给学生安排的学习任务的轻重来看，9.5%的教师认为"老师们给学生安排的学习任务很重"与现实情况完全不符合，22.4%的教师认为不太符合，40.5%的教师认为一般，20.3%的教师认为比较符合，7.4%的教师认为完全符合。由此看来，31.9%的教师认为给学生安排的学习任务不重，27.7%的教师认为学生学习任务重。总体来看，大部分教师认为给学生安排的学习任务不重。（见下页图6.7）

4. 学生应付各种测验和考试的程度

从"学生疲于应付各种测验和考试"的调查结果来看，5.9%的教师认为完全不符合，16.9%的教师认为不太符合，31.3%的教师认为一般，30.4%的教师认为比较符合，15.5%的教师认为比较符合。由此看来，

学生对所学的内容理解起来很费劲

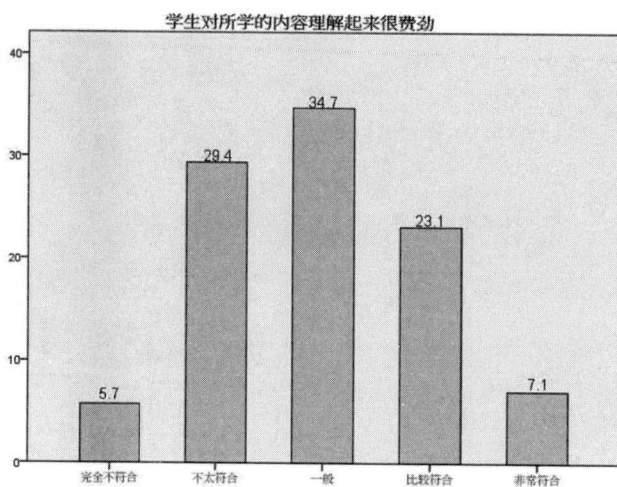

图6.6 学生对所学的内容理解起来很费劲（单位:%）

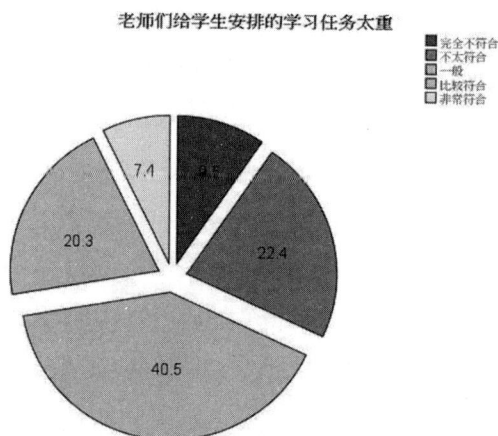

老师们给学生安排的学习任务太重

图6.7 老师们给学生安排的学习任务太重（单位;%）

22.8%的教师认为学生没有疲于应付各种测验和考试，45.9%的教师认为学生的确忙于应付各种测验和考试。（见表6.3）

表6.3　学生疲于应付各种测验和考试（单位:%）

		频率	百分比	有效百分比	累积百分比
有效	完全不符合	140	5.9	5.9	5.9
	不太符合	402	16.9	16.9	22.8
	一般	745	31.3	31.3	54.1
	比较符合	724	30.4	30.4	84.5
	非常符合	369	15.5	15.5	100.0
	合计	2380	100.0	100.0	

5. 学生各科的作业量

从学生各科的作业量来看，8.7%的教师认为班上"学生各科的作业太多"完全不符合现实情况，19.2%的教师认为不太符合，38.2%的教师认为一般，23.0%的教师认为比较符合，10.8%的教师认为非常符合。由此看来，27.9%的教师认为班上学生的作业量不多，33.8%的教师认为学生的作业量多。（见图6.8）

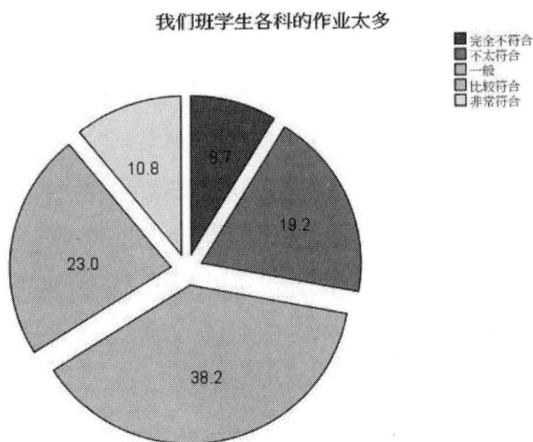

图6.8　我们班学生的各科作业太多（单位:%）

（三）学业负担与学生发展的关系

从"一定的学习负担能促进学生更好地发展"的调查来看，1.3%的教师认为完全不符合，4.3%的教师认为不太符合，17.5%的教师认为一

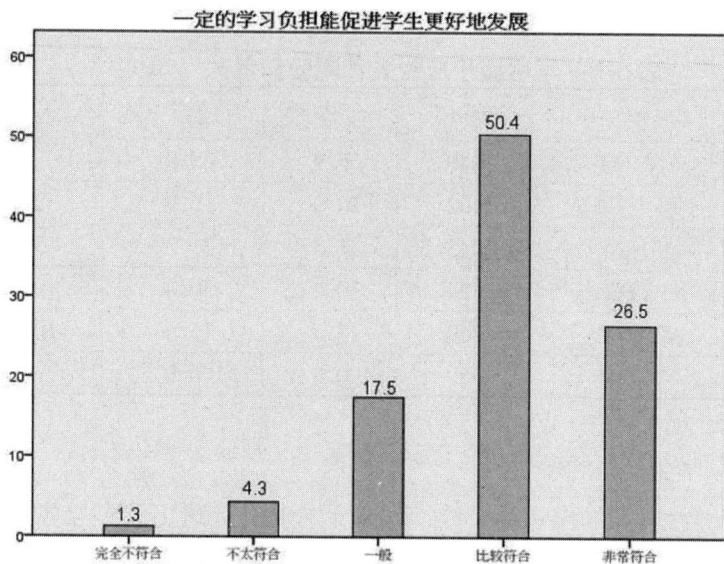

图6.9 一定的学习负担能促进学生更好地发展（单位:%）

般，50.4%的教师认为比较符合，26.5%的教师认为非常符合。由此看来，仅有5.6%的教师认为不符合，76.9%的教师认为一定的学习负担能促进学生更好地发展。（见图6.9）

四、调查结果

（一）教师认知学业负担的直接表现

从《教师教学情况调查问卷》的结果来分析，大部分教师以学生在校时间长短、各科作业量多少来判定学生学业负担的轻重，对学生学业负担的认知缺少整体把握，虽然意识到学生学业负担超出学生可以承受的范围会造成学生身心的损害，但是对于如何优化学业负担，使学业负担合理化没有自己的看法，教学反思有所欠缺。

（二）教师对学业负担的认知差异性

1. 不同城镇化水平学校的教师对学业负担的认知差异

表6.4　不同城镇化水平学校的教师对学生学习任务的认知差异

学校所在地		N	alpha = 0.05 的子集	
			1	2
Tukey HSDa，b	城市	1241	2.83	
	农村	632	2.88	
	县城	507		3.28
	显著性		.689	1.000
Scheffea，b	城市	1241	2.83	
	农村	632	2.88	
	县城	507		3.28
	显著性		.713	1.000

将显示同类子集中的组均值。

a. 将使用调和均值样本大小 = 688.000。

b. 组大小不相等。将使用组大小的调和均值。将不保证 I 类错误级别。

不同城镇化水平学校的教师对于学生在校时间长短、学生所学内容的难易程度、学生的学习任务、作业量等方面的认知都有差异，一部分教师认为当前的学业负担是合理的，另外一部分教师认为当前的学业负担过重。造成差异的原因是多样的，一是不同城镇化水平学校的教师教学技能是不一样的，因此课堂教学效率不一样，由此给学生带来的学业负担也是不一样的；二是不同水平的学生对于同样的学习内容所反应出来的学习负担也是不尽相同的，由此也影响着教师们对学业负担的认知。（见表6.4）

2. 不同任教年级的教师对学业负担的认知差异

中小学生的学业负担并非整体性的重或轻的问题，不同任教年级的教师对学业负担的认知是不同的。各个学习阶段的学业负担不尽相同，因此教师对此的认知也存在差异。（见表6.5）

表6.5　不同任教年级的教师对学生在校时间长短的认知（单位:%）

任教年级		N	alpha＝0.05 的子集			
			1	2	3	4
TukeyHSDa, b	五年级	212	3.19			
	四年级	195	3.31			
	六年级	218	3.32			
	八年级	286		3.74		
	九年级	288		3.83		
	七年级	315		3.90		
	高二	317			4.25	
	高一	335			4.25	
	高三	214			4.38	
	显著性		.874	.701	.874	
Scheffea，b	五年级	212	3.19			
	四年级	195	3.31			
	六年级	218	3.32			
	八年级	286		3.74		
	九年级	288		3.83		
	七年级	315		3.90	3.90	
	高二	317			4.25	4.25
	高一	335			4.25	4.25
	高三	214				4.38
	显著性		.977	.925	.053	.977

将显示同类子集中的组均值。

a. 将使用调和均值样本大小＝254.322。

b. 组大小不相等。将使用组大小的调和均值。将不保证 I 类错误级别。

3. 不同任教科目的教师对学业负担的认知差异

中小学生的各科的学业负担是不一样的，因此不同任教科目的教师

对学业负担的认知是有差异的。（见表6.6）

表6.6 不同任教科目的教师对学生所学内容难易程度的认知（单位:%）

	任教科目	N	alpha=0.05 的子集		
			1	2	3
TukeyHSDa, b	计算机	23	2.43		
	其他	22	2.59	2.59	
	艺术（音乐或美术）	59	2.63	2.63	
	语文	571	2.80	2.80	2.80
	思想政治	137	2.85	2.85	2.85
TukeyHSDa, b	科学	51	2.98	2.98	2.98
	数学	493	2.99	2.99	2.99
	体育	56	3.00	3.00	3.00
	历史	128		3.02	3.02
	地理	91		3.03	3.03
	化学	134		3.06	3.06
	英语	392		3.07	3.07
	生物	80			3.23
	物理	143			3.32
	显著性		.060	.230	.117
Scheffea, b	计算机	23	2.43		
	其他	22	2.59	2.59	
	艺术（音乐或美术）	59	2.63	2.63	
	语文	571	2.80	2.80	
	思想政治	137	2.85	2.85	
	科学	51	2.98	2.98	
	数学	493	2.99	2.99	
	体育	56	3.00	3.00	
	历史	128	3.02	3.02	

续表

任教科目		N	alpha = 0.05 的子集		
			1	2	3
Scheffea，b	地理	91	3. 03	3. 03	
	化学	134	3. 06	3. 06	
	英语	392	3. 07	3. 07	
	生物	80	3. 23	3. 23	
	物理	143		3. 32	
	显著性		. 068	. 151	

将显示同类子集中的组均值。

a. 将使用调和均值样本大小 = 69.056。

b. 组大小不相等。将使用组大小的调和均值。将不保证 I 类错误级别。

4. 不同教龄的教师对学业负担的认知差异

不同教龄的教师对学业负担的认知存在差异性，新手教师和专家型教师对于学业负担的理解和认识是不一样的，因此对于学业负担的认知差异也是客观存在的。（见表 6.7）

ANOVA

表 6.7　不同教龄的教师对学业负担的认知差异

		平方和	df	均方	F	显著性
6. 学生对所学的内容理解起来很费劲。	组间	20.943	4	5.236	5.094	.000
	组内	2441.021	2375	1.028		
	总数	2461.964	2379			
32. 一定的学习负担能促进学生更好地发展。	组间	7.869	4	1.967	2.719	.028
	组内	1718.374	2375	.724		
	总数	1726.243	2379			
39. 我们班学生各科的作业太多。	组间	34.949	4	8.737	7.359	.000
	组内	2819.883	2375	1.187		
	总数	2854.832	2379			

（三）教师对学业负担的认知一致性

从"一定的学习负担能促进学生更好地发展"的调查来看，仅有 **5.6%** 的教师认为不符合，**76.9%** 的教师认为一定的学习负担能促进学生更好地发展。此外，不同城镇化水平学校的教师、不同任教年级的教师、不同任教科目的教师、不同教龄的教师，都在这个问题上持相同的观点，认为一定的学业负担是可以促进学生更好地发展的。学业负担是学生为实现其全面发展的目的而应承担的任务和责任。学生是为了学习和发展而来的，不可能没有负担，必要的负担是促进学生成长和发展的推动力，由此看来，大部分教师在学生学业负担与学生发展关系的认知上达到一致的高度。

五、思考建议

（一）正确认知学业负担

根据本次调查结果，学生学业负担不仅仅指学生在校时间长短、学生所学内容的难易程度、学习任务的轻重、各科作业量多少等表面的问题。学生的负担表面上看好像是作业量多少的问题，其实是涉及教育方法、教育观念、教育思想的深层次问题。减轻学生负担实质上是教育观念、教育思想的一次革命。优化学业负担结构对于学生全面发展，全面提高教育质量具有重要意义。因此，要想真正减轻学生的负担，就必须以全面素质教育为指导，在观念上更新，在方法上创新，对教育进行全面改革。此外，减轻学生学业负担不是一个绝对的号召，也不是通过落实"一刀切"的政策能够解决的问题。针对教师对学生学业负担的认知差异，分析学生学业负担是否真正过重应从每个地区、每个年级、每个科目的实际情况出发，不能一概而论。

（二）反思教师自身素质

学业负担轻重问题和教师自身素质息息相关。减轻学生学业负担的关键是提高教师的素质。首先，减负，教师的教学水平是关键。减负实际上是给教师提出了更高的要求，只有提高了教师的自身素质，才能让教师变被动减负为主动减负，每个教师才能具有适应减负需要的教育观念、教育思想和方法，以及减负不减质量的本领。其次，减负要求教师从促进学生的发展、提高学生素质的角度来探索优化学生不合理学业负担的途径，因此要求从事素质教育的教师本身具有良好的素养，包括职业道德修养、专业学科技能、教育心理学素养和一定的人文修养等。教师要及时反思自己的行为是否合理，是否会对学生产生不良的影响，要试图体会学生的内心体验，这样才能建立融洽的师生关系，真正以学生为主体，促进学生积极主动地发展。

（三）提高教师教学技能

教师自身素质跟不上时代发展的要求是导致学生学业负担过重的原因之一，因此提高教师自身素质是减轻学生学业负担的根本保证，教师素质的高低直接决定课堂教学效率的高低，决定着教师能否在有限的45 分钟内完成预定的教学目标和教学任务。根据学业负担模型：学校学习 = f（消耗时间 × 学生能力 × 教师讲授质量/学习任务），提高学生的学习效果，完全可以从提高学生能力和教师讲授质量两方面来考虑，而不是简单地从增加学习任务量和学习时间来考虑。教师在教学过程中转变教学观念，积极探索和实践新的教育方法，要带领、引导学生领会理解教学内容，给学生指引一条正确的思维线索，帮助学生进行分析综合，找寻探索知识结论的方向，把教师的主导作用和学生的主体地位结合起来，形成和谐融洽的师生关系，以此来调动学生的学习积极性，提高课堂教学效率，使学生在45 分钟内高效学习，从而使合理的学业负担变成学生发展的动力。只有这样，减负才能真正取得实效，素质教育才能顺利实施。

第三节　教师认知学业负担的方向选择

一、价值扶正为认知学业负担引航

教师的教育价值观，包括其教育指导思想、教育发展观、学生观、教学观等调控和引领教育教学行为的上层观念，深刻地影响着教师负担价值观的形成。长期以来，教师的教育价值观被狭隘的"工具论"所限囿，将教育的目的矮化为对升学率的功利追求，学生的发展降化为对知识点的记忆和掌握。价值观的扭曲在教育教学实践中表现为四个"异化"，即"教学质量等于学业成绩"的教学质量观的异化，"学业成绩等于考试分数"的教学评价观的异化，"教学为本等于作业为本"的教学过程观的异化[①]和"成长发展程度"等同于"升学率"的学生发展观的异化。在这样的价值体系下，学业负担成为教师追逐功利化成果的法宝，"题海战术"成为了"升学法宝"，"课业增量"俨然等同于"求分路上"的秘密武器。然而，教育的根本属性在于促进人的发展，对功利主义取向的负担价值观的一味追求只会遮蔽教育的本真，迷失教育的最终方向。只有建立以人为本的教育价值观，在教育教学活动中真正彰显人本诉求和为人的价值属性，将"人"视为教育教学中的首要因素，将"人的发展"视为教育教学的终极目的，打破将学习成绩作为发展程度界定的主要指标体系的狭隘观念，关注学生的认知结构的变化、重组和发展，多元能力的形成、发展和扩充，情感价值的萌芽、成熟与深化，教师对学业负担的测度才能拉起一根理性主义取向的准绳，"量力性"成为其合理与否的绝对标准，学业负担不再是机械训练、反复强化的后果，而是激发和调动学生学习"欲望"，推进和刺激学习进程的催

---

① 范永丽：《中小学课业负担的深层成因与综合防治》，《课程·教材·教法》2014 年第 10 期，第 52－57 页。

化剂。

匡正教师教育的价值取向包括三个方面：[1]

首先，树立整体化的共同价值观。只有全体教师确立教育的内在目的与外在目的相统一的观念，切实把教育的本体育人价值放在基础地位，摒弃"工具论"的育人观，才能真正把"减负"工作做好。[2] 在深层次上，"为人"的根本价值基点是解决学业负担问题的根本起点，[3] 这需要教师人为改变其自身价值观念并确立对学业负担的重新理解。教师通过"人为"的价值革新和价值手段建构"为人"的价值观念，以学生自由自觉发展为根本出发点和价值归属，科学认知作为主体性存在学生的认知特点、情感需求、行为表达和创意特征，真正建构起基于尊重个性、呵护自由、培育兴趣、掌握知识、启迪智慧、享受快乐等的整体教育教学价值观。如是，在全体教师关于教育内外目的相统一、学生主体性存在和超越性发展相统一的过程中塑造教师外在诉求与内在转化相一致的整体化共识价值观，只有如此，学业负担的价值才能得以回归，回归为对学生学习"欲望"的激发和调动，对学习进程推进和刺激的催化。

然后，建立差异化的多元价值观。学生作为独立的个体，具有自主性和能动性，这决定了学生在认知、情感、技能等方方面面都不可能整齐划一，差异性是学生的内在本体属性。而且，作为学习场域中的一员，学生个体又是网络的集合体，因其生命历程、社会浸润和意义生成的差异性，学生学习和成长过程是现实的、具体的和个性化的，具有"人之为人的本性的丰富性、微妙性、多样性和多面性"。[4] 因此，教师

---

[1] 罗生全、张铭凯：《观念·能力·场域：学业负担优化的教学视点》，《西南大学学报》2015 年第 7 期，第 87－92 页。

[2] 陈艳华：《论教师在"减负"过程中的作用》，《学科教育》2001 年第 7 期，第 24－26 页。

[3] 杨自伍：《教育：让人成为人》，北京大学出版社 2010 年版，第 4 页。

[4] 卡西尔：《人论》，甘阳译，上海译文出版社 1985 年版，第 15－16 页。

价值观念的内生向度应是多元的，这种多元要求教师充分理解和认识不同个体的认知、情感和行为。同时，对学生学习任务分配、情感交流和行为互动应观照个性化的特征，促进基于学生个体价值基准的价值外化，塑造具有差异化的学业负担水平观念并外化为有针对性的教学行为。从差异化的视角重塑教师的多元价值观，本质上就是要秉持人人有其才、人人可成才的价值立场。一方面在于发挥"多一把尺子"评价学生的内在价值，不断增强学生自我效能感；另一方面，更是教师教学从"经师"到"人师"跃升的境界追求，从而有效助推其教育教学效能的提升。在这样的价值坚守中，深层意义上的教学得以实践和实现。如是，教师才能真正体认学业负担的多元性、个性化、非确定性特征，为学业负担优化奠定基础。

最后，建立具身化的交互价值观。苦学、多学、深学等传统价值观的传导演绎为学生学习的量化模式，秉承简单意义上量变到质变的价值观念，不仅成为评价学业负担水平的标准，也成为提升学业质量趋之若鹜的不变砝码。实际上，这种表层意义上对学业负担的衡量错位曲解了价值生成的一般原理，而且遮蔽了学生的当前存在性价值和未来发展性价值。以外显的表象和对学习这一复杂过程的机械化认知为支撑的价值判断，实则导致了学生作为学业负担主体性的"沦丧"。然而，"凡是发生于身体中的事情，没有不被精神所知觉的"。[1] 这在深层次上启示，教师"为人"的价值观念不仅应关注学生学业量的表现，更需要深刻理解由此带来的具有个性化的身体表现，进而揭示以"为人"的价值"人为"造成学生额外负担的互动机理。教师树立通过身体反应、情绪感受、精神自主、任务难易、量变质变等的综合测度价值观，就是要其在主观与主观、主观与客观和客观与客观的三层价值交互中，重新反思、理性评价和有效改善自身的教育教学行为，这是提升其教学效能进

---

[1]　梯利：《西方哲学史》，商务印书馆 2004 年版，第 313 页。

而改善学业负担的根本基础。

二、互动升频为认知学业负担开源

从心理感知和精神体认的角度来看，教学就是一种精神互动与交流的过程，这一过程借助教学场域的特定情境完成。而从本质上来讲，教学场域的内场是师生在教学生活中建构起来的角色、人际和契约关系，是体验中的精神交互，唯有共同认可自身的角色、地位，才能理所当然承担和完成任务，不但不因外部负担成为精神负担，而且凭借精神愉悦减缓可能的身体负担，如此促进学生学业负担达到合理的水平状态。这就是说，师生主体基于有效交互，形成的关于学业负担的共识性认知，是确保教学场域的学业负担处于合理阀限的基础。此外，从个体差异性看，相同学业任务可能造成不同学生的不同学业负担感受，这取决于个体认知和情绪体验的综合反映。此时，需要彰显主体之间精神交互的主观价值，当构建起基于共同认知的任务水平、执行方式和结果认定时，学业负担将会在过重与过轻中不断调试最终取得平衡。正如上文调查数据所显示的情况，不同年级、科目和城镇化水平的教师对学生的学业负担认知是不同的，这意味着教师要根据具体学生的差异性特征衡量学业负担程度，这种个体差异性也说明，对于学业负担的测度不应是基于单一认知的一概而论，而应建基于主体交互的精神自觉之上。因此，"教育中的'减负'不应是行政部门对抽象人学习时间、学业量和学业难度的总体规定，而是要根据受教育者个体的情况而具体决定。"①

师生互动分为主观、客观、主客交互三个层面，主观层面的互动以心理认知为纽带，是学生心理及其表征与教师心理及其表征的彼此作用；客观层面的互动以教学过程为依托，是学生学习过程与教师教学过程的相依相促；而主客共现层面的互动以文化环境为内核，是文化环境

---

① 刘合荣：《学业负担问题理性的事实判断与缓解策略》，《教育研究与实验》2008 年第 5 期，第 7 – 12 页。

在教师与学生之间的相互渗透。①

其一，充分发挥心理认知的纽带作用，科学判断学生对学业负担的主观体认。由于个体认知水平的差异，学习兴趣、学习期望、学习目标的不同，导致学生对教师教学的认同度存在明显的高低之分，学生对自己所正在承担学习任务的情绪体验也有正负之别，例如同一种教学方式可能吸引一部分学生，也可能被一部分学生所排斥，同样强度的学习任务可以激发调动一部分学生的学习动力，也可能拖垮击溃一部分学生的学习期望。两者间的各行其道只会使得学业负担在教师与学生之间各说各话，解决也难以见效。这就是说，必须在教师与学生心理认知层面之间搭建沟通的桥梁，促成教师认知与学生认知的有效沟通，在这种沟通中，一方面可以促进学生在学习态度、学习情绪和学习期待等方面的及时主动跟进，另一方面有助于教师在教学认知、教学情绪和教学期望等方面的及时调适，并调整对学生学业负担的判断，及时把控学业负担变化的脉搏，从而达成"心心相印"的认知的共振，创建学生学业负担问题优化的共同心理基础。

其二，切实重视教学过程的充分互动交流的作用。课堂是产生学业负担的主要场域，教学是形成学业负担的直接根源，一是由于教学任务的统一规定性与学生学习需求的差异性之间的矛盾；二是由于教师教学能力的不足和教学策略的匮乏使得实际教学效果与预设教学目标之间的偏离。为此，着眼于师生充分有效互动的教学，就是要尽可能弹性化调试统一规定的教学任务，采用多样化的教学手段和方法以更好契合不同学生个体的学习需求，同时，还要尽可能的根据具体教学情境的随机性和不确定性，灵活调适、修正预设目标，以适应特定学生在特定情境下的实际需求，实现动态教学效果的最优化。充分互动的教学必须建立在教师客观教学效能跟进的基础上，即教学能力的提升、教学策略的适切

---

① 靳玉乐、张铭凯：《探寻学业负担与教学效能的关系——基于新世纪以来文献的分析》，《课程·教材·教法》2015 年第 5 期，第 3—11 页。

和教学环境的改良。

其三，不断关注良性文化氛围的渗透作用。文化是一个组织内部的一种思维方式，通过这种思维模式，大家分享设想、价值观和规范，从而形成个人以及团队的行为方式，改变组织的物质和人及空间。① 在学校场域内，教师学业负担的认知观在特定文化环境背景中形成、发展、相互渗透和影响，文化环境如同一个大基调，教师个人的观念、意识、态度都在此基调上生成，必然会受制丁并折射出文化环境的印痕。优秀积极的学校文化孕育科学的学生观、教学观，从而催生合理正向的负担观，反之，偏激狭隘的文化大环境下只会滋生"重结果轻过程"，"重分数轻发展"的异化教育思想，从而助长异化歪曲的学业负担认知。由此，应更好地发挥文化环境之于学业负担认知的涵泳浸润的作用，推动教师在潜移默化中构建正确认识负担价值、准确表征学业负担、合理量度学业负担的学业负担认知体系。

三、能力提升为认知学业负担奠基②

教师学业负担观的生成与嬗变确立了其引领量力负担形成的观念基础，是满足不同水平学生不同要求的根本保证，但这并不意味着就能够真实实现或可能实现，更深厚的基础在于教师应具备什么样匹配度的能力结构。深层意义上讲，对人的全面认知、科学分配学业任务、合理教育期望、良好判识个体感受、对学业负担的深刻体认等价值观念体系需要复合的教育教学能力作为保证，以此综合评判学业负担水平的合理程度，而后在教学中予以实现。无论是理论假设还是研究结论，也不论是学理演绎还是现实证据，都深刻地证明了这一点。

---

① Deal, T. , Peterson, K, *The Principal's Role in Shaping School Culture*, Washington, DC: US Government Print Office, 1998, p. 13.

② 罗生全、张铭凯：《观念·能力·场域：学业负担优化的教学视点》，《西南大学学报》（社会科学版）2015 年第 4 期，第 87 - 92 页。

教师学业负担观的升华与其教学能力提升处于互动的转化中。高效能教师能够在教学能力的运用中不断更新并升华其原有的观念体系，运用多元深厚的专业能力全面判断、认知、量度学生的学业负担感受，及时更新调整负担认知体系，进而不断改善自身的教学能力结构，达成互惠互利和互促互进的自我认知与改造模式，根据学生个体或整体的认知状态和情绪结构不断调整教学目标、教学策略和教学评价方式，使学业负担处于动态的合理结构水平中。教师教学能力提升是保证学业负担合理认知水平的"技术支撑"，教师应具有适应学生学业水平发展的基础性能力、学习能力、反思能力和科研能力，并将能力转化和升华为教育教学中不断提升的自身思想水平。教师能力提升在于三个层面，即教学基础胜任力上的能力奠基，教学实践过程中的能力发展和教学思想创生下的能力反哺。

其一，教学基础胜任力上的能力奠基。教学能力是教师开展教学活动的必要前提，教学能力的高低直接影响教学活动的效果。学业负担认知指向的教学能力旨趣在于通过教师积淀的教育教学知识和经验全面精准地体认学生的学业负担，及时从学生的情感、认知、行为层面跟进负担感受的嬗变，从而能根据学生不同发展阶段的不同水平状态合理分配学习任务、优化学习过程和采取合理的评价指标与方法，有效促进学生的全面多元发展，提升学生学业发展水平，这需要教师首先具备教学基础胜任力。教学基础胜任力是教师合理认知学业负担的能力基础，这意味着一位教学基础胜任力匮乏的教师无法精准地量度学生学业负担量和质上的失衡程度，更无法发挥良好的教学能力积极主动地参与负担调节，带领学生建立量力负担体系。简言之，教学基础胜任力是教师学业负担认知的基础，也是教师参与调节学业负担的基础。这种基础胜任力体现了教师专业的主体存在，是教师教学专业品性的重要表征。具体而言，教师要具备基本的教学设计、教学交往、教学评价、教学策略、教学管理和教学执行等能力，能够胜任不同学业发展水平学生的教学任务，并能根据教学对象、教学任务以及教学场景变换教学模式和方式，且能处理各种设想、常规乃至突发的教学问题。教师教学能力发展内在诉求着教学基础胜任力的培育和提升，而提升了教学基础胜任力又必然助推教师教学能力的发展，此二者建立起了相依相促的互动关系。这种良性关系的不断深化发展，对于刺激推进教师学业负担观的建立，并发挥教学能力之于学业负担问题解决的作用自然大有裨益。

其二，教学实践过程中的能力发展。从系统论的角度审视教学，其处于一个不断变化、调适、更新的动态系统过程中，不存在一成不变的万能教学。这是因为，个体知识结构的代际性提升、社会文化演进的观念革新以及教育教学技术手段的持续变革需要教师教学能力的与时俱进。在具体教学实践过程中，教师要能根据学生知识结构变化、社会深层变革并运用现代化教育教学手段适应教学新要求，从而具备超强的学习能力、持续的反思能力和突出的科研能力。具体来看，教师在教学实践过程中促成自身教学能力的发展，一是要通过提升学力水平、不间断进修和多元化自学将丰富庞杂的知识体系融入其能力体系，以此提供能力发展源源不断的给养；二是通过反思自身、同事和同行的教学提升自身教学策略选择、教学机智创生和教学执行等复合能力，以此探索能力发展的反思性路径；三是通过研究教学新情况新问题提升教学效率，转化教学成果，以此在教学实践的有效生成中推进能力发展，最终创新教学、创意学习和创造教育。

其三，教学思想创生下的能力反哺。教学思想是教学活动的内源性动力，其之于教学预设的指引、教学进程的推动、教学生成的提炼、教学反思的开展等都具有不可忽视的隐性力量。一定意义上讲，有什么样的教学思想就会有什么样的教学活动。然而，教学思想的生发和形成不会是凭空的，其产生于创新教学中，是教师主观认知、客观知识和实践创新共同作用的结果。已形成的教学思想不断丰富教师自身的观念体系并指引教师运用于多变的教学场景之中，通过反省监控其能力认知、能力转化和能力发展的各个环节，进而推动其能力效度的提升。在此过程中，基于教师专业自觉发展之上的能力提升孕育了其教学思想的产生，而不断修正凝练而成的教学思想又在引导教学实践的过程中反推了教师能力的发展。在教学思想与教学能力的互动中，具备教学思想产出的教师能革新其观念体系、变革其能力结构，能提升自身的教学水平进而促进学生的学业发展，使学生在乐学、会学的基础上自然而然达成既定的学业目标，从而保证了学生合理学业负担水平的阈限。

综上所述，只有从以上价值、互动、能力三个层面展开，才能真正为教师学业负担的合理认知萌芽、生长搭建温暖的巢床。只有当教师真正理解学业负担作为一个具有多元主体和多重逻辑问题的复杂性所在，学会运用复杂性思维去审视它、驾驭它，以整体的、辩证的、发展的眼光去解析它的内涵与构成时，才能真正摒弃调查数据中所显示的单纯以外在负担物的多少量度学业负担轻重的路径，转而关注学生学业负担的个人差异性，认准对于不同阶段的不同主体来说，哪些负担是过轻的，哪些负担是过重的，哪些负担是可以承受的，哪些负担是难以承担的，树立学业负担的增减辩证观，真正体认学生情感与认知层面的压力。当陈旧的教育观念和价值取向被打破，科学合理的学业负担观念体系逐渐成熟，新观念的浪潮必然掀起技术层面的革新，落后的教学方法和手段被摒弃，复合的教学能力结构和良好的教学依存场域开始形成，教师真正成为学业负担的直接调控者和帮助学生形成量力负担的引导人。

第七章

学业负担治理的社会机制

学生学业负担过重不仅是一个简单的教育问题，更是一个复杂的、不可回避的社会现象，过重的学业负担不仅会阻碍学生学习成绩的提高，还会影响学生身心的健康发展，是对青少年学生的一种"变相体罚和精神虐待"。因此，学业负担问题牵动着亿万中国人的心，社会是教育的起点和出发点，教育问题反映了一定的社会现象，因此不仅要从教育内部思考学业负担问题，更要回到它产生的社会环境中去寻找根源，探索解决学业负担问题的社会学向度。

在我国，学生学业负担长期过重是教育领域的一块痼疾，并且已经久病不治、病入膏肓，这是不可否认的现实问题，也是教育人士和社会各界共同关注的热点话题。然而，我们寻求学业负担问题解决之道的步伐从未停歇：早在 1955 年 7 月，教育部就出台了新中国第一个"减负令"——《关于减轻中小学生过重负担的指示》；1988 年 5 月，国家教委发布规定，提出要严格按照教育行政部门颁发的教学计划组织教学，对学生完成作业时间进行了严格的限制：一年级不留书面作业，二、三年级每天课外作业量不超过 30 分钟，四年级不超过 45 分钟，五、六年级不超过 1 小时；紧接着，1993 年 3 月，国家教委又发布了《关于减轻义务教育阶段学生过重课业负担、全面提高教育质量的指示》，规定初中各年级每天家庭作业不超过 1.5 小时；2000 年 1 月 3 日，教育部发出《关于在小学减轻学生过重负担的紧急通知》，并组织国家督学对部分省、自治区、直辖市贯彻落实《紧急通知》的情况，进行专项督导检检，争取不把学业负担问题带入新的千年和新世纪。半个多世纪过去了，教育部三令五申的"减负"法令可谓层出不穷，而几十年中探索减负问题仍然收效甚微，有些地方中小学生的学业负担反而越减越重，甚至陷入"领导为政绩不让减负、家长怕输不起不愿减负、学校为生存不敢减负、学生自然继续承受超重负担"的尴尬境地。[①] 2013 年 8 月，教育部又颁布最新的减负十条新令，"不留作业"、"不考试"，旨在让学生拥有一个没有压力的童年，这十条减负新规号称"史上最严"，这是否又仅是一场"政策秀"目前还无从知晓，但可以肯定的是这种自上而下的改革只是"隔靴搔痒"，治标不治本。学业负担看似是一个简单的教育问题，实则却是一个复杂的社会问题，是由各种错综复杂的因素共同造成了学生过重的学业负担，我们需要透过现象看本质，挖掘教育现象背后深刻的社会根源，寻找学业负担问题产生的社会机理，才是解决学业负担问题的正确之道。

第一节　学业负担的社会机理

从学生学业负担产生的社会学这条生产链看，公众对于教育万能的社会认知、对人力资本论的社会诉求以及阶级分层的社会筛选机制、教育价值观的社会偏向都是这条生产链上的重要齿轮，各齿轮紧密连接、环环相扣，构成一个牢不可破的社会循环系统，每一次循环都让学生学业负担愈加沉重，每一环都让学生学习举步维艰。

一、教育万能论的社会认知

对于教育，公众总会有种割舍不了的"乌托邦情结"。千百年来，人们总是对教育寄予厚望，总认为通过教育可以解决社会发展中的各种矛盾和问题。即使当教育并未能解决人类的一切生存问题时，人们还是

---

① 宋卫民：《小学生学业负担过重问题的社会成因研究》，《宿州教育学院学报》2006 年第 5 期，第 41 - 43 页。

始终对教育抱有"万能"的认知和期望，也从未停止对教育的执著追求和向往，这应该就是教育的乌托邦精神。明知难以最终实现，却又执着地追求。这种"教育万能"的乌托邦精神给青少年带来了无法言喻的学习压力。因为社会对于教育作用无限夸大，期望通过青少年来取得这种教育功用，于是，公众对于教育作用的向往就转化到青少年身上，社会的教育期望越高转嫁到青少年身上的压力就越大，学业负担就越重，因此，想要减轻学生的学业负担，首先要改变社会"教育万能"的认知，使他们对教育作用有一个理智的看法。但是，"人是需要乌托邦的"（伽达默尔语）。我们需要明确的一点是：教育不是万能的，但没有教育是万万不能的。

历史来看，无论是在西方教育史亦或在中国传统教育思想中都存在着"教育万能论"等夸大教育功能和价值的社会思潮。追溯西方教育史，柏拉图可谓是教育万能论的"开山鼻祖"，他在《理想国》中说："教育是一生自始至终的大事业。假如国家建设合宜……必定有好的教育，好教育一定产生好国民，好国民得到教育一定更好。所以教育是增进国家福利的唯一方法，教育是国家的基础。"① 洛克在《教育漫画》也高度评价了教育在人成长中作用，他说："我们日常生活所见的人中，他们之所以好或者坏，或有用或无用十分之九都是他们教育所决定的。人类之所以千差万别，便是由于教育之故。"② 爱尔维修是教育万能论的主要代表人物，爱尔维修明确提出"教育万能"的口号，他也认为教育对于人的成长起决定作用，他说："教育才使我们成了现在这个样子……我们在人与人之间所见到的精神上的差异，是由于他们所处的不同的环境，由于他们所受的不同的教育所致，这充分说明了教育的全部重要性。"按照他的看法，"人受了什么的教育，就成为什么样的人"、

① 《柏拉图论教育》，人民教育出版社 1958 年版。
② 约翰·洛克：《教育漫画》，人民教育出版社 1979 年版，第 4 页。

"教育是万能的，它甚至可以创造天才"。① 从柏拉图到洛克，再到爱尔维修，他们无一不强调教育在人发展中的作用，遗憾的是，他们把教育的功能夸张到最大，无视先天遗传因素对人的影响，也无视社会、政治、经济、文化等因素对教育的制约性，给社会公众提供"教育万能"的视域，引导公众造成片面甚至是极端的教育价值观，公众对于教育功能和价值的认知不仅夸大了教育对社会、对个人所起作用的力度和深度，还片面夸大了教育作用所具有的广度，认为教育会时时刻刻影响人的方方面面，认为社会中的所有事情，所有问题都可以靠教育来解决，把教育的功能夸大到"万能"。

教育所要做的是通过促进个体认知技能的提高来促进经济的增长。此外，人们还期望教育能够给社会带来更多的发展，解决诸如文盲、失业、犯罪、暴力、城市腐败，甚至战争等问题。② 社会对于"教育万能"的认知，使学校教育功能过度泛化，社会对学校的期待越来越大，学校的地位越来越高，所承受的压力也越来越大，为了满足社会对于"教育万能"的期望，学校向老师施压，老师不得不增加课程数量和学生的作业量，层层高压下，学生的学业负担自然也就越来越重。此外，由于教育万能的唆使，人们便认为学生也是"万能"的，认为学生可以胜任无限增长的课程和作业，能够承受来自社会的铺天盖地的压力。简而言之，泛化的教育功能给学校过多的负担，给老师带来很大的压力，学校、教师就只有将压力转嫁到学生身上，教育功能被夸大，尤其是对教育社会功能的过于强化，是导致学生学业负担过重的重要根源。教育不是万能的，不可能解决那么多的社会问题，它只能在一定的限度和范围内解决部分相应的社会问题和生存问题。当前，学校教育追求过多的教育功能，结果导致学校在发展的过程中，常常跟着社会的要求亦

① 北京大学哲学系：《十八世纪法国哲学》，商务印书馆 1963 年版。
② ［美］约翰·I. 古得莱得：《一个被称作学校的地方》，苏智欣译，华东师范大学出版社 2005 年版，第 38 页。

步亦趋。教育功能的泛化，特别是教育社会功能的过于强化，势必导致
课程内容不断膨胀，[①] 课程门类不断增加，教学任务越来越多，学习科
目越来越杂，这势必会给学生带来更重的学业负担。

二、人力资本论的社会诉求

人力资本理论认为，人力资本是一种重要的生产要素资本，是一切
资源中最主要的资源，对生产起促进作用，是经济增长的源泉；在经济
增长中，人力资本的作用大于物质资本的作用。人力资本投资与国民收
入成正比，比物质资源增长速度快；教育投资是人力资本的核心，教育
不仅是一种消费活动，也是一种投资活动，是一种可以带来丰厚利润的
生产性投资；根据人力资本理论的论述，教育活动的经济价值得到绝对
的肯定，让社会公众普遍相信：一个受教育水平愈高，其工资收入就越
高，认为教育能够为社会培养人才，提高社会生产率和生产力，促进社
会经济的发展。然而人力资本理论只把人当作是获取利益的工具，忽视
人的目的性和主体性，违背了"育人"的教育本质，贬低了人的价值，
把人从目的降级为手段、工具。片面强调教育的经济功能，必然导致教
育的"异化"和"错位"，弱化教育在文化道德传承方面的作用，使劳
动的能力专业化、单调化，使劳动不再是劳动者主体的自由行为，而成
为一种被迫的活动，使其服从于资本主义生产方式下的"效率主义"、
"工具主义"，最终使教育偏离其本质，偏离马克思所倡导的"为人的
自由发展"的教育目标。[②] 近年来，新的"读书无用论"又开始甚嚣尘
上，然而与以往不同的是，这次的"读书无用论"思潮并不是源于对
知识本身的否定，而是对读书的作用和价值的否定，即读书对学习者带

---

① 许育辉：《学校"减负"缘何遭遇"行路难"——基于教育功能被夸大与泛化
的视角》，《吉林工程技术师范学院学报》2013 年第 3 期，第 11 页。
② 钢花、刘保莲：《人力资本理论对教育的异化》，《现代营销》2013 年第 10 期，
第 58－60 页。

来的现实收益置疑，教育的高支出与低收益之间的巨大鸿沟让人们开始置疑"知识改变命运"的命题。其实，人们真正该怀疑的是自己的教育目的观，人们已经完全把教育当作是一种获取经济利益和报酬的手段和工具，当教育不能满足人们的要求时，便被判定为"无用"。在这种扭曲的教育目的观下，教育已沦为利益的附庸，教育的功能也偏离了"育人"的轨道。因此，要减轻当下学生过重的学业负担，首先要以社会的教育目的观为突破口，摒弃"教育万能论"的社会认知，让社会公众认识到教育不是获取利益的手段，而是人的终身教化过程。所以学校教育的本质和核心价值，不在于它的"有用"，而在于它的"有意义"。① 从这个角度看，教育如果要有所作为，必须首先有所不为。

公众对于教育经济功能的诉求因为人力资本理论的盛行而发挥到极致，人们深信对人力资本投资的作用远大于对物力资本的投资，认为"知识才是推动生产力发展最强大的火车头"，于是导致人们盲目追求高学历、高文凭。人力资本理论鼓吹一个人的教育水平与其今后的工资、收入呈正比，这必然会让社会和公众意识到，只有接受高水平的教育、取得高学历才能获得高收入、高工资，其结果必然使社会出现"文凭膨胀"、教育资源供不应求等现象。很多家长也为了孩子将来有一个好工作、有个"铁饭碗"，想方设法地给孩子报各种辅导班、请家教，把孩子的课余时间安排得"天衣无缝"，即便是这些花费已远超过了家庭经济的承受能力，家长也在所不惜，因为他们相信现在的高投资，日后才能有高回报。人力资本论的社会诉求，一方面给家庭带来了沉重的经济负担，让家庭生活入不敷出、捉襟见肘，另一方面，家长这种"投资于未来"的教育方式也给孩子带来了过重的学业负担，家长这种孤注一掷的做法其实会让孩子苦不堪言，孰不知当家庭把所有的经济、精力和爱全都给予孩子的同时，也给孩子带来了不可估量的压力、责任和负

---

① 李利红：《教育的万能与无能之争》，《成人教育》2011 年第 4 期，第 54 – 55 页。

担，家长对教育投资的过高诉求孩子"耳濡目染"，且深知高学历、高文凭才是未来走向就业岗位的"敲门砖"，学生从小便被灌输了"知识改变命运"的思想，于是便视学习为唯一出路、是回报家庭的唯一办法，学习成绩好便可以"一步登天、一举成名"，成绩不好就只有"一落千丈、一蹶不振"，这种非此即彼的极端求学心理本质上讲是对教育经济功能的盲目追求与向往，它所反映的是资本主义思想侵蚀与控制下的教育价值观和经济观，会导致教育过程"只见资本不见人"，甚至使教育陷入"拜金主义、经济至上"的尴尬境地，是对教育本质、本性和功能的扭曲与异化。

三、教育价值观的社会偏向

从教育的价值属性和教育目的的价值取向来看，理论界长期存在着"本体论"和"工具论"之争。"本体论"认为满足个人的需要是教育的根本价值，"人"才是教育的出发点，认为个人价值高于社会价值；"工具论"则认为为社会服务才是教育的出发点，社会价值高于个人价值。虽然二者之争长期存在，但占统治地位的始终是以政治、经济、文化功能为核心的社会取向教育价值观，特别是当前在知识经济时代和教育变革浪潮的冲击下，教育价值观的社会偏向愈发严重，教育的工具价值几乎完全掩盖了教育的本体价值，教育目的完全从社会出发，满足社会发展的需要，无视个体的需求，把人当作实现社会目的的工具，割裂个人与社会的关系，使整个教育过程只见社会不见人。受此教育价值观指导的教育实践，必然导致工具主义充斥着教育活动的方方面面，使得教育观念、教育思想、教育内容及教学方法与评价等都服务于这一价值取向：课程内容以科学主义的唯理性课程观，忽视人的主体性；课堂教学以书本知识、教师、教案为主，唯独没有学生；教学方法以灌输为主，扼杀学生的主体性和主动性，这种"无人"的教学模式势必会造成我国教育质量观、人才观、评价观和教育运行模式的偏失，最终加重学生的学业负担。由此看来，社会本位的教育价值取向一直主宰着中国教育，是中国现行教育的根本特征，是学生学业负担的根本来源。[1]

毋庸置疑，教育与社会是一种辩证的、互相制约又互相促进的关系。教育是社会现象的一种，由社会性质决定，受社会的制约，有怎样的社会就会有怎样的教育，教育作为社会的一个子系统，传承一定的社会文化，为政治服务，传授自然科学，促进社会进步，具有重要的社会功能，通过育人的功能推动社会的变迁、促进社会流动、保障社会的延续和发展。同样社会发展也制约教育的发展，如教育手段、方法、思想等。因此，教育与社会之间是作用与反作用的辩证统一关系，必须明确这一点。然而，目前社会上盛行各种思潮，如教育万能论和教育无用论，歪曲教育的功能和价值、蛊惑人们的思想、诱导极端不良的社会风气。如在教育万能论的浪潮下，人们会普遍认为教育是无所不能的，家长、学校、社会都寄于教育以无限的希望与期盼，家长期望通过教育把孩子培养成龙成凤，学校期望教育提高升学率，社会期望教育输送有用的人才，所有的期望都汇聚于一类人身上——这个人就是学生。学生可谓集万千宠爱于一身了，可这是喜还是忧呢？各种期望携带而来的是无形的压力，公众对于教育万能的普遍认知像一座大山一样压在学生身上，让他们苦不堪言。

历史的回顾告诉我们，教育目的的社会功利性越强，转嫁到学生身上的学业负担越重。凡是强调社会本位，重知识轻学生，或者当教育带有强烈的功利性时，往往学生的学习处于被动地位，相互之间的竞争加剧，学业负担较重。反之，当强调个人本位重视学生发展的自身需要时，由于学生在学习中处于主动地位，学习围绕着满足学生的个体需

---

[1] 许杰：《论我国现行教育价值取向与学生的学业负担》，《教育科学》2003 年第 1 期，第 25 – 28 页。

要，因此，学生负担相对减轻。① 受中国传统文化和思维方式惯性的影响，我国几千年的教育价值观都是以社会本位为中心的。虽然有时会有以个人为中心的教育价值观现象出现，但整个社会的教育活动却是按照"社会的需求"来运转的，教育仅是"化民成俗"的工具而已。受社会教育价值观的社会偏向的影响，我国的教育质量观、人才观和评价观出现偏失，导致了片面追求升学率的倾向，分数的价值高于人的价值，升学的目标取代了人和社会的发展目标，学生变成了考试的机器，学生每天都在面对书本知识、准备考试，学习过程变得单调、乏味、枯燥，学生的积极性、主动性完全被遏制。从客观的量和主观体验上都走出了学生个体的身心承受力，加重了学生的学业负担，导致学生的学业负担无限攀升，越来越重。②

四、阶级分层的社会筛选机制

教育是一种社会性存在。学校教育的问题既是学校自身的问题，也是教育系统的问题，更是全社会的问题。不管我们是否愿意承认，社会分层是一种客观的社会现象，恰恰是对社会留守或超越的动机使应试教育成为必然。社会分层是指制度化了的社会不平等体系。社会分层与社会不平等紧密联系，社会不平等是社会分层的基础，而社会不平等首先源于社会差异，但单是社会差异还不能构成社会不平等，社会差异外加人们对这种差异的评价，才形成了社会的不平等。历史上的等级制度，现代社会的科层组织，从横向上看是固化的不平等结构，从纵向上看，则是不平等的结果。社会分层不是凝固不变的，相反，社会分层是蕴涵着社会流动的动态平衡。社会流动是个人或群体在社会分层中地位的升

① 顾志跃：《积极探索新世纪的教育模式》，《上海教育科研》1996 年第 4 期，第 1 - 4 页。
② 许杰：《论我国现行教育价值取向与学生的学业负担》，《教育科学》2003 年第 1 期，第 25 - 28 页。

迁或降落。考试能促进合理的社会流动，而教育又有助于考试的成功，于是，教育本身也成为了社会分层的路径之一，是社会成员向上流动的通道甚至是捷径。根据社会学家们的研究，人们在青少年时代接受的教育年限越长，在成人时获得的社会地位就越高。社会流动是社会新陈代谢的过程。竞争、筛选和能力本位的奖励制度是影响社会分层的基本因素。教育具有促进社会流动的功能。虽然现在教育不再是一种特权，但在经济不发达的前提下，它还是一种稀缺的资源。如何分配这种资源，关涉社会平等的问题。一方面，对弱势群体的扶助无法从道义的词典中消去；另一方面，社会竞争又是进步与发展的基本法则。如何在平等和效益两方面取得平衡，是现代社会的基本问题。[①] 社会成员为跻身上流社会而追求教育利益的最大化，报考各种文凭证书，争抢稀缺优质教育资源，增加自身学业负担。

在社会学视野中，社会分层作为社会流动的动力，教育充当了发动机。教育是社会的一种筛选装置，各个阶层可以借此改变阶层流向。教育对社会分层之间产生了两方面影响。积极方面，教育为社会流动与社会合力分层提供了动力；消极方面，教育制度使社会成员在原有的社会分层结构上产生了教育分配不均的现象。也就是说，所受教育的不同程度将社会成员在文化上划分为不同层次，并直接归为不同阶级。另一方面，在中国渐进的社会改革中，不同社会阶层所占有的文化、社会、经济资本不同，影响着他们以及他们的后代在教育质量的地区、学校、层次、规格、专业选择上的差异，进而影响着接受教育的公平性。当代著名社会学家陆学艺曾在《当代社会流动》一书中提出，在现代社会中，教育是社会流动的动力机制，在所有工业化或正在工业化的国家中，对"谁走在最前面"这一问题的最好回答，就是"那些获得了教育的

---

① 周作宇：《教育、社会分层与社会流动》，《北京师范大学学报》2001 年第 5 期，第 85 - 90 页。

人"。① 在市场经济条件下，竞争已是不可避免的社会现象。教育能提高人们的竞争力，而应试教育本身也是竞争的一种反映。在资源有限的情况下，教育资源的竞争是必然的。即使教育资源非常充足，劳动力市场也是有限的，所以人们还是不能回避竞争。即使劳动力市场能够满足人们的需要，劳动和职业的差别依然存在，社会分层依然存在，所以同样有竞争。反向推之，由于有社会分层，所以有职业的竞争；由于有职业的竞争，所以有获取职业的条件的竞争。由是，教育资源的竞争不过是社会分层的折射，教育选拔是社会筛选的反映，它是提前了的社会筛选。教育的理想是每个人的全面发展，然而教育的现实根本无法回避社会分层的问题。从世俗的角度看，好的教育是帮助个人在正向的社会流动中获得文化资本和社会资本的教育。而教育中的应试，在一定程度上乃是获得更多的文化资本和社会资本的条件和手段。②

第二节　学业负担解决的社会阻抗

我国历经几十年"减负"的风雨历程，在学业负担问题上仍然步履维艰、困难重重，因为解决学业负担问题存在着多方面的阻碍，社会流动不畅导致期望过度，病态的社会文化和社会结构成为学业负担滋生的土壤，而由此引发的病态社会心理才是导致学业负担问题的根源。

一、社会流动不畅导致过度期望

古人有云："流水不腐，户枢不蠹"，经常运动，生命力才能持久，才有旺盛的活力。对于社会环境来说也同样如此，只有当社会流通顺畅时社会才能正常运转、长治久安，相反，一旦社会流动不畅就会激化各

---

① 陆学艺：《当代中国社会流动》，社会科学文献出版社 2004 年版。
② 周作宇：《教育、社会分层与社会流动》，《北京师范大学学报》2001 年第 5 期，第 85－90 页。

种社会矛盾，阻碍社会发展。所谓社会流动，是指社会成员在社会关系的空间中由某个社会位置向其他社会位置的移动，它既表现为个人社会地位的变更，也表现为个人社会角色的转换，实质上是个人社会关系的改变。社会流动实际上代表着社会成员在获取财富、权力和声望等社会资源方面的能力变化，因此，职业地位的变迁是研究社会流动的主要视角。社会学家克伯曾说："尤其是精英层之下的社会流动对处于上层的人们来说是功能性的。没有这种流动，他们的地位和报酬也许会受到威胁。"也就是说，占有一定社会地位的人要想在开放的社会中保持住已有的地位或向更高的阶层流动，那他就要不断努力，提高素质，积累经验和财富。① 教育选择与社会流动存在着密切的双向互动关系，传统社会是封闭性流动，其教育选择只能在统治阶级内部进行，现代社会流动具有较大的开放性，教育选择也就具有面向社会的特点。在重视垂直流动的社会，人们关心的是个人地位的升迁，这种升迁一旦与学历紧密挂钩，便会导致社会上的学历主义与教育上的升学竞争。②

（一）社会结构相对固化

教育产生于人类生产劳动中，在时代变迁和社会变革中发挥着重要的作用，当前学生学业负担过重的问题折射出深刻的社会根源。学生的学习活动看似只是在学校这个狭小的空间中进行的，其实也是在社会这个大环境中开展的，社会文化氛围、社会流动快慢、社会变革更替等都会对学校教育产生重大影响，特别是社会结构日益固化趋势的出现，会催生社会机会不平等，激化社会矛盾，进一步加重学生学业负担，进而使"减负"问题更加步履维艰。教育层次和学历高低将成为个人向上流动的重要工具，欠缺教育或教育水平过低将成为个人向下社会流动的

---

① 鲁建彪：《社会流动存在的问题及其对策》，《云南民族大学学报》2007 年第 3 期，第 25 – 28 页。

② 王彦斌：《转型期的社会流动与教育选择》，《宁夏大学学报》2007 年第 3 期，第 163 – 168 页。

主因。现代社会变革引起的激烈竞争日益加剧当代人的负担。当代社会竞争日益激烈，各行各业和工作岗位对从业人员的文化科学素质提出了越来越高的要求一个人接受教育的多少和质量，在很大程度上决定了他选择职业机会的多少和优劣。高学历、高文凭是开启就业大门的"万能钥匙"，在这种情况下，接受较多和较高质量的教育就成为学校和家长对学生或子女的基本追求，社会就业的压力从而在一定程度上提早转化为学生升学的竞争压力，因此，社会激烈就业竞争及升学竞争的压力与学生内在学习需求和学习能力之间的差距造成了学生过重的学业负担。① 随着我国社会主义市场经济制度的建立，社会结构发生了翻天覆地的变化，教育在社会结构调整特别是社会分层中的作用越来越突出，接受过教育与不接受教育、接受多少教育、接受教育的类别等决定了一个人从事职业的类别，可见教育对一个人在社会结构的角色定位有重要影响。因此，在现代社会中，一个人受教育水平的高低与其日后社会地位的高低、工资报酬的高低呈正比，只有当一个人接受了水平较高的高等教育，才有可能从事一份声望高、待遇好的工作，才能在社会结构中处于上游地位置。可以说社会结构的变化就如同信号灯一样提醒着人们对自身教育状况的审思和角色的重新定位。教育制度曾经一度是社会成员向上流动的重要通道，而现代社会的大变革和社会结构日益固化使得社会成员对接受教育与地位获得的既有关系失去了预期。②

现代社会，社会结构日益固化，公众向上流动的通道已经受阻，"减负"之路愈加坎坷。从理论上说，向上流动、跻身上流社会是人的本能，只要社会结构中存在分层现象，学生的学业负担就不可能得到彻底的根除。但是当社会流动顺畅、社会结构合理时，人们向上流动的过

① 谢利民：《我国半个世纪——减负问题的历史回溯与思考》，《集美大学学报》2005 年第 3 期，第 20 - 25 页。
② 庄西真：《社会结构变化趋势及其对职业教育的影响》，《教育发展研究》2006 年第 21 期，第 1 - 5 页。

程就要容易得多。反之，当社会结构固化、社会流动不畅就会阻碍人们向上流动的步伐，加重学业负担。当下，社会流动渠道不断缩小，社会流动渠道的缩窄，突出表现在两个方面：其一是就业，另一个是教育。近年来，由于教育费用大幅攀升，教育提供社会流动机会的功能渐趋减弱，由教育导致的不平等和阶层固化的现象日益明显。因此，在一些贫富分化不断加剧的社会中，如何保护和扩展社会流动的渠道，特别是下层向上流动的机制，就成为优化社会结构的一个重要内容。[①] 21 世纪的中国，各种"官二代"、"富二代"、"星二代"层出不穷，岗位晋升、社会竞争靠的不是自己的能力而是你有多少"关系"，社会结构已经开始扭曲变形、社会流动已经呈现"同代交流性减弱、代际遗传性增强"的趋势，一个结构固化的社会，缺乏公平的竞争、选拔和退出机制，更缺乏该有的生机与活力，让寒门子弟"咸鱼翻身"的愿望成了啼笑皆非的笑话。在一个阶级接近固化、上升通道狭窄的社会里，当家长不能给孩子提供超过社会群居水平的教育资源时，就只能依靠孩子的自身竞争来争取资源。固化的社会结构导致教育不平等、机会不均等，学生在如此的社会结构中学习，对整个社会现状耳濡目染，社会的不平等造成的内隐性心理压力和升学竞争、就业竞争带来的生理之重可想而知，因此，社会流动不畅、结构固化已经阻碍了当前"减负"的进程。

（二）社会生活方式及其转型

生活方式是人类社会赖以建立的基础和发展过程的起点，是人们在物质生活和精神生活领域所从事的一切活动方式，它既包括物质生活资料和精神生活资料的生产方式，又包括它们的消费方式。生活方式有多种分类方法，按人类历史的演进可分为原始社会生活方式、奴隶社会生活方式、封建社会生活方式、资本主义社会生活方式和社会主义生活方式等；按照主体层面的不同可划分为社会、群体和个人生活方式。在人

---

① 孙立平：《社会结构固化，贫困代际效应增强》，http://star.news.sohu.com/20070618/n250639892.shtml, 2007 – 06 – 18/2014 – 07 – 01。

类历史的每个时代，一定社会的生产方式都规定该社会生活方式的本质特征。它是社会发展水平的重要标志之一。而我们所指的社会生活方式，是指在不同历史条件下社会存在的基本样式，它是一个多元的概念，不仅包含了社会依存的生产方式、物质条件和人们的经济、政治、文化、精神等一切生活活动的方式，此外，它还包括了社会制度的本位指向、人与人之间的关系以及作为社会资源的政治、经济、文化、教育等要素的分配形式。① 社会生活方式是一个历史范畴，具有一定的倾向性并随着社会的发展而变化。生活方式的变化直接或间接影响着一个人的思想意识和价值观念。

社会生活方式是人类由蛮荒走向文明的一个历史性演化过程。历史来看，社会生活方式的转型，往往是教育的结果，教育通过文化的传递，即通过知识的选择、组织、传递、接受、认同、再生、创新等方式，使人们的思想观念得到唤醒、提升、转变、进步，而思想观念的进步促使科学技术得到进一步的提高，从而使社会生活方式的转变成为可能。社会生活方式转型成功后又会对教育提出相应的要求，并对教育功能的发挥产生巨大的影响。因此如学者陶能祥所说，"教育本身就是一种社会生活方式，只不过它是整体社会生活方式的一个功能系统而已。"21 世纪，人类进入重大社会转型期———世界形态由寰宇到"村落"，经济形态由工业制造到网络创意，生产形态由机械到智能，生活形态由物质到精神物质兼备，消费形态由占有到格调，文化形态由单一到多元。突出的特点是："普遍有闲"成为时代的主要特征。社会学研究表明，人类历史就是一部不断转型的历史。

（三）社会竞争加剧

21 世纪的今天，"竞争"成了现代人的基本生活方式，它充斥着人们生活的方方面面，伴随从出生到死亡的时时刻刻，我们上学要竞争、

---

① 周润智：《生活方式转型与教育者的职业观念变革》，《教育理论与实践》2002年第 3 期，第 9 页。

工作要竞争、生活要竞争，连坐公交也要竞争，一切的社会活动、发展机会都与竞争息息相关。竞争的社会生活方式通过一个人的思想意识与心理结构的形成影响着一个人的行为方式和对社会的态度，反映了一个人的价值观念，即世界观的基本倾向。于是乎，我们从小便有了竞争的意识，"物竞天择，适者生存"成了我们的至理名言，让人终生信奉。学生从小就被灌输竞争的思想，"提高一分，干掉千人"是教师传授给学生的"独门秘籍"。如果学生现在不承受一定的学业负担，那将来必定会被激励的社会竞争所淘汰，因此，为了将来能在这个激励竞争的社会"安身立命"，学生们便自觉自愿地承受起过重的学业负担。在这种激烈的竞争中，教育仍然是群体社会生活方式的一部分，但却已经被扭曲、被异化了，只是充当人们竞争的手段和工具而已，在这种极端功利主义的诱导下，人们不惜以增加学生的学业负担、损害学生的身心健康为代价。虽然教育的发展要受政治、经济、文化及社会发展的制约，但也应该保持其相对独立性，当社会生活方式呈现出明显的功利化倾向时，我们应该防止学校教育成为社会生活的"工具"和牺牲品，应该让教育保持其独立性，返璞归真，并且通过教育活动，让人们对社会生活方式有清醒、正确的认识，形成良好的社会生活观念和科学的人生观、世界观，近而选择适合自身发展条件与能力的恰当生活方式。当下学业负担未必能幻化成将来学生竞争的砝码，因此，我们不能给学生过重的学业负担加上"激励竞争"的这个冠冕堂皇的理由。

二、社会病理心态致使教育价值观失衡

中国几十年"减负"历程步履蹒跚、收效甚微的重要根源就在于传统封建观念禁锢着人们的思想，侵蚀着人们的身心，使社会病态心理泛滥成灾。中国自古就有"学而优则仕"的传统观念，只有学习好才是通往仕途的最佳捷径，这种"官本位"的思想深深浸入人们的血液里，更有甚者甚至鼓吹"万般皆下品，唯有读书高"，于是人们开始鼓吹"黄金棍下出人才"的异端邪说，效仿"头悬梁，锥刺股"的怪诞行为，甚至信奉"只要学不死就往死里学"等言论。试问在社会心理如此变态的条件下，解决学生学业负担过重的浩大工程要如何展开？

（一）"学而优则仕"等传统思想根深蒂固

"学而优则仕"的封建思想是学业负担产生的根本来源。中国历史浩瀚五千年，传统文化博大精深、源远流长，其中，国学经典不仅是中华民族宝贵的遗产，也是华夏儿女不可匮缺的精神力量，其思想智慧成为了传之千古的瑰宝，流芳百世，但也流传下来很多封建保守的落后思想，这些封建余毒在人们心中"安营扎寨"、根深蒂固，腐蚀着人们的身心，禁锢着人们的思想。例如，中国自古就有"学而优则仕"的传统观念，只有学习好才是通往仕途的最佳捷径，这种"官本位"的思想深深浸入人们的血液里，更有甚者甚至鼓吹"万般皆下品，唯有读书高"，将读书做官抬到了至高无上的境界，认为任何事情与读书相比都显得毫无意义。此外，科举时代"朝为田野郎，暮登天子堂"的思想将读书认作通往仕途的康庄大道，宋代的一首《劝学诗》更是将读书的作用鼓吹到极致："富家不用买良田，书中自有千钟粟。安居不村架高堂，书中自有黄金屋。娶妻莫恨无良媒，书中自有女如玉。出门莫恨无人随，书中车马多如簇。男儿欲遂平生志，五经勤向窗前读。"无限制夸大读书的作用，让人们陷入"唯有读书高"的囹圄而不可自拔，才会出现"范进中举"的历史悲剧和笑话，究其原因还是封建思想腐蚀和科举制度的残害，才会让人们耗费一生的时间去读书、去考试，用一生的时间做赌注，他们所要承受的身心压力可想而知。

两千余年来，"学而优则仕"作为以学致仕的信条被读书人奉行不渝。尤其是隋唐科举制度形成以后，"学而优则仕"的信条与科举制度融为一体，互为里表，成了士子生活的金科玉律。几千年沉淀下来的封建传统思想已经形成了一种浑厚的历史惯性，禁锢着人们的思想，束缚着人们的灵魂。在当下社会竞争如此激烈的现实条件下，要达到"入仕"这个目标，只有不断地学习、刻苦地读书，因此，家长、教师、学校、社会就不断向学生施压，大家都信奉重压之下才能成人、成材。毋庸置疑，封建传统余毒的侵蚀是学生学业负担过重的思想根源。另外，社会不正确的舆论导向、个人升官发财的名利思想、"三场辛苦磨成鬼，一朝成名人上人"的个人追求、"劳心者治人，劳力者治于人"等厌恶体力劳动，鄙视劳动人民的意识，这类糟粕思想对读书人有很大的消极影响。现代人仍然沿袭着古代"唯有读书高"的封建思想，过分看重读书的作用，都认为只有读书才是唯一的出路，有些家长甚至把自己没有学好的遗憾强加在孩子身上，期望通过孩子读书做官，光耀整个家族，"一人得道，鸡犬升天"，让孩子稚弱的身体承受着来自父辈的学业压力。因此，想要解决学生学业负担过重问题，首先要跳出"学而优则仕"的历史窠臼。

（二）功利主义教育价值观甚嚣尘上

当前功利主义教育价值观横行，俨然已经成为学业负担滋生的土壤。功利主义教育价值取向过分强调社会的需求，忽视人自身的内在需求，片面的质量观、陈旧的人才观导致了片面追求升学率的倾向，最终导致了教育运行模式的偏失，教育内容偏向科学主义的唯理性课程观，课堂教学以书本知识、教师、教案为本位，唯独没有学生，以及仓库式的教学模式，扼杀了学生的主体性和主动性，加重了学生的学习负担。[①] 教育既是一门科学，又是一门艺术，更是一项神圣的职业，是科学就要尊重规律，是艺术就需要赋予生机与活力，是职业就应该遵守基本的职业道德。然而，俯视当下的教育状况，功利主义教育价值观甚嚣尘上，使教育远远背离其宗旨和规律，把学生当成手段和工具，过分追求教育的功效和利益，使学生的学习朝着异化的方向发展，背离了本来的纯真与质朴，学生已经沦为做题的机器、考试的机器，教育只关注学

---

① 许杰：《论我国现行教育价值取向与学生的学习负担》，《教育科学》2003 年第 1 期，第 25 - 28 页。

生的学习成绩及日后凭优异成绩可能获得的金钱、地位、名誉、权利等，完全忽视了教育的主要作用在于培育学生的心灵和健康的情操，因此，纵使再丰富的物质利益也无法掩盖背后精神的空虚和迷茫。在这种功利主义价值观为主导的教育面前，学生完全被"工具化"，教育也被"实用化"，育人的功能已经丧失殆尽，再加上残酷的社会竞争，让"出人头地"成为学生学习的唯一目标，对以应试为目的的知识的灌输与被动接受，把教育可能的空间不断压缩，独立人格的培养、道德和理性常识、人文关怀、审美趣味等等被逼退出教育的视野。一味地追求教育的工具价值，把分数、成绩、学历、文凭当作是评价学生的标准，而这样的教育结果是：万千学子渐渐成为非理性却世故圆滑的人，冷漠、麻木，生命视野狭窄，唯利益马首是瞻，内心感受不到丰富的爱，缺乏理性的坚韧。教育则越来越沦为行政官僚体系的一部分，沦为市场经济的配角，沦为狭隘的功利主义者。

　　盲目追逐眼前短期效益的功利行为早已开始侵蚀教育这片净土。在现实社会中，我们常看到一些功利主义的现象存在，很多人自觉不自觉的卷到追求功利的应试教育当中。家长望子成龙心情急迫，为了孩子能够提高学习成绩，家长们在课外给孩子报各种补习班，结果加重了孩子的学习负担；很多学校把升学率当成衡量工作业绩的最重要指标，一切工作围绕着提高分数、提高升学率这个指挥棒转；从社会上来看，一个年轻人是不是成功，往往是看他有多高的学历，有什么样的文凭，他是从哪个名校或者哪个名牌大学毕业的，在当代中国，特别是就业市场长期笼罩着一股"学历主义"的错误思潮，由学历主义滋生了大量的学历歧视行为，形成具有中国特色的学历歧视现象，造成整个社会盲目崇拜高学历、高文凭和名牌院校、海归生，歧视低学历、低文凭和普通院校的学生。在这种残酷的社会现实面前，学生不得不为了增强自身就业砝码考取各种证书、文凭以获得社会的认可。所有这些都是功利主义教育观念在现实生活中的映射。这种观念在很多人头脑当中已经渗透进去，并根深蒂固。

（三）传统"苦学观"泯灭人性

传统苦学文化泯灭人性，造成人的奴性，是学业负担繁殖的温床。中国人欣赏"寒门贵子"的奋斗模式，因为它展现了一种积极的人生意义，即自我的不败精神，不仅可以打败眼下的困穷，甚至可以铺设出锦绣的未来，它永远在呼唤和提醒着困境中的人们，只有不放弃才能看见最终的曙光。可以说，寒门亦能出贵子，是最真实的中国梦。中国古代有勤奋好学、刻苦求知的传统。刺股悬梁、凿壁引光、积雪囊萤、燃糠自照等勤奋好学的故事，"书山有路勤为径，学海无涯苦作舟"等劝学名句，都突出了一个"苦"字。的确，学习是项艰苦的劳动，学习者确需具备勤奋刻苦的精神。但古人强调苦学，主要指体力上的辛苦，而非精神上思想上的痛苦。学生需要刻苦学习的精神，但物极必反，任何事物都得有一个"度"，超过这个"度"，事态就会往相反方向发展。在我们眼下的学校教育中，刻苦学习的精神等传统优良的精神文化被扭曲了，忽视人性的苦学精神成了我们今天许多家庭和学校教育的核心理念。在这种理念的支配下，加重学生的学业负担，不但不可非议，而且被认为是天经地义的事，不但社会认同、家长赞成，而且不断强制学生为了自己的未来和前途，再苦再累也得做下去，否则，就可能被指责为不思进取、不求上进、不堪造就。①

传统非人道的苦学思想在当今中国"一考定终身"的制度中得到了传承，甚至还有愈演愈烈的趋势。在高考的巨大压力下，"只要学不死，就往死里学"是所有学生的行动指南，"提高一分，干掉千人"的口号让人触目惊心，中国教育已经到了病入膏肓的程度。有多少花样年华的学生因为不堪忍受过重的学业负担而走上自杀这条不归路，教育悲剧一再上演，学校已经从学习乐园变为"人间地狱"。学生"往死里"

---

① 谢利民：《顺境下学生负担问题的社会学思考》，《集美大学学报》2005 年第 6 期，第 8 - 12 页。

学与教师"往死里"教相辅相成，学生没有丝毫的喘息机会，头昏脑涨、筋骨酸软带来的是战战兢兢如履薄冰，对分数与名次的过分敏感催生的是瞬间的快感与崩溃乃至生死的抉择。肉体机械移动着，生命的甘泉却不断流失，不管是高考成功的或失败的，都厌倦了"高考"这场无硝烟的厮杀。学习确实是一个艰苦的过程，但不应该是一个痛苦的过程。艰苦是指学习时投入大量精力，克服各种困难，因而学习时就不能缺乏勤奋刻苦的精神和顽强的毅力。但是这种艰苦的学习生活应通过教师和家长的引导，成为孩子自觉自愿的行动，让他们主观上感觉到求知学习是轻松愉快的，是充满乐趣的。只有"苦学"变成了"乐学"，才会越学越有劲，才能收到好的效果。反之，学习过程将变成一种负担与烦恼，变成让孩子精神痛苦、索然无味、令人生厌的过程，变成对学生身心健康的摧残过程。①

三、社会行为失范导致教育政策失效

功利观念是人的本能，然而教育价值观过度的功利化将会导致价值教育匮乏、社会行为的功利化，导致本该化民成俗的教育活动在社会病理心态的诱导下已经堕落成追求经济利益的工具和手段。以中小学生补课现象为例：家长是由衷的爱孩子的，希望他们能快乐健康的成长，不希望孩子承受过多的负担、压力，口头上是支持给孩子减负，然而迫于孩子今后的就业竞争和生活压力，在行动上，家长却又把孩子送进了教辅机构和家教中心，因为他们相信"今天投入的经济就是明天的效益"；教师，受到功利心理的驱使和经济利益的诱导，利用课余时间兼职于教辅机构或自己开办辅导班，有些原本在学校课堂上可以解决的问题硬是被留到了"课后"，美其名曰"不让任何一个学生掉队"，实质是在物欲与利诱面前充当学生过重学业负担的帮凶而已。要求自己教的

---

① 王彦芳：《减轻学生过重负担的理性思考与实践研究》，《课程·教材·教法》2001 年第 8 期，第 24 - 27 页。

学生"自愿"参加，可孰不知在这种"自愿"的原则背后，是教师作为教育者的"权威"，是家长不敢不参加、不敢得罪教师的"不得已"，更是教育政策的缺位；学校，为了追求更高的升学率和更好的生源，更不敢轻易减负，在其他学校都不减负时，谁减谁就输了，于是学校之间形成了一种默契——大家都补课；教辅机构可以说是减负的最大获益者，课外辅导机构学费动辄成百上千，据业有关内人士透露，广州省内某个知名课外培训机构每年的营业额接近 4 亿元。现在社会存在着一种普遍现象，学生一出学校门，就被家长送进了教辅机构，因此，有学者认为，减负其实就是在给教辅机构让路。[①]

顾志跃先生曾直言不讳地指出学生学业负担与教育的社会功能之间的正相关关系，他认为教育目的的社会功能性越强，转移到学生身上的学业负担就越重。许杰也曾指出：学生学业负担过重的根本原因就是没有正确的教育价值观的引导。在宏观层面上，社会本位的教育价值取向占据主导地位，一纸"减负令"，虽然将众多孩子从学校的书山题海中解脱出来，但孩子们又被家长转而投向各大辅导班、培训机构的书山题海中，减了学校的负担，却累瘦了家长的腰包，而对家境普通的孩子，这无异更增添了一笔教育支出的沉重负担。在微观层面上，家长也有一种"输不起"的心理，怕自己给孩子减了负，而其他家长却没有减或反而给孩子增了负，那自己的孩子不就输在了起跑线了吗，家长这种横向比较严重阻碍了"减负"道路。落实在个体的受教育者身上就是眼前的生存、生计和适应劳动市场的需求，追求物质利益的回报，近而，这种扭曲的教育价值观导致了教育本质的异化和错位，让升学考试和就业准备主宰了整个教育过程，让作业和考试充斥于学生童年生活的始终，教育成为了追逐利益的附庸，沦落为职业训练，教学沦为为应付考试，学生沦为"考点"的容器和做题的机器，老师扮演着机械操练的

---

① 罗生全、李红梅：《学业负担的社会机制》，《教育发展研究》2014 年第 24 期，第 47 页。

监工，整个异化了的教育过程中见物不见人。①

　　在经济全球化语境下，当今世界陷入了一个追名逐利的浮躁时代，造成社会对教育经济功能和工具价值的盲目崇拜。学生学业负担长期过重与公众对学业负担的迷信心理不无瓜葛。人们相信学生所能承受的学业负担与其学习成就之间存在显著正相关关系，即学生所能承受的负担越重学习成绩就越好，一旦为其"减负"必然导致学习成绩一落千丈，不知这种扭曲得近乎变态的社会心理从何而来？完全把学生当作做题的机器和获利的工具，无视学生的主体性存在。已有相关研究表明，学生的学业负担与其学业成绩之间并没有明显的关系，即使有，也只是轻微的负相关关系。② 特别是在优质资源稀缺而人口过剩的社会发展现状下，现行招考机制引发了各利益群体之间的博弈。成绩好才是硬道理，学校的声誉、培训机构的生计、教师的绩效、家长的面子，相互推波助澜，使"减负"走入了一个明"减"实增的怪圈。使人们在进行最优化决策时，不得不选择随波逐流、人云亦云，一听到学生学业负担过重便进行口诛笔伐，一旦出于对自己孩子"负责"时，却自觉或不自觉地选择"增负"策略以确保个人在全球化浪潮中不被吞灭。③

　　在社会失范行为泛滥成灾的环境中，很多人对学校教育的诉求也带有功利性，这种状况对学生成长就会产生一些不利的影响，也导致了教育偏离本来应该有的目标和追求。教育已经变成了家长、教师、学校和教辅机构之间利益的博弈，这种完全基于利益的社会行为迫使教育沦为利益的附庸品，成为社会的一种产业，使教育政策形同虚设，造成教育政策的失效，同时因为公共政策和其他配套政策对教育的贡献不足，致

---

① 刘合荣：《学业负担问题：1990 年代以来国内学理研究述评》，《湖北教育学院学报》2006 年第 11 期，第 84－88 页。

② 汤林春、傅禄建：《课业负担与学业成绩的实证研究》，《上海教育科研》2007 年第 12 期，第 32—36 页。

③ 田若飞：《文化视域下的教育"减负"》，《沈阳师范大学学报》（社会科学版）2013 年第 1 期，第 145－147 页。

使岗位晋升、社会竞争靠的不是自己的能力而是你有多少"关系"，社会行为已经开始扭曲脱序，一个行为失范的社会，缺乏公平的竞争、选拔和退出机制，更缺乏该有的生机与活力，在功利主义教育取向下培养出来的人们，学生相互之间没有任何联系，把彼此当作竞争对手甚至是敌人，一心关注的只是自己的个人利益，他们只考虑自己，蜷缩于狭隘的个人主义之中。在这类社会中，没有什么东西是固定不变的，每个人都苦心焦虑，生怕地位下降，并拼命向上爬；金钱已成为区分贵贱尊卑的主要标志，对物质利益和享受的追求，便成为最普遍的感情。

四、狭隘的社会评价机制造成教育评价失准

学生学业负担长期过重甚至愈演愈烈在中国社会是一个不争的事实，从评价学层面来看，现行的社会评价机制对于学生学业负担过重问题可谓"功不可没"，是"减负"道路上一块巨大绊脚石。我国新一届课程改革要求改变课程评价过分强调甄别与选拔的功能，发挥评价促进学生发展、教师提高和改进教学实践的功能。可从现实情况来看，评价不仅没能实现其既有功能，反而还为学生学业负担"添砖加瓦"。社会习惯性的给学生贴上成绩好坏的标签，只有考试成绩好才是好孩子，将来才有出息、有成就，一旦考试失败就一文不值、一无用处。不仅是学生受到这种社会评价制度的残害，老师和学校也深受其害，社会评价利用其强大的甄别与选拔功能给老师排序、给学校排位，学校为了其升学率向老师施压，老师为其奖金福利向学生施压，层层高压下学生已经丧失了个性和人格独立性，导致的唯一结果就是所有社会成员向"成绩"看齐、"唯分数马首是瞻"毋庸置疑，在如此功利的社会评价背景下，解决学生学业负担过重问题只能是一纸空文。

（一）国家教育资源失衡

从国家层面看，教育投入不足，教育资源分配不合理，为争夺稀缺的教育资源而存在激烈的竞争，从这个角度看，教育资源配置不均是另

一个加重学生学业负担的因素。根据联合国教科文组织世界教育发展报告统计数据显示，我国是用占世界上1.18%的教育经费培养了占世界上18.45%的学生，其中，基础教育是用占世界0.78%的教育经费培养着占世界上的19.81%的中小学生。[1] 我国现在还处于社会主义初级阶段，属于发展中国家，经济发展水平难以满足人们日益增长的物质文化需求，特别是对优质教育资源的需求，其供需矛盾缺口较大，很难在短时间内得到解决。因此为获得优质的教育资源，人们展开激烈的竞争，学生学业负担过重就是这一矛盾激化的产物。此外，我国人口众多，占世界人口的25%以上，庞大的人口基数不仅让原本稀缺的教育资源更加匮乏，更加剧了人们对教育资源的争夺。[2] 在"僧多粥少"的残酷现实条件下，学生学业负担之重可想而知。另一方面，在国家高考制度和应试教育这根"指挥棒"下，减轻学生过重的学业负担问题只能是天方夜谭。"举步维艰"，"进展缓慢"，一位教育界人士这样形容中国的教育状况。他说，为追求高升学率，不少学校压缩正常教学时间，用半年甚至一年的时间复习备考。老师拼命"满堂灌"，根本无暇顾及素质教育；学生负担过重，严重影响身心健康，心理承受能力弱。高考是一场没有硝烟的战争，学生每天起早贪黑，"三更灯火五更眠"，"两耳不闻窗外事，一心只读应试书"是大部分毕业生的真实生活写照，他们整天被埋在题海之中，被压在书山之下，作为学生该有的主体性、主动性被完全抹杀，高考成了学生生命中的不能承受之重。

（二）学校教育评价失准

从学校层面的因素分析，学校是学生学习的主要场所，学校可谓学生学业负担的直接来源，学校为抢夺生源，盲目追求升学率，在全国素质教育推行的背景下，"应试教育"却搞得轰轰烈烈。政府教育部门的

---

[1] 联合国教科文组织：《世界教育报告》，教育科学出版社2001年版，第67页。
[2] 谢利民：《顺境下学生负担问题成因分析》，《湖南师范大学教育科学学报》2005年第3期，第37-41页。

领导者、学校校长，为了提高自己的政绩，违背国家教改的文件和规章制度，片面追求升学率，层层分解升学指标，并以此对学校进行奖惩，学校又依据班级排名对教师进行奖惩，而教师就要根据学生的考试成绩对其进行奖惩，因此，层层高压下，学生的学业负担自然越来越重。整体而言，教育系统畸形的评价系统就像毒瘤一样深深地浸入社会，使得全社会都以学校升学人数和升学率的高低来评价学校与老师，只有升学率高才是好学校，升学率低就是差学校，因此，学校为了招生人数和社会声誉，不得不全力以赴地抓升学率，从而导致社会给学校施压、学校给老师施压、老师向学生施压的恶性循环，最终导致学生学业负担长期过重。具体而言，现行的学校评价制度存在诸多的缺陷，给学生带来了无法言喻的学业负担。首先，现行学校评价制度标准单一狭隘，以升学率作为评价学校教学质量的唯一标准，致使学校只关注学生的学习成绩和考试情况，对学生全面、自由、和谐发展的要求置若罔闻，也对学生的身心健康状况熟视无睹，束缚了学生的个性、主体性和个人潜能的发挥，也忽视了学校发展的多样性，从而限制了学校发展的空间，最终会导致学校及学生的扭曲发展；其次，现行学校评价方法落后，只重结果不重过程，以结果性评价为主，不管学生在学习过程中的学习体验和情感发展；再次，现行学校评价多为横向比较，缺少纵向评价，学校和老师都习惯于用同一化的标准评价所有学生，却不注重对学生特殊性的关照，学生的发展具有差异性、阶段性和不平衡性，学生与学生之间存在很大的差异，不应该用相同的标准去评价所有的学生，学校评价方法不当是造成学生学业负担过重的一个重要原因。

（三）家长教育行为失真

从家庭层面看，中国家长历来就有一种"不让孩子输在起跑线上"的心理，他们把光宗耀祖、振兴家族的希望全都寄托在孩子身上，在国家社会大力提倡给学生减负的背景下，一大部分家长却在给孩子"增负"，他们不断地给孩子报培训班、买参考书、请家教，忙得不亦乐乎，还美其名曰是为孩子将来出人头地，实则是家长的虚荣心在作怪，他们把孩子当成是人前炫耀、挣面子的途径，从不过问孩子的兴趣爱好和承受能力。很多家长因为文化水平较低，知识结构欠缺，不懂教育方法和教育规律，不能觉察孩子到底喜欢什么就盲目给孩子报培训班，秉持"广撒网多捞鱼"的原则，让孩子把所有的才艺都学一遍，认为这样总能找到兴趣点。孰不知，家长的殷切期盼已经让孩子喘不过气来，他们稚嫩的肩膀承受着来自家庭的过重学业负担。还有一些"全能型"的家长，把孩子的一切生活事务都包揽了，让孩子只专注于学习，甚至有些家长为了孩子辞掉工作，全程陪读、陪练，据中国社科院教育研究所的一项统计显示，中国有 36.8% 的家庭存在父母陪读现象。不少父母每天的生活重心就是照顾孩子，他们唯一的心愿就是把孩子培养成才。家长这种越俎代庖的行为不仅没能帮上孩子的忙，反而助长了他们的依赖心理，弱化了他们的探究天性和动手能力。学习是学生自己的事，让孩子发动主动学习的马达，才是教育的智慧。因此家长教育知识、教育智慧的欠缺，教育方法的简单化也已成为造成学生负担过重的原因之一。① 家长这种无微不至的关爱已经转化成了有形和无形的压力，无时无刻不环绕在青少年儿童的身边。

我们还应该看到，现代社会家庭结构的变化也是影响学生学业负担的重要因素之一。家庭结构是否完整对中小学生的学业影响很大，完整健全的家庭对学生的学习会起到促进作用，而不完整的家庭结构会对孩子的学习造成一定的负面影响。所谓不完整家庭结构，指的是双亲一方或双方由于死亡、离婚、遗弃或其他原因而造成的一方或双方不在的家庭。不完整家庭中，由于双亲中的一个人要承担两个人的义务，难免因为工作事务的繁忙会对孩子的督促不到位或生活照顾不周到，而耽误或影响孩子的学业，造成孩子学业的不良。此外，现在家庭中大多是独生

---

① 谢利民：《顺境下学生负担问题成因分析》，《湖南师范大学教育科学学报》2005 年第 3 期，第 37–41 页。

子女，儿童在家中是父辈、祖辈的掌上明珠，全家人都围着孩子一个转，可谓集万千宠爱于一身，然而，何尝不是"集万千压力于一身"，虽然孩子拥有全家人的关爱，但也承载了全家人的希望，肩负着将来供养全家人的责任和义务，因为孩子们知道，只有自己认真学习、不断努力、取得优异的成绩、考上好的大学才能履行自己的义务、肩负起养家糊口的责任。因此，孩子所承受的压力和获得的关爱是等额的，父母无微不至的关爱已经演化成了无处不在的学业压力，望子成龙、望女成凤的殷切期望也转化成了无形的学业负担，父辈们的爱越是厚重，孩子所承受的学业负担就越重。此外，家庭不恰当的教养方式和评价方式也会给学生学业负担"添砖加瓦"。长期以来，家庭教育中形成了权威型、专制型、放纵型和忽视型四种不同的家庭教养方式，其中，专制型家庭教育中，青少年的一切事务都由家长决定，他们秉持"严师出高徒"的准则，不问孩子的兴趣爱好，个人专制独断，盲目给孩子报兴趣班，请家教，一心致力于孩子的学习成绩，毫不在意孩子的身心能否承受。而且他们往往把一次考试成绩作为评价孩子的唯一标准。考了高分就是好孩了，并获得奖励；考试成绩不理想就不是好孩子，会受到责难、谩骂。家长总是热衷于总结性评价，忽视形成性评价和发展性评价。几乎在每个孩子的成长过程中都有一个"别人家的孩子"，别人家的孩子考了多少分、得了什么奖，很多家长倾向于采用横向比较的方式，用周围孩子作为参考系来评价自己的孩子，而这种评价通常以学习成绩为标准，忽视了孩子其他方面的发展，学习成绩好便是好孩子，学习成绩不好便什么都不是，在这种观念的影响下造成学业不良孩子消极的心理暗示：我不行，我比别人差，从而自暴自弃，失去学习的信心。为了迎合家长的这种比较心理和虚荣心理，孩子们只能不断地给自己施加压力，希望通过自己的努力能达到父母的期望，评价方式和标准的单一化忽视了孩子发展的个性差异性、主体性和主动性。因此，评价方式和家庭教养方式的不恰当会挫败他们学习的积极性，引起他们考试焦虑等症状的出现，会给孩子带来沉重的心理负担和学业负担。

综上所述，可以说现行的社会评价制度已经形成了以成绩和分数为中心的片面追求教育的工具价值的应试教育评价体系，以总结性评价为主，只看结果不问过程，无视学生在整个学习过程中的情感体验和身心发展。换句话说，现行的教育评价体系的目标与功能反映了当今社会对教育的价值偏好是造成学生学业负担过重的重要体制性因素，学生学业负担过重虽然是一个教育问题，但背后却隐藏着重要的社会因子：从制度层面看，其根源就在于社会评价"教育质量"和学生表现的标准过于狭窄单一，即学习成绩、学业成就高于他人，对学生而言，除了刻苦学习取得好成绩外别无选择，只有获得良好的教育才是个人取得"教育成功"的唯一可信外在标志；从教育动作系统来看，现行教育系统为不可计数的青年学生提供的取得"教育成功"的路径太少，"僧多粥少"造成"千军万马过独木桥"的盛况；从教育系统运行的外部环境来说，社会评价"教育质量"和学生学业成就的标尺是学生学业负担问题解决的阻抗要件。①

第三节　学业负担的社会出路

解决学业负担问题是一项系统工程，必须进行一系列配套改革才行，必须以学业负担产生的现实社会机理和基本国情为根本出发点。我国正处于向市场经济转型的时期。转型期的经济结构、教育结构正在进行重建，社会运转规则正在进行规范，计划经济下没有解决的各种社会问题暴露频频。认识和解决学业负担问题离不开这一背景。我国现阶段的主要矛盾是人们日益增长的物质文化需要同落后的社会生产之间的矛盾，人民群众受教育的愿望越来越强烈，尤其是希望接受更多、更优质

---

① 沈玉顺：《中小学学生学业负担过重问题的评价学分析》，《教育理论与实践》2000 年第 6 期，第 28 - 30 页。

的教育。目前，我们应该着重解决的是教育环境、学校教育和家庭教育、学校和社会管理等方面存在的问题，变负为正、减负增效、变阻力为动力，成为推动素质教育深入发展的一股有益力量。具体而言，我们要从学业负担产生的社会心理、社会行为以及社会评价入手，层层深入、步步为营，彻底清除学业负担滋生的土壤和繁殖的温床，使整个社会的认知体系和社会心理重拾理性本真、回归学生本位、复归生命本位，待到社会心理返璞归真、社会行为铅华洗尽之后，学业负担问题解决之路才能尘埃落定。

一、确立"三人"价值观引导社会心理回归学生本位

毋庸置疑，扭曲的社会心理是造成学生学业负担过重的重要社会因素，因此，净化社会心理，使社会心理回归学生本位是解决学生学业负担过重的一个关键路径。当前的社会心理受经济利益的驱使过度强调学生学习成绩的重要性，忽视学生在学习过程中的情感体验和兴趣爱好，无视学生的主体性、主动性，鉴于此，当前的"减负"运动要把学生身心的健康成长作为一切工作的出发点和落脚点，一切为学生着想，关注每个学生的成长。然而，我们需要格外注意的是，因为多年"减负"工作收效甚微，学业负担如同驱之不散的幽灵一般飘荡在社会环境中，弥漫在社会心理，导致社会公众一面对学业负担就表现得手足无措、坐卧不安的，缺少解决学业负担问题的勇气和毅力，因此，想要彻底解决学生学业负担过重问题需要增强社会公众解决学业负担问题的心理壁垒和交相辉映的社会氛围，营造正确的舆论导向，形成解决学业负担问题的强大社会合力。教育要发挥其"育人"和"育心"的导向作用，改变社会的观念结构和"非人"的价值观倾向，建构起一套关于人的解释系统，以"三人"的理性价值观为基础，引导社会对教育进行正确认知以及对人才的重新正确定位，形成教育与社会的良好互动机制，摒弃教育单纯受到不良社会心理影响的尴尬局面。所谓"三人"是指对

"人性"、"人本"和"人才"的审思和重新定位。

　　减轻学生过重负担，最终要落实到学校层面，首先要重塑学校的教育价值观。学校校长和教师必须转变教育只为升学服务的目标观，树立教育为提高国民素质，为社会主义现代化服务的目标观；转变以考试分数为唯一标准评价学生的质量观，树立学生综合素质提高、个性特长充分发展的教育质量观；转变只重视少数尖子生而轻视大多数学生，重知识灌输，轻能力培养的教学观；树立面向全体学生，因材施教，知识学习与智能发展相统一的教学观，并落实到教育教学实践中去。学校要正确引导家庭教育，使家长的观念来个大转变。教师要不断提高师德素养和专业水平，倡导教学民主，建立平等的师生关系，尊重学生的人格；要改进教学方法，提高课堂教学质量。小学一、二年级不留书面家庭作业，其他年级书面家庭作业控制在 1 小时以内。严禁把增加作业量作为惩罚学生的手段，除语文、数学外，其他课程不得组织考试。普及九年义务教育的地区，初中入学、招生不得举行或变相举行选拔性的书面考试。北京市朝阳区垂杨柳学区转变教师教育观念，把"减负"工作落实到整个教学过程之中，真正减轻了学生的课业负担的做法，已为我们提供了很好的经验。

　　家长是孩子最亲近的人，许多家长面对现实社会日益激烈的竞争，把接受高等教育看作孩子的唯一出路，不断对孩子施压，加重负担，导致家庭教育学校化。要减轻学生负担，家长的观念要来个大转变，改变家长的教育价值观，使家长对人性、人本、人才形成正确的认识。家长要调整对孩子的期望，违背孩子成长规律的过高期望就是一种幻想，会加剧孩子的压力，家长要改变急功近利的心理，对孩子的期望要把握一个"度"，使期望达到让孩子"跳一跳，够得着"的效果，要懂得孩子成材必须"学会求知、学会做事、学会共处、学会做人"。开展社区教育活动，丰富学生的业余生活。在"减负"之后，科技馆、图书馆、青少年宫等单位要主动吸纳学生，学校要加强与社区的联系，为丰富学生的业余生活创造良好的条件。家长的从众心理、比较心理、急于求成心理等也会给孩子带来困扰，因此，面对社会上盛行的各种"热潮"，如奥数热、出国热、名校热、外语热等家长要冷静思考，辩证看待，不能盲目跟风，要权衡利弊，从孩子的切身需要去考虑。

二、制定"三位"政策指引社会行为重拾理性本真

辩证唯物主义告诉我们，社会存在是第一性，由它决定社会意识，是社会意识的前提和基础，社会意识是第二性的，是对社会存在的反应，有什么样的社会存在就有什么样的社会意识与之相适应。学生学业负担过重本身就是当前社会文化映射下的一种社会存在。因此，想要纠正社会心理错误的认知偏差和过高的教育诉求，就得先要改变这些错误社会意识赖以生存的土壤——社会存在。改变以往社会存在盲目追求教育的经济功能和工具价值以及盲目夸大教育功能的错误导向，引导社会存在秉持新课改的"人本"精神，重拾理性本真。从实践层面考虑，我们需要建立一系列具体的、务实的以关注青少年学生身心的健康发展为核心的有效责任机制，包括学习型社会的构建、终身学习教育体系的建设、家长学校建设、省域综合教改实验、升学考试与招生制度改革、教研部门学术化工程、教师观念和行为转变、学校转型、教育教学常规改造、学生主体的学习责任承担能力培养等有效的责任分摊机制。[①] 具体而言，需要制定"三位"政策，规范社会行为。

第一位是教育政策，教育政策作为解决学业负担的专项政策，要对教育教学过程中存在的失范教育行为进行及时遏制，保证教育行为的公正规范。首先，要清除应试教育滋生的土壤。一种现象的产生必然有其客观原因，学生学业负担长期过重就与应试教育的阴影不无关系。在应试教育的魔爪下，家长只关注孩子考了多少分，拿了多少奖，忽视了孩

---

① 刘合荣：《学业负担问题缓解——课堂内外的探索与行动》，华中科技大学出版社 2010 年版，第 39 页。

子快乐健康成长的重要性；老师只致力于班级的名次和由此而来的奖金报酬，盲目地布置超额的作业加重了学生的学业负担；学校则为了升学率、名誉、声望一味地向老师、学生施压。因此，学校要自觉克服应试教育残留下来的对学校办学的影响，从片面的教学评价、超媒体功利倾向性评价中解脱出来，落实教育的全面发展观和教师评价的全面评价观，这样才能清除应试教育滋生的土壤。只有当学业负担的种子失去了赖以生存的最重要条件时，学生过重的学业负担才能有效解决。其次，要优化学校教育，要改变教育模式，用好高考指挥棒的导向作用，改变教师一味灌输的"填鸭式"教学模式，引导教师更新教育理念、创新教学方法、转变教学模式。学校是实施教育教学的基本单元，有责任和义务为学生减轻过重的学业负担，学校要组织教师从学生知识把握、能力发展、方法养成的基本点出发去实施教学，加强兴趣激发、思维和学法培养，让学生得到知识和能力的双重属性，实现教学过程的最优化，只有这样才能避免抹杀学生的学习兴趣和爱好，背离教育教学的规律，才能有效解决学生学业负担过重问题。根据新的课程计划合理设置课程，改变学科课程一统天下的局面，保持必修、选修和活动等各类科目的平衡，严禁老师以任何理由占用学生的音乐、体育、美术等各类活动课程；改变教学结构，扭转教师强力控制课堂的局面，纠正不注重利用群体活动来培养学生群体意识和群体活动能力的情况，并藉此提高课堂教学的质量；从知识掌握、人际交往、个性品质、审美修养等各方面建立全方位适应学生全面发展的多元化教学模式。此外，教师还要改变传统以教师为中心的课堂结构，改变传统"师云亦云、师道尊严"专制武断的作风，充分听取学生的意见和建议，尊重学生的兴趣爱好，充分调动学生的主动性、积极性和自主性，使教学活动在轻松、民主、和谐的氛围中进行，建立起师生互助合作、相互理解的交流模式，创设生动的教学情境，改变单一呆板的灌输的模式，理解、尊重学生，不仅关心学生的学习成绩更要关注学生的身心健康。

　　第二位是公共政策，解决学生过重学业负担问题是一个声势浩大的复杂系统工程，需要社会各组织、各成员广泛参与、积极配合，改变既有的社会行为，重新确立以学生身心健康和谐发展为旨归的理性社会行为，将"减负"的责任分摊到所有的责任主体，步步为营、稳扎稳打，共同为解决学生学业负担过重问题建言献策。国家中长期教育改革与发展纲要明确指出：过重的课业负担严重损害了少年儿童的身心健康。减轻学生学业负担是全社会的共同责任，政府、学校、家庭、社会必须共同努力，标本兼治，综合治理。① 学生学业负担过重不仅是教育问题，更是社会公共问题，解决学业负担问题也需要公共政策发挥其调控作用，强化学校和社会管理，健全监测体系，落实减负政策。一直以来，减负政策在执行过程中存在落实不力的问题，其中一个重要的原因在于目前尚缺乏与减负规定相配套的、有效的监督检查机制和测评体系，缺少对不执行减负规定的具体惩罚措施和有效执行减负规定的奖励办法。第一要纠正考试成绩和学校评比、教师晋级挂钩的片面做法。严格按照科学的评价标准来检查、督导学校。第二要加强对学校教育教学活动的过程性监控，营造出学校和教师向有限的时间要质量和效率，讲求教学方法，用教育学心理学指导自己教学过程的氛围。切实落实减负规定的关键在于形成与之相配套的、科学的检测体系与长效的监管机制。具体来说，也就是要建立中小学生课业负担监测制度，通过该制度对各个地区和中小学校减负政策的执行情况进行持续的监督检查，对学生课业负担的实际状况进行常态的检测评估，并依据检查、测评的结果，对减负不力的单位和个人追究相应的责任，以强有力的检测体系与奖惩机制，保证减负政策落到实处。②

　　第三位是相应的配套政策。学业负担是中国教育的一块顽疾，"减

① 《国家中长期教育改革和发展规划纲要（2010—2020）》，2010 年。
② 李虎林：《课业负担重，谁说了算》，《中国教育报》2013 - 11 - 14，http://www.jyb.cn/basc/sd/201311/t20131114_ 559572. html。

负"则是中国社会的一项复杂的系统工程，并非一两个社会个体所能解决的，需要全体社会成员共同参与，形成社会合力。因此，需要将减负的责任分摊到所有责任主体，建立相关的配套政策，以确保教育政策和公共政策的顺利实施。例如，国家应该改革招生制度、升学考试制度和运用人事制度，扩大就业机会，抑制激烈的社会竞争。现在的社会，没有一个重点大学的毕业证，找工作连"海选"都过不了，因此，要想在如此残酷的社会上立足，那就得从小做准备，小升初、中考、高考，步步为营，每一步都得小心谨慎，一招不慎，满盘皆输，所有的努力都将付之东流。我国现行的高等学校招生制度实质上是一种国家选拔人才的制度。虽说我国的高等教育这几年已进入大众化的阶段，但高考的竞争，特别是名校和热门专业的竞争却愈演愈烈。目前高考附带的东西很多：身份、地位、就业、前途等等，"一考定终身"仍是铁的事实。从某种意义上来说，我国的基础教育几乎成了高考的附庸。考试的测量价值、教育价值和社会价值三大功能都不同程度地发生了异化。① 此外，应建立配套政策改进家庭教育，改变家长观念。家庭对于教育功利性的追求，最终都会由教育对象来承担，落实到学生的学习、考试和升学竞争上，势必会导致学生身心负担过重，影响学生的身体健康成长和心理的健康发展，因此，在子女成才的问题上，家长一定要转变观念，树立正确的人才观，减少对子女的盲目期望值。家庭应该要求和鼓励青少年勤奋学习、刻苦钻研，让他们意识到不经过艰苦的学习和锻炼是很难成长起来的，但是要改变只鼓励、表扬孩子的学习行为而没有及时发现、鼓励和强化孩子好的道德品质等做法，一定要有正确的指导思想和教育方法，切实扭转重智育、轻德育、体育的倾向。这需要教育部门和学校的指导帮助。许多地方的实践表明，开办家长学校是一种好形式，还可以通过举办专题讲座、开展专家咨询、家庭访问家长会等多种形式，引

① 宋卫民：《小学生学业负担过重问题的社会成因研究》《宿州教育学院学报》2006 年第 5 期，第 41 – 43 页。

导和帮助广大家长主动地全面地关心子女的成长。

三、设立"三层"评价标准引导社会评价复归生命本源

对于"减负"这个浩大工程，即使净化了社会心理、更正了社会行为，但如果不对社会既有评价机制进行清理，仍然无法触及问题的实质，反而会令前面所有的努力和付出都显得苍白无力、徒劳无功，只有当社会文化复归到生命本源，学生过重学业负担的解决才能真正尘埃落定。虽然社会存在决定社会意识，但社会意识具有相对独立性，而且对社会存在具有反作用，只有先进的社会意识才会对社会存在具有促进和推动作用，落后的社会意识则对社会存在起阻碍作用，社会意识是社会文化在社会存在中的反映，集中体现着社会文化的观念形态和核心意旨。因此，如果仅仅期望通过改变"社会存在"而不对"社会意识"有所行动就想根除学生过重的学业负担无异于天方夜谭、痴人说梦。"减负"问题不能只着眼于技术层面（利益机制）的转变，而应该从更深层的社会文化心理入手。① 如果当前的"减负"问题不把个体生命价值作为社会评价的标准，就无法打开"学业负担"这个死结。而正确的社会评价必须要建立在理性的社会认知上，要改变社会公众"学历＝资历"、"证书＝能力""资源＝素质"这种偏狭的评价方式，首先要确立公众对学生素质、教育质量以及学业负担的正确认识，只有建立在理性认知基础上的社会评价才具有客观公正性，以"三层"质量保障为动力机制，通过学业负担问题重塑社会评价认知，才能使长期困扰学生的学业负担问题得以尘埃落定。

重建社会的评价认知，首先需要让社会对学生学业负担的水平有一个基本的认识，减负并不是指没有负担，而是让学生承受一定合理的负担，有学习就必然有负担，这种合理负担是学生主观感受和客观任务之

---

① 田若飞：《课程文化与学生幸福感：一项质性研究》，《全球教育展望》2009 年第 7 期，第 18—22 页。

间的综合作用结果，它是处于学生承受范围内的学业负担，既让学生有所压力又不过分压抑。试图完全消灭学业负担的想法是一种带有乌托邦性质的社会认知，会给社会评价造成错误的评判方向。此外，对学业负担的认识不能局限于学生作业多、书包重、休息时间少等片面的认识，对学生造成最多影响的是这些外在负担所带来的内瘾性心理压力，这才是影响学生身心健康的最大"毒瘤"，因此，减负更应该着眼于对学生心理的疏导。

其次，我们要树立对学生素质的正确认识，寻本溯源，学生学业负担长期过重的原因就是整个社会文化长期忽视个体的生命存在，无视个人的成长与发展，更无视人的本性与价值。传承社会文化、为家国社会培养后续人才是教育的天职，可在现如今这个充满物欲与利诱的经济时代，教育早已扭曲变形，人们追求的是教育能够为社会创造多少财富价值，学生个体充其量是实现此目的的工具和手段。当今社会文化缺乏对生命个体的信仰，或者说当前社会文化只信仰金钱，"拜金主义"、"金钱至上"等社会风气甚嚣尘上，致使公众盲目追求教育的功利价值。此外，勤奋刻苦、吃苦耐劳是中华民族几千年的传统美德，它深深扎根于我们的社会文化之中，这种社会文化折射到学生身上，就形成了非人道的苦学观，"书山有路勤为径，学海无涯苦作舟"被多少老师家长当作至理名言，囊萤映雪、凿壁偷光、头悬梁、锥刺股又被多少人顶礼膜拜，中国传统的苦学文化已经被万千家长当作教育孩子的核心理念，[1]在这种非人道的苦学观下形成的社会文化不仅压抑学生个性、增加学生的学业负担，更会让学生个体的生命尊严和价值荡然无存，映射出无尽的社会悲哀。因此，解决学生学业负担过重的最终路向是让社会文化复归生命本源。

其三，在教育质量观上，应该建立正确的教育质量认识，摒弃单纯

---

① 谢利民:《社会学视角——顺境下学生负担问题的再思考》,《上海师范大学学报》2004 年第 11 期，第 10 - 15 页。

的单一指标论影响的偏狭观念。要改变过去过于强调教育的经济价值和工具价值的评价方式，重视教育在科学研究、人才培养、社会服务方面的重要作用，着重提高学校教育的"质量文化"。回顾中华民族浩瀚五千年历史，贯穿始终的基本书本书化类型是宗法文化、儒家文化，它造就了中华民族独特的世界观、社会文化取向和行为生活方式。儒家对"内圣外王"的理想人格的追求，表现在教育上是"学而优则仕"的具有强烈政治性和伦理性的传统教育目的观，因此使教育演化为一种官本位的模式，人们普遍信奉"仕途通达"、"兼济天下"的社会文化。当这种社会文化普及到一定程度时，就形成了一种社会化的文化心理，代代相因，从而桎梏着人们的思想、行为和态度。① 几千年来，社会形态不断更迭变换，但这种宗法文化仍然根深蒂固，早已成为中国人基本精神支柱。长期被这种社会文化笼罩的青少年耳濡目染，个性被压抑，人格被漠视，人性难以释放，学生学业负担之重可想而知。长期以来，我国的"减负"模式都是国家颁布行政命令，三令五申，下传各级教育部门和学校执行命令，通过这种自上而下的手段进行的，"上"多指教育行政管理部门，不是国家其他的行政机构；"下"多指各级教育机构和学校，而不是其他社会部门或组织。② 这种做法只是头痛医头、脚痛医脚的典型例子，隔靴搔痒，不能解决根本问题。常言道，想要注入清水，首先要把污水排掉。因此，想要彻底解决学生学业负担过重问题，首先要厘清学业负担赖以生存的土壤和社会文化环境。当社会形成尊重个体生命价值、保护学生生命特性、满足学生内在需求的社会风尚之时，减轻学生过重学业负担才有道可寻。

---

① 朱怡华：《从传统文化心理看学业负担问题》，《上海教育科研》1994 年第 12 期，第 7 - 8 页。
② 谢利民：《我国半个世纪——减负问题的历史回溯与思考》，《集美大学学报》2005 年第 3 期，第 20 - 25 页。

第八章

学业负担问题的监测机制

据《泰晤士报》1990 年 4 月 10 日报道，英国决定采取措施，减轻小学生的考试负担，其原因是考试（法定要求的国家课程科目的考试）给小学生带来了过分的压力。①《儿童权利公约》（1989 年 11 月 20 日第 44 届联合国大会通过）、《中华人民共和国义务教育法》、《中共中央国务院关于深化教育改革全面推进素质教育的决定》（中发〔1999〕9 号）为学生学习的合理负担提供了法律基础和保障，我国各省市也制定了相应的"减负"政策，但在实践中成效不多，这就需要重新审视学业负担这个既定事实，建立学业负担监测机制。虽然国家出台了诸多的有关"减负"的政策文件，然而，直到 2010 年 7 月《国家中长期教育改革发展规划纲要（2010－2020）》才明确提出将"建立学生课业负担监测和公告制度"写入规划纲要，这也是政府自提出"减负"口号以来第一次将学业负担的监测和公告制度变成法律成文，这无疑是对"减负"政策和行为的有力补充，更是中国教育领域的一项重大举措，至此，学业负担监测机制的建立也能有法可依。

---

① 白水：《英国采取措施减轻小学生的考试负担》，《课程·教材·教法》1990 年第 8 期，第 48 页。

第一节　学业负担监测机制的意蕴

一、内涵

监测在《现代汉语词典》中有监控、检测、督查的意思，它是一种持续不断的监督和评价，其主要目的是通过监测收集大量的信息，再通过对信息的整理和分析为正确政策和决策的制定提供确切的讯息。应用于学业负担上，监测是指对学生的学习时间、休息时间、学习难度、作业量、教辅资料等方面的督查，因此，我们可以将学业负担监测机制概括为：政府对所管辖范围内的在校学生在学业方面应该承担的责任、履行的义务和能够承受的压力进行监督和测量，并将监督和测量的结果向社会公众进行公开并接受社会监督的一种制度。[①] 也就是说，学业负担监测就是对学生在学习中产生的生理负担和心理负担的监控与检测。监测的目的一方面是为了防止过重的学业负担对学生的身心健康造成损害，保证学生的快乐健康成长；另一方面是将监测结果向社会公众公布，让公众参与监督，保证学校和教育行政部门的监督力度，切实对不合理的教学行为进行整改。

二、特点

（一）强制性

"建立学生课业负担监测和公告制度"是中共中央国务院印发的《国家中长期教育改革发展规划纲要（2010－2020）》中明确提出的，是我国教育改革和发展的纲领性文件，具有法律效力，也具有强制性，受到法律的承认和保护，地方各级教育部门、各学校、教师必须严格执

---

① 莫利华：《中小学生课业负担监测制度建设研究》，硕士学位论文，西南大学2012年，第12页。

行。学业负担监测制度指标体系的构建也要以一系列的减负的政策为指导，做到有令必行、有禁必止，进而推动监测制度的顺利实施和减负政策的贯彻落实。

（二）科学性

科学性是学业负担监测机制得以顺利实现的前提条件，主要指学业负担监测机制要具有可行性，即易操作，特别是对监测指标的设定时要充分考虑各指标之间的关联性和差异性，监测指标的确定既要有坚实的教育理论支撑，更要有客观、真实的数据来源。监测内容必须遵循教育教学实践和学生身心属性规律，数据收集过程也要做到客观真实，最好从学生、教师等监测对象处直接获取，而不是单方面听取领导、校长的陈述。

（三）全面性

学业负担监测要涉及学生学习生活的方方面面，将监测范围扩大到其学习生活的每一个环节。在学习方面，要充分利用学分制管理系统，对学生日常课程、作业、成绩、考试、考勤等方面进行全面监测，不放过每一个学业负担的影响因子；在生活方面，要对学生的家庭情况、父母教育程度、教养方式及对孩子的期望水平有所了解，因为家庭方面也是造成学生学业负担重的重要因素之一；此外，学生的人际交往，特别是与科任老师之间的关系会影响学生对该科目课程的学习，一般而言，学生喜欢哪个老师，相应地也会喜欢该教师所教授的科目，所谓爱屋及乌正是这个道理。相反的，若学生与某个教师之间矛盾尖锐、关系紧张，那学生肯定不愿意上该教师所教授的课，自然会造成学生的学业负担。总而言之，学业负担监测机制不能局限于学校场域的学习范围，更应关注学生的人际关系、家庭环境等因素，考虑学业负担监测机制"全面性"的特点。

三、价值

（一）学业负担监测机制能够真实反映学生学业负担现状。

中小学生正处在生长发育期，学生学习时间过长，休息锻炼时间较少，加之频繁的考试等过重所造成的学业负担不但摧残学生身心健康，有碍学生知识拓展，不利于学生智力发展和能力培养，而且还影响学生良好思想、道德品质的形成。中小学生学业负担监测机制一旦建立并顺利实施，在各类调研数据基础上建立中小学生学业负担监测的数据库以及各项监测内容的常模，就会为多角度、常态性地监测、分析中小学生学业负担变化情况提供数据支撑，并为探索建立监测预警和危机干预机制提供基础信息，对学生学业负担的监测应该能够全面地涵盖学业负担的涉及范围，多角度地反映学生学业负担的现状，并从不同监测对象的调查中获得全方位的监测结果，从而综合地反映学生学业负担的现状，可以减少中小学生的学业负担，激发学生的学习兴趣和激情，让学生在愉快轻松的环境中学习和成长，更能促进其身心健康发展。

（二）学业负担监测机制为教育行政部门提供决策依据。

在教育行政部门制定相关教育政策、学校制定学校发展规划以及改进教育教学实践的过程中，强化监测结果的运用，将其作为重要参考依据，综合问卷调查、网上舆情、督学访谈几类调研监测结果，向社会发布，在坚持教育信息公开、接受社会监督的同时加强舆论引导力度，引导家长与社会树立正确教育观念。各部门在科学、全面、准确地掌握中小学生学业负担情况的基础上开展切实有效的减负工作，为基础教育朝着公平、优质、创新、开放的方向发展服务，对中小学生学业负担的监测应该为教育行政部门减轻学生学业负担提供决策依据，并成为中小学生减轻学生学业负担，促进学生健康成长的行动指南。通过对中小学生学业负担全面、科学、准确地监测，为政府及教育行政部门制定切实可行的教育政策提供依据，为学生家长和社会开展科学的家庭教育与社会教育提供信息，保障并推动基础教育朝着公平、优质、创新、开放的方向发展。

（三）学业负担监测机制为区县及学校教育发展提供指导建议。

对中小学生学业负担的监测作为一项督导监测不仅要强调监测的问责职能，更需要强调监测的发展性功能。我们不得不承认，由于我们对现在中考、高考的升学看得非常重，在学校层面上确实存在着考什么教什么的现象，确实存在着怎么考怎么教的问题。我们要改变这种状况，全面落实国家课程方案也确实面临着很大的挑战。在这种情况下，基础教育质量监测观将引导、促使学校改变考什么教什么的状况。[①] 在教育系统内容方面，面向市、区县、学校不同层面进行有针对性的分层反馈，作为市、区县教育行政改进工作、学校改进教学的依据，对区县、学校的工作现状加以诊断，为学校改进工作提供指导建议，在获得真实可靠的监测数据的同时，促进各区县和学校有针对性的进一步整改、提升减负工作，切实减轻学生学业负担，促进素质教育的发展，切实促进学校、学生的发展。

第二节　学业负担的监测主体

一、国家教育行政部门

教育的发展离不开国家教育的支持和监督。随着我国教育改革的不断深化，县级农村教育综合改革和中等城市教育综合改革试验及"燎原计划"试点工作的陆续展开，宏观性的区域教育评价已开始引起人们的重视。[②] 在学业负担监测上，国家主体具有不可推卸的责任和权力。

---

① 张志勇：《监测使评价体系多元化科学化》，《中国教育报》2007 - 12 - 17。
② 陈玉琨：《教育评价学》，人民教育出版社 1999 年版，第 374 页。

（一）国家教育行政部门的权力表达

国家教育行政部门是负责贯彻国家的政策、方针，研究教育理论，制定教育政策法规的机构，因此，国家教育行政部门成了最大的权力主体，在教育问题上既享有最高的权力，也肩负着最大的责任，任何一项指令的出台都会影响地方教育行政部门和各级各类学校。因此，国家教育行政部门必须明确现代教育行政管理理念，始终坚持以人为本，以学生为本，以办人民满意的教育为宗旨，为社会公众提供多样、优质的教育服务，为学生快乐学习营造优越的政策环境。早在 1990 年 3 月，由联合国教科文组织、儿童基金会、开发计划署和世界银行发起和赞助的"世界全民教育大会"（World Conference On Education For All）提出了人人受到必要的教育的全球性目标，也就是全民教育。但是全民教育中，不仅包括起点，也包括过程中和结果上，是否每一个成员都受到了合理的教育，在学业成就达成上是否每个学员所承受的学业负担是合理的呢？这就需要相关教育部门担负起检验学业负担合理程度的评价指标体系和监督执行制度。

纵观世界各国的学业负担监测制度，比如美国、英国、哥伦比亚等国家在学业负担监测制度上的共同特点是：建立健全国家教育评价制度，这个制度不仅监测学生学业情况，更是以学生、学校甚至是学区的发展情况为基础帮助教育决策，利用教育信息改进教育。另外，有一些发达国家还通过对学生学业负担的监测，将了解到的学生学业情况以及受教育的需求，结合学习发展的具体背景情况进行分析总结，从课程设计、教学过程、教学手段与方法、师资队伍建设等方面进行教育质量建议与改进的相关活动。在我国，1998 年，国家教委在《关于推进素质教育，调整中小学教育教学内容，加强教学过程管理的意见》中以实现素质教育、减轻学生课业负担为要求对学生学业负担进行文件管理，在确保现行课程结构、课时、教材体系的前提下，对教育教学内容和教学要求进行调整，在规定的授课时间内完成教学任务，硬性规定不占用学生额外课余时间，按学科类课程、活动类课程和专题性教育为三大板块进行调整，适当删减教学内容、适当降低教学要求层次、适当缩小考试内容范围，而活动类课程不再要求编写学生用书，加重学生负担，强调丰富学生感性学习经验，以专题性教育形式开展青春期教育、安全教育、环境教育等，结合学科课程进行，不增加学生经济负担，按地方课程排入学校课程安排中，旨在传授学生基本常识和基础知识。在国家教委的规定下，各地严格贯彻执行，结合具体实际制定具体的实施和检查督导评估体系，减轻学生学业负担，促进学生的全面发展。在基础教育阶段，国家对学生的在校时间、作业时间与数量、测验次数、评价标准等方面进行了规定，其监测的作用点在学业负担的"度"上：学生没有学业负担，学生没有足够的负荷，发展就会缺少必要的压力与动力，教育质量自然没法保证；负担太重，学生难以承受，阻碍学生成长，摧残学生身心健康，其全面发展没法保证。

（二）国家教育行政部门的责任范围

在学业负担监测实践中，国家教育行政部门的责任范围主要通过两个政府系统：一是教育行政监测系统，二是教育督导系统。教育行政监测系统是以系统内部上下级监测为主。根据《〈中华人民共和国义务教育法〉实施细则》和《国务院关于基础教育改革与发展的决定》等规定，教育监测主体主要是上级主管部门和相关职能部门。在系统内一般没有专门的监督机构，也很少有专职的监督人员，大多数是谁管辖谁监督；监测内容主要是国家的方针政策、法律规章和工作计划落实情况；监测形式主要是阶段性检查验收、常规性工作考核与专题性检查评估；监控活动常常作为计划执行的一个重要组成部分，与计划执行融为一体；检查评估结果主要是反馈给上级部门和教育当事人。这些系统内部的监测一般属于常规性的例行监测，是我国各级教育行政部门和中小学学生学业负担监测的主要渠道与形式。从 1990 年起，在全国开展了一系列旨在提高教育管理水平的评价活动，譬如，上海开展对高等学校的财会、计算机和管理专业的评价；全国性的普通高等学校本科教学工作随机性水平评价等等。为了便于开展评价工作，在上海成立了高等教育评估事务所，专职从事教育评价工作。由于教育评价深入研究和实践的需要，在全国建立了教育评价研究组织。1990 年 10 月，全国普通教育评价专业委员会成立，此后，开展数次学术年会，较好地研究和解决了基础教育评价中存在的问题，1994 年 1 月，成立了全国高等教育评估研究会。自 1985 年以来，共举行过 7 次全国高等教育评估学术研讨会，较好地研讨了高等教育的评估问题。10 年来，教育评价研究和实践取得了丰硕成果，据不完全统计，发表论文数千篇，出版专著数十部。①从现实的学校教育来看，我国基础教育的基本格局是以国家统一的课程标准为准，统一按照地方教育行政主管部门的安排，执行课时分配、教学进度、教材选择等，作为真正的教学实体的学校，其基本职能就是贯彻、执行、服从。由于行政力量的干涉，学校教育存在个体差异，学校管理以行政指令为标准，紧紧依靠上级教育行政部门，以管理学生的学业成绩为重点，只要学生成绩优秀，学校就可以靠学生成绩进行竞争，获取更多的教育资源。所以，要实现学生学业负担监测需要从国家教育行政力量上做出偏颇调整。

教育督导系统是我国基础教育质量管理的重要责任主体，其基本任务包括"督政"和"督学"两方面。"督政"是指对下级人民政府、教育行政部门贯彻落实教育方针政策法规情况进行监督、检查、评估、指导；"督学"主要是对中等及中等以下的学校贯彻落实国家教育方针政策及教育教学情况进行监督、检查、评估、指导。学业负担监测的另一个主体就是教育督导机构和教育督导人员。1986 年以来，我国建立了国家、省、地、县四级教育督导机构。1995 年底，我国有教育督导人员 24170 人，其中专职督学 8025 人，兼职督学 13858 人（含特约教育

---

① 吴钢：《我国教育评价发展的回顾与展望》，《教育研究》2000 年第 8 期，第 29 页。

督导员 1290 人），教育督导行政人员 2287 人。目前，各省、自治区、直辖市都已经建立了督导机构，截至 2007 年底，100% 的地（市）、99.8% 的县（区）建立了教育督导机构。29 个省（自治区、直辖市），占全国地（市）总数 65% 和占全国县（市、区）总数 60% 的督导机构称为人民政府教育督导机构。我国目前有教育督导工作人员 35217 人，其中专职督学 8631 人，兼职督学 21178 人（含教育部聘请的总督学顾问、国家督学及各级督导机构从民主党派、无党派人士中聘请的特约教育督导员 2673 人）。[①] 12 年间，教育督导人员增加了 11047 人（专职督学 606 人，兼职督学 7320 人），教育督导队伍的不断壮大，为中小学生学业负担监测机制的建设提供了人员保障。在当前形势下，我国的教育督导制度是以"督政"为主；关于督导实施，督导任务主要来自于上级与本级督导机构的年度或阶段工作计划、上级政府或本级政府的工作部署、上级政府或本级政府批转的教育行政部门要求加强督导的报告；组织实施以督导机构为主，教育行政等相关部门予以配合；成员由专兼职督学、教育行政部门相关工作人员组成，必要时抽调政府相关部门人员参加。通过教育督导，改变过去只重视决策、执行功能单一的管理模式，使教育管理转变为决策、执行、监督信息、咨询等多功能的管理体制。

（三）国家教育行政部门的作用方式

对学生学业负担监测，国家教育行政部门主要是通过国家教育评价制度来实现，国家教育评价制度在评价内容上归纳起来有以下几方面：

第一，学生的学科成绩评价。鉴于地区、学生性别的差异，在这种学科成绩报告中，通常要结合一定范围内学生家庭、所在学校和社区的背景因素进行综合分析。在学生学业负担上，学生的学科成绩评价不能完全反映学生承受的压力是否超过范围，但是学生的学科成绩可以在一定程度上反映学生学业负担是否过重。学生的学科评价除直接反映学生

---

① 黄济：《教育督导学》，中国人民大学出版社 2011 年版，第 192 页。

的学业成就状况之外，可以使公众和学生家长了解学生的现状和需求，并将这种学科评价反馈到课程设置、教科书修订、教师教学培训的过程中去。比如美国加州的全州评价系统就是典型的学生的学科成绩评价系统，其评价内容包括学生期望学习的具体知识和技能，学生期望如何展示他们所学的的东西以及他们必须在多大程度上较好地达到标准，包括学科成就、身体健康测试等。①

第二，教育评价。教育评价与一般统一考试不同，它是从学生、教师、学校、课程、政策与执行过程等六个方面来进行评价的。全国性教育评价往往采取抽样调查方法，选择关键年龄段样本，仅就若干主要课程进行测评。这类教育评价在我国也有。比如中央教育科学研究所中小学生学业成就调查研究课题组采用分层随机抽样的方法从全国东中西部八省共 31 个区县中抽取 18600 名小学六年级学生进行语文、数学、科学、品德与社会四个学科的测试就属于这一类教育评价。②

第三，诊断性评价。诊断性评价也称"教学性评价"，一般是指在某项教学活动开始之前对学生的知识、技能以及情感等状况进行的预测，通过这种预测可以了解学生的知识基础和准备状况，以判断他们是否具备实现当前教学目标所要求的条件，为实现因材施教提供依据。在进行国家教育评价制度试验的若干地区和国家，如东南亚的泰国、菲律宾、马来西亚，南美洲的智利、哥伦比亚以及发达国家的美国、英国、澳大利亚等国的教育系统处于稳定运行状态，其全国性的教育评价主要目的是诊断学生学习过程中的缺陷，以便调整教材的进度和深度，因而出现了一些有特定背景意义的分析结果。如英国调查表明，学校经费的增加和学生学习成绩的提高并未发现有明显关系；在哥伦比亚，增加老

---

① 高嘉蔚：《我国县域义务教育评价制度研究》，硕士学位论文，东北师范大学 2007 年，第 15 页。

② 中央教育科学研究所中小学生学业成就调查研究课题组：《我国小学六年级学生学业成就调查报告》，《教育研究》2011 年第 1 期。

师在职培训的次数和时间也没有带来学生成绩的同步上升。

二、地方教育行政部门

（一）地方教育行政部门的权力表达

地方教育行政部门是国家教育行政部门的下属机构，是负责管理地方教育事业的部门和机构，在我国，因为是实行中央集权制国家，所以地方教育行政部门实际上是国家教育行政部门的代行机构，负责贯彻、执行国家教育行政机构的教育方针。地方教育行政部门对学业负担监测机制的运作，依赖着学业负担监测的组织机构，从横向上而言，我国学业负担监测的组织机构应构建官方的学业负担监测机构、半官方的学业负担监测机构和民间的行业协会相融合的学业负担监测的组织体系，并从我国基础教育课程改革的实际出发，将权威性的官方机构和第三方机构相结合的组织，及其为使这种组织机构正常运行的制度要求作为解决学业负担问题的行政力量之源，从而充分保障减负工作的顺利进行。学业负担的监测结构如下页图 8.1 所示。

（二）地方教育行政部门的责任范围

官方的学业负担监测机构，目前在我国主要是官方的督导系统、教研系统和评估系统，主要由各级的督导室、教研室和教科院所构成。官方的学业负担监测要求上级监测机构不仅能对下级监测机构进行监督、评价和指导，同时也能够督导同级的教育行政部门。非官方的学业负担监测机构是减负运作的划桨手，针对着学业负担监测制度运作的微观方面，非官方的学业负担监测机构具有较强的独立性，是通过各种咨询或者活动，同政府、社会、学校发生关系的组织体。非官方的学业负担监测机构在学情监测活动中，应以社会发展的需要，以各种相关的科学理论和监测活动的实际情况为准绳，设计监测方案，独立实施监测方案，依据科学的学业评价的程序，组织监测活动，对自己的信息负责，承担相应学业负担监测的责任。作为独立的组织机构，它不依赖于政府，而

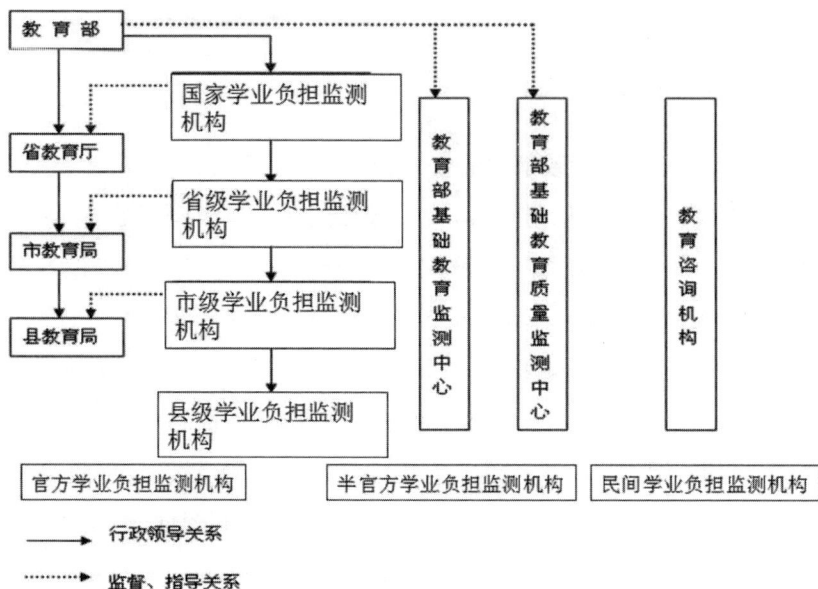

图 8.1　学业负担监测结构图

是接受委托或根据社会需要独立实施学业负担监测活动，客观性、公正性是其生命力所在，故而学业负担监测机构的主要人员应是教育评价方面的专家，其结果具有较高的信度和效度，要能够得到委托者、委托单位或者是决策部门的重视。虽然目前非官方的学业负担监测机构在我国的学业负担监测系统中力量不大，但是却是一个很值得注重的监测力量，尤其是在区级别的监测系统内。

（三）地方教育行政部门的作用方式

地方教育行政部门向上要贯彻和执行国家教育行政部门的教育政策法令，保证国家教育行政部门的教育计划有效落实，向下要负责地区教育事业的发展规划、基本建设、干部任免以及教师管理、教育经费管理等工作。具体而言，地方教育行政部门的作用方式主要体现在以下几个方面：

第一，贯彻实施国家教育法律、法规、政策和指令，保证国家有关减负的教育方针、政策、法规的贯彻执行和教育目标的实现。

第二，履行教育职责，对各级各类教育领导和管理的情况进行监督、检查和指导，保证学校的办学方向和办学性质不偏离方向。

第三，核定学校工作人员编制，组织专家帮助学校聘任教师，保护教师合法权益。

第四，对教育过程中的重大教育问题进行调查研究，向有关部门反映情况，提出意见和建议。

第五、对各学校的办学效益进行评估，对教师和学生通过调查等方式对学校教育教学水平、管理水平、学生的学习态度、办学特色、办学质量等进行评估，教育评估是教育督导机构对下级行使监督的重要手段，它对实现教育管理的科学化，提高管理水平和提高教育质量具有重要意义，因此，评估过程要始终坚持以人为本，更加注重学生学习过程的情绪体验。

三、学校

（一）学校的权力表达

学校是开展基础教育的教育实体，在学校、社会、家庭"三位一体"的教育培养系统中，学校教育对学生的学业负担具有导向、调控、调节的作用，在监测学生学业负担上理应具有主体功能。学校的自我监控是教学质量监控过程中不可欠缺的组成部分。虽然政府部门是一个监控主体，而学校是一个办学主体，政府的职能是监督、检查和指导国家的教育法规政策和政府的有关规章得到执行，并运用宏观政策调节国家教育事业的发展，是监测的主体，而学校的职能是根据国家、社会和个人的要求办学，是办学的主体，具有自主性、创造性和开放性，这种特性决定了它既接受政府的管理，但又不像一般的行政部门间的上下级关系，政府必须根据学校的特点管理学校，不能完全用行政的方式管理，也就是说"政府不能代替学校管理学校的内部事务"，因此在学业负担监测这一工作中，政府更不能代替学校来监测。① 在学业负担监测当中，监测主体涉及学校，各校之间也存在差异，有的学校可能是省重点、市重点，有的学校可能就是一般的普通学校，有的学校领导担心监测结果会影响到学校声誉或是在上级眼中的形象，可能会在监测前就事先给教师、学生打招呼。面对这些问题，在监测前，监测主体有必要对监测对象做足思想工作，不要因为上级的施压而左右监测结果。同时，监测主体应一视同仁，不能看到学校的这些光环或是有人说情就失去原则而影响监测结果。监测结果要反映真实情况，为教育部门制定决策提供可靠依据。避免为了求得高升学率、高分数而人为地加班加点，大搞题海战术，延长学生学习时间，加重学生的外延性负担。

（二）学校的责任范围

如果说教育行政部门中，基础教育科是学业负担监测的行政领导部门，教研室是学业负担监测的业务指导部门，教育督导室是学业负担监测的评估部门的话，那在学校中也以类似的形式出现，校长办公室会议是学生学业负担监测的决策机构，教导处相当于基础教育科对学生学业负担监测起行政管理作用，各个教研组是学生学业负担监测的校内业务指导组织。其中校长办公会议主要负责学校学生学业成就和教学质量管理决策工作，由校长和分管教学、学生工作的副校长为首，聘请外部专家参与组成学生学业负担评估专家委员会；教导处是学生学业负担监测的核心机构，遵循并执行校长办公会议决策，负责指导、监测和协调全校各年级和各学科的教学管理，完成学校规定的学业成就目标；学生学业负担评估专家委员会是学生学业负担的评估机构，由校内外教学专家、心理专家、各学科教学研究专家和特级教师组成，以一个系统对学生的学业负担是否过重进行监测，分管教学、学生工作的副校长负责全

---

① 黄崴：《政府与学校关系模式及其变革问题》，《华东师范大学学报》（社会科学版）1998 年第 6 期，第 48 页。

校学生的教学工作，教导处管理日常教学工作，年级组长负责年级教学管理，对本年级学生的学习情况进行监督、评价和定期分析，班主任负责本班学生的学习情况。在这个系统内，各个组织之间相互联系，又相互监督，由上而下下达目标，由下而上层次上报学生学业负担具体情况。具体如下图8.2所示：

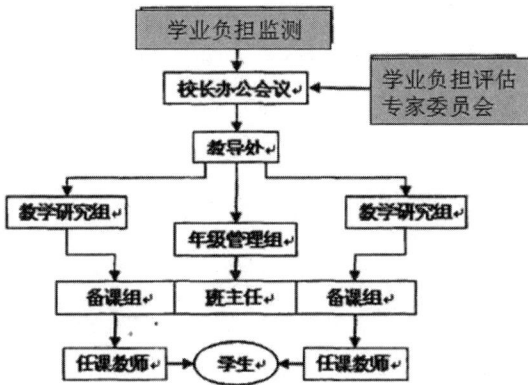

图 8.2　学生学业负担监测结构组织图

在监测组织结构内，更多的是行政力量，主要采用课堂教学信息监测、学生学业质量抽测和教研组学业成就监测的方式进行课堂随堂听课或学生问卷调查实现对学生学业情况的掌握，但是学生学业负担监测是一个复杂的系统，即便是放置在微观的学校层面依旧很复杂。除了以上的行政力量监督、评价、检测之外，还需要注意以下两点：1. 学校教师是学业负担监测的主要承担者。虽然学生学业负担监测主体在微观层面上是学校，但是学校在负担监测工作上主要由学校教师承担。教师是开展教学工作的主要负责人，而学生的学业负担主要来自于对学业学习的吃力，那么教师的教学工作自然是学生学业负担是否过重的主要工作。2. 家长是学业负担监测的重要他人。虽然学生学业负担监测的主要承担者是教师和学校教育行政人员，但是其他人在监测过程中参与进来是必不可少的，其中家长参与学生学业负担监测是学业负担监测主体最优化的合理路径。从国外教育评价专家的主张中可以看出，监督与评价需要实现评价主体的多元化，凡是与被评价者有关系的重要人群都应在评价中发挥作用。① 在我国，学业负担监测理应实现监测主体多元化，由教师、家长、同伴和学生自己来共同完成是构建学业负担监测体制的重要途径之一，教师主要在学校教育教学活动中对学生进行观察，确定学生在各学科中取得的学业成就，以学业成就为一个指标来考量学生学业负担是否过重，而家长主要通过学生在学校以外进行学习活动的学习兴趣、学习态度和学习习惯等各方面综合地进行监督和评价，学生同伴则更为微观地参与到学生活动的合作精神、活动品质等方面以此来了解学生的学习状况，以此进行综合感知和总体分析与评价。只有通过多元化的监测主体参与其中，才可以使监测更为科学、更为全面，监测方法才可以更为多样化，监测信息才可以更为系统、可靠和及时。

（三）学校的作用方式

学校是学业负担产生的最直接的"现场"，在学校场域对学生学业负担进行监测，可以及时有效地遏制过重学业负担的产生。学校对学业负担的监测主要体现在以下几个方面：第一，培养目标监测。培养目标是各级各类学校对学生身心发展所提出的具体标准和要求，它反映了学校在人的培养规格、努力方向和社会倾向等方面的诉求，是学校教育的出发点和落脚点。因此，对学校的培养目标进行监测可以确证学校在培养目标上，是否关注学生作为自然人的发展的需要，从培养目标上更多地贴近人性、贴近生活、贴近社会，让学生学的东西能更多地为今后的幸福生活提供保障，而不是仅仅为了考试。第二，学校课程内容监测。课程内容的监测范围包括学校的课程计划、课程标准和教材。课程计划是教学计划的核心，它具体勾画了实现培养目标的"蓝图"，是把培养目标与教学实践结合起来的桥梁。普通中小学的课程设置应根据各地

---

① Fetterman, D. M. (1994), *Empowerment Evaluation, Evaluation Practice*, 15(1).

区、各学校以及学生身心的实际情况，在国家宏观指导下，灵活做出安排，不能强求一律，或难度过高、强度过大超出学生的承受阈限。对教材和教辅资料的数量也要进行监测，防止学校或教师受经济利益的驱使盲目地给学生增订教材和资料。第三，对教师教学监测。包括教师教学方法、教学手段、教学过程、教学评价等。教师是学生学习过程中的重要个人，教师所采用的教学方法、教学手段等对学生有重要的影响，学业负担的监测机制不仅要监测学生自身的学业情况，更要监测学业负担产生的一切可能外在因素，防止教师的教学失误而造成学生过重的学业负担。第四，对学生学习的监测。学生学业负担不仅包括因学习时间过长、学习任务过多、学习难度过大而造成的生理负担，还包括因生理负担过重造成的内瘾性心理创伤，因此，在对学生学习监测时，既要监测学生生理负担，更要关注其心理负担，保证学生身体和心理健康。

第三节　学业负担的监测指标

一、学业负担的主观指标

学业负担监测的主观指标主要是从学生自身进行归因，从内生归因的视角审思学业负担问题发现，学生学业负担滥觞于个体的学习效能、学习方式和学习兴趣等因素，因此，监测学业负担首先要关照学生自身的主体因素。

（一）学习效能

学习效能是学生个体对自己能否胜任学习任务的主观判断以及对自身学习效果的客观表征，包括个体学习效能感和一般学习效能。对学生个体学习效能感的监测包括对学习态度、学习动机和学习期望的体认和觉察。学习态度是指学习者对学习活动所具有的一种心理倾向，反映了学习者对待学习的一种有选择性的内部状态，它是由学习者的认知水平、情感体验和行为倾向共同组成的相互关联统一体，因而，我们可以通过学习者对学习活动价值的认知水平、对学习过程的享受程度以及学习行为的自觉性、探索性、坚持性和专注度等方面来综合地评估或判定他的学习态度。学习动机是激发和维持学生的学习潜能和学习行为，并使学生的学习活动朝向某一学习目标的动力机制，学习动机强的学生更能直面学习中的难题，更能持之以恒，他将学习看作是自己的一种需求，并不觉得学习是一种负担。因此，监测学生的学习动机也能从侧面反映出学生的负担状况。学习期望即学生期望通过学习活动使自己的各方面能力得到提升，行为习惯能更大方得体、更有修养，进而让自己更加自信、自强。期望高预示学生具有较高的学习性向，激发学生更强的学习动机，因此，监测学生的学习期望与监测学习动机有异曲同工之妙。一般学习效能包括学生在学习过程中具备的学习能力和应用的学习策略。学习能力和学习策略是学业负担的重要预测变量，学习能力强的学生能够灵活地运用各种学习策略、转换学习方法，也具有较高的学习效率和学习效能。

（二）学习兴趣

从教育心理学的角度来说，兴趣是一个人倾向于认识、研究获得某种知识的心理特征，是可以推动人们求知的一种内在力量。学习兴趣是学生对获取知识和技能的积极态度及参与的积极倾向，具有选择、定向、动力的作用，其中浓厚的学习兴趣，可引起皮层学习优势兴奋灶的形成，引导注意指向学习，提高脑力工作能力。假设学生对某一学科有浓厚的学习兴趣，他就会持续地专心致志地钻研它，从而提高学习效果。影响学习兴趣的因素有好奇、学习动机、求知欲、成功的学习体验、相应的知识贮备、可望获得成功的期待、难易适度的教学内容等。从对学习的促进来说，兴趣可以成为学习的原因；从由于学习产生新的兴趣和提高原有兴趣来看，兴趣又是在学习活动中产生的，可以作为学习的结果。所以，学习兴趣既是学习的原因，又是学习的结果。因此，学习兴趣的培养有赖于社会、学校、教师和家庭营造一个良好的学习氛围。根据考试成绩对学生排名次，教学负荷过重、内容难度大、学生被动、被迫完成学习任务等，无疑会挫伤大多数名次排后学生的学习兴趣。研究表明，学习兴趣与学习成绩具有密切的相关性，学习兴趣是学习的推动力，良好的学习成绩强化学习兴趣。因此，教学应有趣味，学习才有乐趣，才能培养志趣，这样不但有利于当前的学习，还有利于终生学习习惯的养成。

有调研研究表明，学生的学业负担与学习兴趣之间存在着非常显著的关系，二者关系如表 8.1 所示，学生的学业负担感与学习兴趣水平之间的相关系数为 - 0.280，两者之间存在非常明显的关系（P < 0.01），但相关程度并不是很高。这说明小学生学业负担感除了受学业成绩水平的部分影响之外，还在一定程度上受学习兴趣水平的影响。学习兴趣水平较高的学生，其作业负担感一般较轻，而学习兴趣水平较低的学生，其学业负担感一般较重。[①] 同样的学习任务，学习兴趣高的学生可能感受到的压力要比学习兴趣低的学生压力低。学习兴趣是学习活动的动力源，只有当孩子有了强烈的学习兴趣后，才会主动地学习，持久地学习，对学习才不会感到很大的压力。[②]

表 8.1　252 名小学生各方面调查结果的相关分析

	学业成绩总评	学习兴趣	鼓励性
学习兴趣	0.275 * *		
老师的鼓励性	0.353 * *	0.529 * *	
学业负担感	- 0.254 * *	- 0.280 * *	- 0.173 * *

注：＊P < 0.05，＊＊P < 0.01

---

① 黄静、肖威：《小学生学习兴趣与学习负担的关系研究》，《时代教育》2011 年第 8 期，第 291 页。

② 文剑冰：《课业负担的个体层面变量研究综述》，《全球教育展望》2012 年第 12 期，第 28 页。

二、学业负担的客观指标

（一）学习时间

首先，合理的作息时间安排是学生学习的有价值选择。从经济学的视角来看，学业负担本质上是学生对自己有限的时间与精力的理性分配，是一种教育投入的决策。[①] 学生对自己有限的时间与精力的理性分配就是对自己一日作息时间的合理安排，那么何为学生的作息时间呢？学生的作息时间一般是指一日生活学习时间，即对学生一昼夜内学习、业余活动（文娱、健身）、睡眠、休息、进餐及自由活动（自我服务和家务劳动）的时间分配和交替顺序形成规律。合理的生活学习作息时间能保证劳逸结合，满足生理和生活的需要，促进生长发育，增强身体抵抗力和预防疲劳。由于各种活动是按一定顺序有规律地进行，易形成动力定型，能显著节省神经细胞的功能消耗，使兴奋与抑制两种神经活动过程更加均衡和灵活，从而大大提高学习能力和学习效率。学校生活学习作息时间应符合以下基本原则：1. 区别对待，针对不同年龄阶段和不同健康状况的儿童少年分别制订作息制度；2. 按照大脑皮层的功能活动特点和脑力工作能力变化规律，合理安排活动和休息的交替；3. 既能满足规定的学习任务，又能满足生理需要，保证儿童少年德、智、体、美等全面发展；4. 学校与家庭的作息时间相互协调统一；5. 作息时间一经确定，形成了个体生物钟后就不要轻易改变，否则再次调试需要一定过程。

其次，学生作息时间安排概况。学生的学业学习时间安排不合理就容易造成学生学业负担，这里的安排主要是指对上课和自习时数的安排。学业负担过重使睡眠和户外活动不足，是造成儿童少年身心发育不良的重要因素之一。儿童年龄愈小，大脑皮层的兴奋过程愈占优势，兴

---

① 马健生、吴佳妮：《为什么学生减负政策难以见成效？——论学业负担的时间分配与机制》，《北京师范大学学报》（社会科学版）2014 年第 2 期，第 5 页。

奋和抑制过程也都愈容易扩散而致疲劳，因此学习时间应该相对要短。我国现行教育制度明确规定，小学生每日学习总时间（包括自习和课外作业），不应超过 6 小时。我国现行的卫生标准（GB/T17224－1998）规定中学生一日学习时间（指一天中上课和课外自习时间，不含课间休息时间）不宜超过 8 小时，初中不宜超过 7 小时。初高中学生每日早读时间不宜超过 40 分钟；上午四节课，下午初中两节课，高中两节或三节课；课外自习时间不宜超过两节课；初高中每节课均为 45 分钟。有研究表明，在合理作息时间保障下，学生学日中工作能力变化曲线呈良好趋势。

最后，学校合理科学安排学生的作息时间有利于减轻学生的学习压力。学校在合理安排学生的作息时间方面要有所作为，需从减轻学生的学习压力入手。我们认为，学校主要应从两个方面做好工作：一是科学安排在校时间，包括课程时序的安排以及作息时间的安排。课程时序方面，避免学生长时间处于非活动状态，应根据不同学科特点，让学生在一定时间的非活动状态后，有机会进行一些相对轻松的、能激发学生活动兴趣的活动；作息时间安排方面，适当调整学生的课余时间安排以及学生的上学和放学时间安排，为学生预留出较为充分的休息、活动时间。二是尽量减轻学生课后负担，减轻学生的家庭作业负担，在不影响学生对学习内容巩固的前提下，尽量少地布置家庭作业，让学生能够在放学后有充分的休息和睡眠时间。当然，学校的努力需要学生家长的有机配合。值得一提的是，在规定的学习时间内，学业负担要合理就势必要提高课堂教学的有效性，只有提高了课堂的教学效率，合理统筹安排各学科作业，方可实现素质教育，减轻学生学业负担。有研究表明，在持续几节课后，小学生容易出现疲劳，表现为视觉—运动反应时延长，注意力分散。改变这种状况、延缓疲劳发生、提高学习效率的主要途径是改变教学方法，提倡课堂学习内容的多样性。例如，前 20—25 分钟教授主要内容，之后以绘画或写字，或者由教师朗诵故事等一些较轻松的学习活动取而代之，可以采用"读读、议议、练练、讲讲"的镶嵌式教学法，在课中适时插入电化教育内容，这些否可以起到提高后半学时的学习效率、减轻课后疲劳的作用，还能提高学习兴趣、增强记忆。

（二）课内学习情况

首先，课内学习的价值。课内学习，顾名思义就是学生在学校内、课堂上参与学习获取知识、技能与经验而产生行为或行为潜能的相对持久的适应性变化过程，是在课程标准的指导下，根据选定的教材，在教师的指导下，有目的、有重点地进行掌握学习的规律和方法的学习活动。对于中小学生来说，课内学习具有正向的积极意义。对于每一个人而言，课内学习是每一个学生的必经阶段，是每个人从自然人到社会人转变的必然选择，而学校教育就是个体一生中所受教育最重要的组成部分。学校教育的精华是课内学习，它是学生接受有计划性的指导、系统地学习文化知识、社会规范、价值准则的重要的、直接的学习方式。今天，在教育界更倾向于用系统的观点来看待课内学习，它不仅仅是一种教学环境，更是一个特殊的"活动场"，蕴藏着复杂多变的结构、情境和互动，是一个充满生机和活力的系统整体。而课堂学习就是学生这一特定的主体通过课堂这一特殊环境去获得知识、掌握技能、形成态度，由自然人转变为社会人的活动。与日常学习相比，课内学习具有学习安排的计划性、学习内容的全面性、学习情境的优越性、学习方式的间接性、学习组织形式的集体性等特征。[①]

其次，课内学习是学生产生学业负担的重要源头。我们认为学生的学业负担较重是学生没有在课堂教学中进行机制转化，而学生学习机制与教师的教学机制有着密切的联系，所以可以说学生学业负担较重是教师在教学环节没有实现真正的有效教学，没有发挥课堂教学的教学效能，更是没有调动学生的学习效度，被动的学习或是超负荷的学习难免

---

① 陈时见：《课堂学习论》，广西教育出版社 2001 年版，第 15 页。

不让学生学习压力大。在现实教学情景中，教师在备课环节不能充分了解学生的学情，在教学目标设计和教学内容选择上不合理，在教学方式的选择上更是不能依据教学内容的特色进行教学安排，让学生在学习中不能简单直接快速方便的掌握和理解消化，有的教学内容和教学方法不适合学生的年龄特征、学习需求和能力水平，教学手段落后，没有因材施教，教师的教与学生的学不协调，很难实施高效的课堂教学，易造成学生课堂活动参与度不高，思维没跟上，学习倦怠，心理发育不健全。值得一提的是教师的教学方式方法如不能有效提高学生的学习参与度，所谓教学的有效性自然就实现不了，学生的学习负担自然轻不了。简单地举例说明：有的教师觉得让学生自己提问题，既浪费时间，课堂又难以调控，还影响教学进度，所以不要求学生主动提问，而是按教师预先的教学设计一步步展开，教师写板书，学生记笔记，课堂形式单调，学生被动学习，兴趣不高。[1] 这种越俎代庖、填鸭式的教学，不管学生能否接受是否需要，就把现成的知识结论直接灌输给学生，忽视了学生的主动性，没有很好地体现以生为本的现代教育观。另外，班级规模过大将影响教学目标的实现，对课堂的调控难，导致课堂教学低效。由于教师的课堂教学效率不高，单位时间内教学任务没完成，学生没听懂，必然要增加课后学习时间，从而使学生的学业负担加重。

最后，学业负担监测需要从学生的课内学习上进行监控。学业负担监测机制能否实现的关键就是对学生的课内学习进行监控，只有把重心放在学生的课内学习，帮助学生管理自己的课内学习，辅助学生对自身的学业负担进行监督，才有可能实现减负的意愿。我们在指标检测中，需要关注学生的学习时间、学习任务、学习效能、学习情绪、考试焦虑等因素，需要说明的是，有研究表明学生的学习效能感与学业成就存在极其显著的相关，在同等智力的前提下，随着学习效能感的提高，学习

----

① 陈敏：《大连市初中生学业负担调查研究》，硕士学位论文，辽宁师范大学 2012年，第 32 – 33 页。

成绩呈现上升的趋势，学业负担呈现下降的趋势。① 具体的监测指标我们在后面的监测方式中会详细说明。

（三）作业和考试情况

一方面，作业是学生学习巩固和经验积累的一个好手段，但作业安排是否合理是学生学业负担是否过重的重要原因。我们认为，课后作业的布置与批阅是教学的基本环节之一，但是有的教师布置的作业精选精练有层次，而有的教师布置的作业过多，并且大量的作业是简单重复、机械训练，缺乏针对性、探究性、层次性，学生忙于应付。有研究表明家庭作业时间和学业成绩有正向联系，通过对学生进行数学、阅读和科学课程的测验，发现测验分数与家庭作业时间正相关。② 但是也有研究表明，家庭作业时间不能单独作为一个变量和学业成就做简单比较，需要考虑到家庭作业量、家庭作业布置形式、家庭作业质量、家庭作业过程、父母参与等因素。③ 更有研究通过访谈了解到，目前教师并未完全施行对不同的学生分层布置作业，由于班额大，学生实施起来比较分散，有操作难度。所以作业布置一刀切，没有摸清学生的基本学情，没有真正了解学生在作业环节的真实需求，造成学业负担轻重不等，尤其是学困生在作业环节存在较大的精神压力和心理压力。在作业批改方面，有时教师不能面批面改，只是简单看一下，或请学生互批、家长检查，这种状况不仅严重影响教学质量的提高，更是对学生学习积极性的打击，降低了学生的学习热情和学习兴趣，更增加了学生的学业负担。

另一方面，学生的考试情况是学生学业负担压力过重与否的来源之

---

① 张敏、卢家楣：《中学生学习效能感及其与智力、学习成就之关系研究》，第十届全国心理学学术大会论文摘要集，2005 年 10 月，第 801 页。

② Lynn, R: "*Gender Differences in Homework and Test Scores in Mathematics, Reading and Science dt Tenth and Twelfth Grade*", *Psychology, Evolution&Gender*, 2000（2）, pp. 119 – 125.

③ 李涛：《家庭作业与学业成绩的关系》，《心理科学》2011 年第 3 期，第 642 – 644 页。

一。在基础教育阶段，在学业评价中倡导建立多元化的评价体系，但是由于长期以来受"应试教育"的影响，中小学生学业评价在具体操作中大都沿用了分数评价，这种评价方式造成家长过于关注孩子的学习成绩，却忽视了综合素质的发展，同时，相当一部分学校将分数作为评价教师教学的主要甚至唯一标准。虽然基础教育阶段的学业考试是国家承认的文化课考试水平测试，考试作为学生学业的评价方式，有着导向、激励、反馈和调控等方面的功能，在教育现实中有其存在的必然性和必要性，但是，目前作为学业评价手段的考试工具是试卷，它一般采用标准化命题形式，即使是在文科类的半开放、开放命题中，答案依旧有着标准答案之说，其呆板、单一的形式让学生一看就会产生沉重感和紧张感，给学生造成沉重的心理压力。另外，考试评价存在着形式化、功利化、矫枉过正的倾向，学校普遍只重视用考试分数来评价学生的学习结果，其不良后果在于使考试产生过分的竞争性，使学校教育评价被异化为选拔意义上的概念。① 因此，以选拔为宗旨的考试成为各层次教学实践者乃至学生家长解释教学和教育评价的依据，以致在现实的考试竞争下，基础教育步入了精英化的误区，造成课程与教学的双重价值失落。当考试成为一种残酷的象征，有的学生非常害怕考试，尤其是学困生，考试给他们造成的心理负担是少不了的，使学生无辜、家长无奈、教师无助。

　　学生在考试上学业负担过重对学生健康有着直接的危害。众所周知，学习是一种艰苦的体力劳动加脑力劳动，考试压力过大的话，学生会挤占自己的大部分时间在应试上，机械训练、死记硬背，将自己的大量精力投入在反复练习上，自然是以牺牲自己的身心健康发展为底线的，这样的学业评价只会是知识的去条件化、知识的去情景化，更是以失去学生的创新意识和动手能力为代价，影响学生在德育、体育、美育等方面的全面发展。在减负要求下，部分省市教育局做出了相关规定，

---

① 姚计海、陈瑛华：《中小学生考试态度与学业成绩、学业自我概念的关系研究》，《教育学报》2009 年第 12 期，第 91 页。

比如辽宁省大连市教育局规定小学每学期可进行一次期末文化课考试，初中每学期文化课考试不得超过两次，严禁下达升学指标，区市县教育行政部门，教研、考试等相关机构和学校不得以任何形式向下下达升学指标；不得统计公布辖区内学校、班级和考生的成绩，更不得以此排名排位；不得进行高（中）考表彰奖励；不得以考试成绩及升学率为主要标准进行评价和考核奖惩。在学业负担监测机制中，考试是必须要重点监测的对象。首先，监测学业考试的价值追求，以是否体现新课程标准为衡量标准。新课程注重学生的全面发展，具体落实在相关学科的三维目标的达成上。根据纸笔测验的功能，学业考试在体现新课程理念上应落实对三维课程目标的要求，力求做到知识与技能、过程与方法并重，并渗透情感态度价值观。在有关知识和技能的考察方面，学业考试应该让学生充分地展示自己的知识视野和理解能力，在命题时应该凸主干，将学生的学业成就与收到重视的学科课程目标联系在一起，从枝节内容转移到学科课程的核心内容上，从零散的知识转移到具有良好结构的知识上，从单纯的事实转移到应用型较强的知识上，从偏重记忆的内容转移到学生的理解力和推理能力上，从考查学生还不理解哪些知识转移到学生理解了哪些知识上。另外，在学业考试的命题中还需要设置情境，渗透学生情感，在选材上关注与情感态度价值观相应的材料作为试题情境，在问题设置上注重学生的价值判断和态度取向。其次，监测学业考试是否注重学生发展，减轻学生过重的学业负担。高频率的考试被迷信为提高学生学业成绩的有效手段，而学生应试的方法就是过度学习。教育心理学研究表明，过度学习的效果大约在50%—100%之间最好，太强的过度学习对学生的学习效果并没有显著的效果。如果试卷的难度过大，高强度的过度学习是会获得溢出效益的；如果控制试卷的难度在一定合适的范围，则高强度过度学习基本是无效的。[①] 因此，为了

---

① 方洪峰：《论初中毕业生学业考试的价值追求》，《课程·教材·教法》2006 年第 1 期，第 34 页。

减轻学生应对学业考试而产生的不必要的负担，在学业考试的难度设计上，应以"学生正常学习状态作为参照点，并力求将过度学习的效益降到最低"作为难度设计的基本原则，将学业考试试卷的难度值控制在0.75 左右，科学规划试卷的难度结构，重在反映学生的智慧水平，以考试试卷的合理性来减轻学生的学业负担。

三、学业负担的外围指标

学生学业负担产生于学校、家庭和社会三个场域，在学校场域里，学校的学习环境、学风校风、教师效能等都是学生学习的重要影响因子；在家庭场域里，家长的教养方式、评价方式、期望水平等也会给学生以潜移默化的影响；在社会场域里，社会世俗文化、社会评价标准、社会失范行为等也会通过各种传播机制作用在学生身上，因此，学业负担的外围监测指标必须关照造成过重学业负担的一切可能因素。

（一）教学效能

从学生学业负担的形成机制看，学业负担是学生学习效能以及教师教学效能共同作用的结果，虽然学生的学习效能是其中最为关键和核心的要素，但鉴于学生的学习体现为教师主导下学生的主体性活动，学生的学习离不开传统意义上教师对整个教学活动的主导作用，教师的教成为学生学业负担的重要影响因子，因此，教师的教学效能是学业负担的直接来源和现实根源，监测学生学业负担要以教师的个体教学效能和一般教学效能为重要刻度。[1] 其实早在 1998 年邬志辉就指出，我国学生外延性负担过重的根源就在于教师教学思想不端正以及教师自身素质不高，难以胜任教学任务又拒绝向科研型转变。[2] 教师在教学过程中的教

---

① 李红梅、罗生全：《学业负担问题解决的教学效能逻辑》，《教育发展研究》2014 年第 10 期，第 69 - 74 页。

② 邬志辉：《关于学生负担问题的深层次思考》，《课程·教材·教法》1998 年第 1 期，第 13 - 15 页。

学情绪、教学期望、教学认知等都会给学生传递一种信号，当教师向学生出发积极的教学情绪和较高的教学期望时，学生就获得一种奋发向上的动力和能量，会为不让老师失望而认真学习。另一方面，教师的教学能力对学生学习也有较大的影响，教学能力高的老师能做到深入浅出，将复杂的教学问题简单化，让学生在较短的时间内掌握更多的知识，使学生学习"事半功倍"。相反，能力较差的老师对学生学习不仅没有帮助反而可能误导学生，将学生引入歧途。由此可知，教师教学效能是学生学习重要的外在因素，也是监测学生学业负担不容忽视的主要外围指标。

（二）课外学习

首先，课外学习的价值争论。学业时间和学习活动不局限于校内和课堂学习上，而是明显外溢到校外和课后的诸多空间和时间上，这就是学生的课外学习。当然，这里的课外学习主要是指抛开业余活动之外的学校外的学习活动。课外学习不仅是学校课堂学习的补充，更是一种教育经验，是以实践为基础的学习方法和学习生活方式，强调通过实践进行学习，从而获得学习经验。有关课外学习存在的必要性，学界一般从课外学习和课堂学习的关系上来证明课外学习的重要性，其中存在三种比较有代表性的观点：其一，课外学习从属于课堂教学，是课堂教学的必要补充，只是对课内学习提供的视野扩展与材料的累积。这点是学者滕大春主张的观点，他认为课外学习活动作为课堂教学的必要辅助具有自身的独特性质和特殊功能，这是校内课堂教学无法实现的，更是促进学生全面发展的有效途径。其二，课外学习和校内课堂教学相辅相成，缺一不可。这点在俞啸云的"课外学习活动是学生的'第二课堂'"的概念定义中得以论证，他认为第二课堂是指在现有教学计划和教学大纲之外（在学校和教师指导下），由学生按照兴趣、爱好和特长资源组织起来的，在课外时间进行的，多种多样的学习和实践活动的形式，它与课堂教学是各有特征和功能的两种教学形式，它们之间相互区别又相互联系，在培养具有创造性和创新性的新时代新人的任务中，二者相辅相成、不可或缺。① 第三种观点是课外学习和课堂教学双刀并行，优势互补。课堂教学是学校传播知识的第一渠道，第二渠道是学生在课下时间参与的各种有益的活动。吕型伟认为作为第二渠道的课外学习不是课堂教学的补充，而是与课堂学习并行的致力于培养全面发展的具有真才实干人才的重要途径，它和课堂教学都是学校教育的途径，在两种学习中获取知识，相互补充，相得益彰。② 从以上三种观点来看，课外学习的重要性是不言而喻的，姑且我们采取三种观点的重合之处，即课外学习是一种重要的学习方式，是学生获取学习经验的重要学习途径，在培养全面发展的人才上不仅是课堂教学的补充，更是与课堂教学具有同等重要的作用。但是，课外学习不像学校课堂教学，其学习内容、学习方式、学习环境都是经过专业化的设计，有专门人员进行指导，那么课外学习的安排不当不仅不能实现自身在培养人才上的功能和作用，更是给学校课堂教学徒增压力，让学生在课外学习中倍感吃力。

　　但是，大部分学生却持有这种观点：课外学习就是利用自己的休息时间上各种辅导班。学生周一到周五放学后和周末进行的课外辅导班学习就是在家长的强迫和现实压迫下进行的课外学习，其学习方式就是在各大辅导班或兴趣班中进行非自我意愿的学习，而非利用课外时间去思考问题，探究问题的实质，寻找问题的解决方法。其实，在现实中，学生的课外学习情况大致可以划分为两部分，一是完成教师布置的家庭作业，这占据了大部分中小学生的课外学习时间。虽然最近教育部颁布的《小学生减负十条规定》明确规定低段不再留家庭作业，中高段学生的家庭作业也做了时间限制，但是受到升学压力的限制，大部分学生依旧生活在"政策减负，教师加负"的现实中；二是一些与学校课程不直

① 瞿谋奎、吴慧珠：《课外校外活动》，《教育学文集》第 11 卷，人民教育出版社1991 年版，第 268 页。

② 瞿谋奎、吴慧珠：《课外校外活动》，《教育学文集》第 11 卷，人民教育出版社1991 年版，第 249 页。

接相关但与升学相关的辅导学习（如英语、奥数）或才艺班才艺学习，[①] 我们将这些活动视作补充性的学业任务，因此它们所占用的时间在内容特性上也属于学业时间。[②]

由此可见，在空间上"放学了"的中小学生，在时间分配的实质（即内容）上仍处于课外学习状态，这一特点恰好解释了为何围绕"提早放学"的减负措施通常是收效甚微的，更是描述了"校内减负、校外加负"的画面。只要现行的人才选拔制度、升学考试政策以及优质教育资源的稀缺现状不变，中考、高考等升学考试对于家长和学生的影响力是最大、最直接的，这是学生完成作为校内课堂学习补充的家庭作业环节要额外进行增重学业负担的课外学习活动。在具体的校外学习活动中，家长会根据经济的可支付能力、所感知的竞争压力以及秉持的教育理念与竞争策略的不同为孩子校外的时间和精力进行安排，其中一种普遍的方式即向校外教育机构购买额外的补习班辅导和家教辅导，尤其是在学校教育受行政压力而明显缩减的情况下，受益最大方成了社会上形形色色的教辅机构、培训班、兴趣班及教辅练习出版商。[③] 一方面，政府强制学校、教师减少提供教育服务（尤其是应试教育服务），另一方面家长、学生对应试教育的需求没有减少，二者之间的供求差异为第三方提供了巨大的市场空间。然而，校外私营补习机构完全以经济利益为导向，很少关注学生身心的健康发展与教育规律。在减负政策调控的范围之外，由家长与校外辅导机构联合的市场力量给中小学生又加上了层层重负。名

---

① 陈霜叶、柯政：《从个人困扰到公共教育议题：在真实世界中理解中小学生课业负担》，《全球教育展望》2012 年第 12 期，第 18 页。

② 马健生、吴佳妮：《为什么学生减负政策难以见成效？——论学业负担的时间分配与机制》，《北京师范大学学报》（社会科学版）2014 年第 2 期，第 8 页。

③ 马健生、吴佳妮：《为什么学生减负政策难以见成效？——论学业负担的时间分配与机制》，《北京师范大学学报》（社会科学版）2014 年第 2 期，第 11 页。

目繁多的课后班、补习班、能力培养班成了学生每天走出校门的后继站点，① 校外的时空转而成为升学竞争与应试教育的另一个战场。②

① 马健生、臧洪菊：《减负———高考改革的错误定位》，《教育科学研究》2008年第2期，第13页。
② 文雪、扈中平：《从博弈论的角度看"教育减负"》，《中国教育学刊》2007年第1期，第22-24页。

第九章

学业负担问题的预警机制

第一节　学业负担预警机制的学理基础

预警机制（early warning mechanism）在其他领域探讨较多，尤其是灾害防御领域和突发事件处理领域，然而学业负担的预警机制无论在理论研究中还是在实践操作中，都很少见到，因此需要对学业负担预警机制的概念、建构学业负担预警机制的必要性和可行性进行系统、深入的研究，否则就不能使人明白学业负担预警机制究竟是什么以及为什么要建构学业负担的预警机制等一系列基本问题，学业负担预警机制的建立也就不能引起社会民众及国家相关部门的关注和重视，学业负担预警机制的建立也就遥遥无期。

一、学业负担预警机制的内涵

关于预警机制的内涵，不同的学者所秉持的观点并不一致，主要的分歧在于是否包含预测环节。有学者认为，预警机制主要是一个包含预测、监控与警示的系统，并将预警机制分成两个含义，分别是"预测"与"警告"的意义，"预测"指的是使用科学的方法来对相关现象进行监测，尽可能掌握周围环境的变化；"警告"则是在科学的预测下尽可能分析所有的资料，并将资料的分析结果整合成有用的警告信息，传递给相关部门或者处于危险地区之人群。[①] 与上述观点不同的是，有学者

①　高惠瑛、王璇：《我国城市灾害预警系统建设的思考》，《灾害学》2010（S1）。

认为"预警"就是"预先警告"，最早使用这一术语的领域是军事领域，主要是使用各种方式来判断、发现与分析敌人的情报，再将敌人对我方的威胁传达给上方，以采取相应的措施。后来才广泛使用到各种领域，包括社会、经济、科学与政治等部门，甚至是现在颇受关注的中小学生学业负担。① 此外，国外对于预警机制的定义为即将发生紧急事件时，藉由某些渠道将警告信息传达给需要的人群，促使处于危险地区的居民能够及时做出良好的回应。此定义隐含预警在既有的组织结构与工作过程中，包含了许多组织、跨领域、中央部门与地方政府以及民众的意见。根据上述定义我们发现预警机制是指当灾害事件或危险即将发生时，提醒相关部门或者民众的一个很重要的环节，若能通过各个领域与政府部门的密切合作，将预警信息及时地传达给相关部门或者处于危险地区的人群，促使相关部门或人群做出回应与调适的行动，将能减少或者消除灾害与危险。关于预警的目标，联合国于 1997 年将其设定为：给予受到灾难与危险威胁的人们力量，使这些人有足够的时间与适当的方式来减少伤害、生命财产损失甚至是环境破坏的可能性。② 因此，预警机制的终极目的，是希望危险地区人群能对预警信息有所回应，进而进行相关应变来减少灾害或危险所带来的负面影响。

预警机制是人类在面对问题时为了将风险降到最低，而发挥主观能动性建立的一系列手段和措施，当问题发展到我们设定的警戒线时，就发出警报让社会大众或相关部门知晓，并采取一定的措施来阻止问题的继续恶化，保障人或社会的正常稳定发展。从这个定义中，我们可以看出，预警机制简单来说至少包含四种要素，指标设定系统、监测系统、警报系统（也称"反馈系统"）以及干预系统。由此可知，监测机制只是客观地进行数据采集，准确地呈现问题的现状，而预警机制则是在此

① 王宏伟：《重在突发事件应急机制研究》，中国人民大学出版社 2010 年版。
② Hall, P. , "Early Warning Systems: Reframing the Discussion", *The Australian Journal of Emergency Management*, 2007 (22), pp. 32 – 36.

基础上结合指标设定而进行的价值判断与情况反馈。学业负担的预警机制就是相关的教育部门通过建立学业负担的监测机制，客观、准确地呈现学生学业负担的现状，当学生总体的学业负担达到了某种程度时，便向学校、社会及相关部门发出警报，告知学生、家长和学校可能造成的某种不良后果，以便做出合理的教育决策，或者调整教育内容，或者改变教育方法等，减轻学生过重的学业负担，使学业负担保持在一个合理的范围内，更好地使教育促进学生的发展。因此，学业负担的预警类似于我们平常所说的教育评价，只不过这里的评价对象是包括学生自身状况在内的学习环境、教学支持等的综合性评价，其最终目的都是为了学生身心的健康发展。

二、学业负担预警机制的功能

预警机制的主要功能是在灾害发生之前，通过专业人员的评估资料，分析危险的影响程度，并预估可能会发生的洪水、山崩与土石流等灾害的突发事变与危害程度，再根据灾害的影响程度发布警讯，以供灾害应变中心与当地居民参考，使居民能提前执行疏散避难。此时启动预警机制可以动员公众以最大的能力来降低灾害所导致的损失，有效地争取灾害的黄金时间。因此，我们可以将预警机制的功能分为如下四个方面，以表示预警在现代社会发展中的重要性：

（一）预测与警示功能

预警主要是通过社会、政治、经济与自然领域的结合，根据一系列不同领域的指标进行监测，进而对于发生异常变化或突发的事件在事前进行分析与评估其发生的可能性与严重性。学校管理部门通过各预警系统监测的信息及时地对学生发出警告和提醒，帮助学生对自身学习状况进行自我反思，检查自己在学习过程中生理和心理负担是否过重进而及时做出调整。例如：当一个学生连续几次考试失败并伴有精神不振的状态时，预警系统便会自动对其发出"警报"，提醒学生是否存在学业压力过重、心理负担失衡的情况，警示学业负担失衡将影响正常学习。

（二）缓解与消除功能

预警机制若能有效地执行将能避免突发事件的扩大与升级，让居民能在灾害发生前有时间做事前准备。预警除了能减轻灾害事件对社会带来的冲击，另一方面还可以减少突发事件带来的损失。构建学业负担预警机制，能够在学生学业负担超出其承受能力时及时发出警报，保证学生学业负担处于合理的范围内，能缓解甚至消除因为过重负担而造成的学生学业压力。

（三）教育与教化功能

预警能让相关部门或者民众了解特定灾害或危险的特性、灾害对当地环境所造成的冲击以及灾前整备的重要性，也能培养民众居安思危、公共安全以及灾害防救的相关灾害教育观念。学业负担预警机制的建立，一方面，能够教育教师及相关教育人员规范自身的教育行为，改正偏激的教育思想，树立以学生为本的教育理念；另一方面，能够督促学生时刻警觉自己的学习状态，防止学业负担过重给学生造成不必要的心理和生理压力。

综上所述，预警机制是在预测的前提下，将灾害的相关信息与疏散避难之事宜，清晰、准确且快速地让警戒地区之民众有所了解，协助居民在灾害发生时对预警信息有效地做出回应，使灾害事件的负面影响减至最小。

三、学业负担预警机制的必要性

学业负担过重所带来的一系列问题将给学生的发展造成不良影响，这无须赘言。但显而易见的是，学业负担的及时有效的监测、预警和干预要比问题产生之后的处理对学生的身心发展更为有利。

（一）体现了新课程改革以人为本、以学生为本的核心理念

推行学业负担预警机制体现了以人为本的教育理念。以人为本的教

育理念是时代发展的产物，它主张把人放在第一位，以人作为教育教学的出发点，顺应人的禀赋，提升人的潜能，完整而全面地关照人的发展。学业负担预警制度的推行就充分地体现了这一理念。学业负担①预警的核心不是强制干预，而是对学生善意的警告、帮扶和优化，针对学生个体在学习过程中出现的生理负担过重或心理障碍、心理负担等，采取具体的人性化的措施予以支持。这已经超出了单纯知识性的教育范畴，而拓展到学生人格、心理、精神的层面，从而体现了这一制度的优越性。

（二）有利于深入认识学业负担形成的机制

学业负担究竟是如何形成的，历来都是众说纷纭，具有代表性的如认知负荷说、② 学习时间说、③ 身心负担说、④ 情感体验说⑤等。这些理论探讨都从某一个侧面为我们呈现了学业负担形成的机制，但是总体而言，对于学业负担的形成还不具有较强和较为全面的解释力。而且除了认知负荷说是从定量的角度说明学业负担的形成之外，其他各种理论皆属于定性研究，只能从宏观层面为我们提供学业负担的形成，而不能更深层次地认识学业负担的形成，从而也就不能为我们提供很好的学业负担监测指标以及确定合适的预警指数，预警机制的建立也就停留在空想层面或口头呼吁层面。建立学业负担预警机制的前提就是要搞清楚究竟是哪些因素影响着学业负担的形成，这些因素分别对学业负担轻重的影响大小，这有利于我们深入认识学业负担形成的机制。

---

① 刘大力主编：《高等艺术教育教学研究》第 3 辑，山东大学出版社 2010 年版，第 99 页。

② 赵俊峰：《解密学业负担：学习过程中的认知负荷研究》，科学出版社 2011 年版。

③ 李效基：《学习负担过重问题不容忽视》，《中国学校卫生》1995 年第 8 期。

④ 施铁如：《学业负担模型与"减负"对策》，《教育导刊》2002（Z1）。

⑤ 程志宏、刘兆宇：《论学习负担的情感体验与减负对策》，《淮北煤师院学报》2001 年第 1 期。

（三）有利于及时掌握学业负担的状况

学业负担形成机制的认识不深入，也就造成了我们不能很好地掌握学生的学业负担究竟是一种什么状况，是过轻、稍重还是过重？是哪些因素在发挥作用使其呈现出相应的状态？这些无论在以往的研究中还是在实践过程中都没有得到很好的解决，使我们在谈论学生的学业负担时，往往凭感觉，而不是基于事实和数据去做出合理的判断，因此，所出台的解决学业负担过重的政策往往缺乏针对性，或者仅停留在表层，没有抓住问题的实质。建立学业负担的预警机制，就是要在以往研究的基础之上，通过实地调查和专家研讨，建立影响学业负担的模型，建立学业负担的监测机制，使学业负担的监测常规化、制度化，及时掌握学生学业负担的现状，以做到有的放矢。

（四）有利于相关部门及早进行教育改革

学业负担预警机制的建立，就是要在学业负担达到学生可接受范围的警戒线时，向社会相关部门发出警报，报告究竟是何种因素导致了学业负担过重，以便相关部门及早发现且能有针对性地进行教育改革，而不是像以前那样，不是对其放任自然，就是出台的措施缺乏针对性。其实，建立学业负担的预警机制本身并不是目的，它只是我们了解学生学业负担状况、了解我们的教育是否合乎人的发展的一个手段或者途径，其目的是为了给相关部门提供教育改革的依据，使我们的学校教育更加适合中小学生的身心发展状况，在此基础上，使学生能够学会学习、乐于学习，不再将学习看成是一种负担，而是他们的生存方式，最终使学生能够实现自由全面的发展。

第二节　学业负担预警机制的设计思路

学业负担预警机制要想发挥监测和预警的功能，首先要依据现有的学业负担研究并参考其他领域中已经建立的预警机制来初步构建，否则学业负担的预警只能停留在口头层面。但是学业负担预警机制的构建又不是一件容易的事情，这需要扎实的理论积淀、实践中的认真观察和系统的调查研究。在此，我们仅尝试着对学业负担预警机制的建构思路进行阐述，期待着能为相关教育行政部门提供一定的参考。我们认为学业负担预警管理系统的构建是学业负担预警机制构建的核心所在，而学业负担预警管理系统是一个由众多因素组成的复杂系统，各要素之间相互作用、相互影响、相互依赖。参照社会公共管理领域的预警管理系统的相关研究，我们认为学业负担的预警管理系统应由专业科层系统、指标监测系统、信息管理系统、专家咨询系统、预警信息反馈系统以及预警干预系统等六个子系统构成。①

一、学业负担预警机制的原则

学业负担预警机制的建构是一项复杂的工作，再加上我国各地区教育发展水平参差不齐，学业负担的预警也就更为困难。但是，教育的现代化要求我们必须进行学业负担的预警工作，而且要求预警科学、有效，将不利于学生身心发展的一切影响因素消除在萌芽之中，确保教育的科学化与人性化。因此，学业负担预警机制的建立应遵循以下几个原则：

（一）主动性原则

建立学业负担的预警机制目前所面临的最大问题就是社会公众甚至相关教育行政部门的认识不到位，没有充分意识到建立学业负担监测与预警机制的必要性，再加上学业负担表面上看只是一种主观感受，这给社会大众甚至教育专家造成了一种误解，即学业负担是无法监测和预警的。这两方面的原因造成了在学业负担预警机制的建立和预警的运作上缺乏主动性。因此，应首先加强学业负担预警工作的宣传，使社会大众充分认识到其重要性和必要性，在此基础上，相关教育行政部门应做到

---

① 薛海平：《我国义务教育均衡发展预警机制探讨》，《教育科学》2013 年第 3 期。

主动监测、主动预警，保持危机意识，尽可能多渠道地获得学业负担的相关信息，从而摆脱以前那种屡屡出台相关措施而遏制不住学业负担过重的现实状况。

（二）科学性原则

学业负担的形成机制是十分复杂的，想要对其做出准确的判断，需要我们遵循科学性的原则。科学性原则是指在对学业负担的信息处理过程中，要遵循科学规律，以先进的科学技术进行判断、做出裁决。比如在学业负担的预警工作中应坚持定量预警为主，使定性预警和定量预警相结合。因为学业负担在表面上看是一种主观感受和体验，通过访谈或观察只能得到一个大致的印象，反映不出差异性，而且容易受到被调查者主观情感的影响，产生随意性和片面性的主观结论。[①] 因此，应该坚持定性预警和定量预警相结合，全面、准确地了解学业负担的现实状况。

（三）规范性原则

为了能够使我国各地区、各级学业负担预警管理系统相互对接，使教育行政部门所出台的政策更加具有针对性，学业负担预警机制中所涉及到的监测指标、信息收集的方法与渠道、数据库管理、预警信息的发布和反馈等，应尽量做到科学规范和标准统一，避免相互之间的冲突和不一致，导致预警工作的低效甚至无效。

（四）公开性原则

学业负担过重的信息一经确认，就应该客观、如实地向社会公开和发布。因为教育事业是一项社会的公共事业，关系到广大青少年儿童的身心健康发展、关系着国家综合国力的提升，容不得丝毫马虎。学业负担过重需要出台政策或措施来进行教育改革，如果隐瞒相关的信息，政府的形象必然受损，民众的非理性行为反而会受到变相的鼓励。然而，在实践的过程中，有些领导人往往把个人威望和利益放在首位，为了自

---

① 张洁等：《大学生学业预警机制初探》，《山西农业大学学报》（社会科学版）2012年第10期，第994页。

己的"政绩"，采取欺上瞒下的方法，故意隐瞒事实的真相，结果往往是既损害了国家，损害了广大青少年儿童，又害了自己。[1]

（五）快速性原则

学业负担预警系统的第一要务就是要建立灵敏快速的信息收集、信息传递、信息处理和信息发布系统，这一系统的任何一个环节都必须建立在"快速"的基础上，失去了快速性，学业负担预警机制就失去了其意义所在。因为预警信息尚未发布，学业负担就造成了学生严重生理问题乃至心理问题，严重干扰青少年儿童的身心正常发展。因此，学业负担预警机制应坚持快速性的原则，将学业负担过重的种种影响因素消灭在萌芽之中。

二、学业负担预警机制的流程

预警的过程是由一系列的行动所构成的，需要多方力量的协作互动，并非只靠一个人或一个组织即能快速形成，在此基础上，通过全面性的评估与周全考虑方能实行。当紧急事件发生时，紧急管理人员通过目前的预测技术，评估灾害可能会造成的危害。此时，中央政府部门的命令将会影响后续的动作。持续地将最新的消息发布给政府单位，自上而下地经过广播、电视媒体、报纸等传播媒介将信息发送给相关人群。

预警机制可以大致分为三个阶段：第一个阶段为监测，第二个阶段为预警，第三个阶段为回应。三个阶段可以显现预警机制不同的作用，如下页图9.1：

在图9.1所显示的第一阶段：监测，指的是教育行政部门与相关的专业领域持续观察学生的学习过程中的身心状态和负担的轻重，并运用相关科学技术与专业技术来评估学生学习过程中任务负担的变化，当变化可能会影响到学生身心健康发展时，将这种情况转变为有用的信息传

---

[1]　黄顺康：《公共危机预警机制研究》，《西南师范大学学报》（人文社会科学版）2006年第6期，第115页。

```
┌──────────┐      ┌──────────┐      ┌──────────┐
│   监测    │ ───▶ │   预警    │ ───▶ │   回应    │
└──────────┘      └──────────┘      └──────────┘
```

图 9.1　预警机制三阶段

递给教育行政部门或管理人员了解。第二阶段：预警，教育行政部门通过传播媒介将这些信息变成在校学生容易了解的内容，建议、提醒甚至帮助学生采取某些有用的手段避免产生过重的学业负担，达到预先警告的效果。第三阶段：回应，将这些警告转化为相应的行动，采取防范措施，而这必须由教育行政部门、教育专家学者、教师与学生的共同参与才能做到及时有效的回应。

学业负担预警机制主要是将相关信息快速且有效地传达给处于学业危险地区的学生，协助学生对预警信息做出回应、调适与评估。学业负担预警机制的有效性主要取决于以下以人为主的四个要素共同作用（Basher，2006）[①]：（1）风险知识；（2）监测与预警的服务；（3）传播与沟通；（4）回应能力，只有当这四个要素共同作用才能使得整个预警机制达到最大的效用。

```
┌──────────┐      ┌──────────┐      ┌──────────┐
│   监测    │ ───▶ │   预警    │ ───▶ │   回应    │
└──────────┘      └──────────┘      └──────────┘
```

图 9.2　预警机制中四个要素的作用

图 9.2 表示的含义有三个层面：首先，学校专业人员需要具有对过重学业负担的风险知识，了解中小学生身心的脆弱度，才能在过重负担

[①]　Basher, R. ，" Global Early Warning Systems for Natural Hazards: Systematic and People – centred", *Philosophical Transactions of the Royal Society*，2006（364）.

产生之时对可能的风险进行评估，确定其危险的要素；第二，监测行动必须是经过长时间的观察与测量之后，才能知晓危险的发生，而预警则是第一时间将有用的信息传递给处于负担危险地区的学生，如此，预警信息方能通过多种信息传播媒介才能快速地传播，使学生了解预警信息的意义；最后，即是回应能力，当学生对接收到的信息进行充分了解后，才会评估自身的学习状况进而采取有效的行动，防患于未然。

三、学业负担预警机制的内容

学业负担预警机制要想发挥监测和预警的功能，首先要依据现有的学业负担研究并参考其他领域中已经建立的预警机制来初步构建一个学业负担的预警机制，否则学业负担的预警只能停留在口头层面。但是学业负担预警机制的构建又不是一件容易的事情，这需要扎实的理论积淀、实践中的认真观察和系统的调查研究。在此，我们仅尝试着对学业负担预警机制的建构思路进行阐述，期待着能为相关教育行政部门提供一定的参考。我们认为学业负担预警管理系统的构建是学业负担预警机制构建的核心所在，而学业负担预警管理系统是一个由众多因素组成的复杂系统，各要素之间相互作用、相互影响、相互依赖。参照社会公共管理领域的预警管理系统的相关研究，我们认为学业负担的预警管理系统应由专业科层系统、指标监测系统、信息管理系统、专家咨询系统、预警信息反馈系统以及预警干预系统等六个子系统构成。①

（一）专业科层系统

学业负担的监测和预警都需要专门的教育行政部门来具体操作，离开了这些部门的支持，学业负担预警机制只能停留在理论和理想层面，而不能落到实处。因此，需要建立专门的部门或依托于现有的相关部门来承担学业负担的预警工作。新课程改革以来，我国初步建立起了国

---

① 薛海平：《我国义务教育均衡发展预警机制探讨》，《教育科学》2013 年第 3 期。

家、地方和学校的三级课程管理体系，它们之间的分工较为明确、运作较为高效。我们建议可以仿照三级课程管理体系，建立国家学业负担预警工作部门、地方学业负担预警工作部门以及学校学业负担预警工作部门。[①] 国家学业负担预警工作部门的主要职责是：统筹全国中小学生学业负担的预警工作；根据学业负担预测和变化情况，不定期召开会议，并开展相关的业务培训；负责全国和地方中小学生学业负担预警管理机构上报的学业负担信息的处理，并根据结果及时发布预警通告。地方学业负担预警工作部门的主要职责是：统筹本辖区学业负担预警管理工作；设立专家委员会处理学校上报的学业负担监测数据，并公告处理结果进行预警等。学校学业负担预警工作部门是一个非常设的组织机构，可在校长的领导下，学校教师通过课堂观察、问卷调查以及访谈等多种形式了解学生学业负担的状况及变化趋势，校长办公室负责汇总并向上级主管部门及时汇报。由此，形成一个自上而下的分工明确、权责明晰的专业分工系统，使学业负担预警体系高效运转，做到及时、准确、防患于未然。

（二）指标监测系统

学业负担预警机制的首要任务便是建构学业负担的指标监测机制，否则监测就没有针对性、充满盲目性，学业负担的预警实际上也就变得不可能。指标监测系统是指学业负担监测指标体系的建构与维护，这套指标体系应该由相关领域的专家，如教育评价专家、教育政策专家、优秀教师代表等经过认真的调查、严密的论证而确定，能够全面、准确地反映学业负担的水平现状与发展态势。我们认同"学业负担在本质上就是学生在学习的过程中进行认知加工所形成的认知负荷，学业负担过重

---

① 本部分的撰写参照：孙广坤：《高校突发性事件预警机制研究》，《黄河科技大学学报》2012 年第 6 期。

就是认知负荷过重"①。研究表明，认知负荷的核心是心理努力，心理努力代表了认知负荷的本质属性，心理努力则体现在三个方面，即心理投入、情绪投入以及时间投入。赵俊峰教授通过综合前人的研究将影响中小学生学习过程中认知负荷的因素归结为学习材料的性质、学习组织形式、评价性因素、学生个体特征、教学组织形式以及学习时间等六大因素。这些因素通过影响学生的心理努力，使学生产生不同的心理投入、情绪投入以及时间投入，进而形成不同的认知负荷。基于此，我们就可以以心理投入、情绪投入和时间投入为维度，以学习材料的性质、学习组织形式、评价性因素、学生个体特征、教学组织形式以及学习时间这六项因素为具体内容建立量表，通过调查研究与统计分析来研究学生认知负荷的水平状况。因此，基于认知负荷的观点，我们可以从学习材料的性质、学习组织形式、评价性因素、学生个体特征、教学组织形式和学习时间等六个维度构建学业负担的监测指标体系，然后再在每个维度内筛选出若干监测指标。根据群体间、学校间、城乡间、地区间检测指标数据的汇总和分析，可以监测学业负担的水平状况。

（三）信息管理系统

监测系统所得的数据需要汇报、整理与分析，这就需要建立完善的信息管理系统，完善的信息管理系统是学业负担预警的基础性工程。由于采用学业负担的定期监测与学校逐层汇报相结合，因此具有监测长期性、数据量大、统计分析不容易的特征，因此，建立一个多层次、多时段、多渠道、多人参与的学生学业负担信息收集系统显得尤为重要。需要在专业研究人员的指导下依靠计算机统计软件完成数据的管理与分析，确保数据统计的准确性和科学性，以确保经过分析处理的信息变成相应部门和人员做出预警和采取防范措施的可靠依据。学校、各年级、各班以及各教学人员，都需要对学生日常学习过程中的考勤、作业完成

---

① 赵俊峰：《解密学业负担：学习过程中的认知负荷研究》，科学出版社 2011 年版，第 4 页。

情况、考试成绩、精神状态、人际关系等方面格外关注，收集任何可能造成学生学业负担过重的信息。

（四）专家咨询系统

学业负担的形成极为复杂，其监测也显得尤为不易，监测指标的分析、预警区间的确定等是一项复杂的高智能活动，单靠计算机系统是无法有效地完成学业负担预警工作的。因此需要建立专家咨询系统，将数据库计算和预测的结果发送给相关领域专家，收集专家对数据库计算和预测结果的分析与反馈意见，并将专家的分析结果上报给教育行政部门作为学业负担预警管理的依据。如果学业负担过重，还需要相关专家根据学业负担的监测数据和超重的严重程度提出相关的建议去进行教育改革，以便减轻学生的学业负担。如此一来，可以促进相关专家更多地关注学业负担的研究，促进教育理论与实践之间的相互转化，消除理论与实践之间长久以来存在的鸿沟。

（五）预警信息反馈系统

想要进行学业负担的预警，仅仅进行指标监测是不行的，还需要尝试着去确定学业负担或认知负荷的临界值，当学业负担或认知负荷超过高临界值时，就说明学业负担过重，需要向社会和相关教育行政部门发出警报。以赵俊峰教授的认知负荷研究为例，其利用在《学生心理努力调查表》编制中的调查数据探求认知负荷各维度的临界值。具体方法是，在 SPSS 统计分析软件中，对被试在认知负荷中的心理投入、情绪投入以及时间投入三个维度上的得分进行排序，计算出各维度排序上 1/3 处的数值作为认知负荷程度的临界值。[①] 这可以给我们确定学业负担临界值以方法层面的启发，有利于我们探求学业负担的预警区间。需要说明的是，在社会发展的过程中，影响学业负担的因素也可能不断地发生变化，因此原有的临界值在学业负担预警中的准确性可能会降低。

---

① 赵俊峰：《解密学业负担：学习过程中的认知负荷研究》，科学出版社 2011 年版，第 100 页。

这就要求我们要随着形势的发展与变化，相应地对临界值做出修正，以便更好地对学业负担进行预警。

在确定了学业负担的临界值之后，我们就可以将学业负担监测指标的实际值与临界值进行比较，如果实际值超过临界值就表明该指标发出了预警信号。还以认知负荷为例，我们可以对认知负荷进行分类，将三个维度上的得分都低于临界值的界定为合理认知负荷，三个维度中任何一个维度上的得分高于临界值的界定为轻度认知负荷，在其中两个维度上的得分都高于临界值的界定为中度超负荷，三个维度上的得分都高于临界值的界定为高度超负荷。同时也可以根据不同层次的被试来计算总体的实际值与临界值的差别，对学生总体的学业负担进行预警。这类似于金融危机预警的信号分析法。信号分析法是通过监测一套指标来预测货币危机发生的可能性，它一般分为三步：首先，通过研究货币危机发生的原因来确定哪些变量可能用于货币危机的预测；其次，运用历史上的数据进行统计分析，确定变量中哪些与货币危机有显著联系，以此作为货币危机发生的先行指标，并计算出该指标对危机进行预测的阈值；最后，利用这些先行指标和相应的阈值就可以建立一个有效的危机预测系统，一旦一个国家经济中某些指标超过阈值或临界值，即可视为货币危机将在24个月发生的信号。[①] 因此，我们也可以将学业负担的这种预警方法称为"信号分析法"。

学业负担预警信息的反馈与发布内容应该包括：当前学业负担的总体水平以及未来发展趋势、学业负担各维度的水平警情以及未来发展趋势、对已经采取的措施和对策进行的评价等。反馈与发布可以采取如下几种形式：通过定期专业报告、定期会议等形式向上级主管部门反馈；各级政府以工作报告、会议形式向同级人大、政协定期汇报；各级教育行政部门以专刊、年刊等形式向教育系统专业人员反馈；各级政府以新

---

① 闻岳春、严谷军：《论金融危机预警系统的构建》，《浙江大学学报》（人文社会科学版）2000年第5期，第133页。

闻媒体为主要形式向社会公众发布信息等。[①]

（六）预警干预系统

当学业负担预警信号发出之后，各级教育行政部门应及时采取各种干预措施对学业负担进行调节，以便使学业负担保持在合理的范围内，使学生的身心能够良好的发展。这就要求我们建立起学业负担的预警干预系统。预警干预系统可以为各级教育行政部门提供相关的资讯信息，以便于制定科学有效的干预措施。一方面，依据学业负担警报来源、警报等级以及专家咨询意见等建立各类常规的与非常规的预警干预措施信息库，以备教育行政部门决策调用；另一个方面，对已经采取的对策和措施的效果进行追踪评估，为各级教育行政部门制定减负的对策和措施提供切实可行的参考依据。

第三节　学业负担预警机制的运行

一、学业负担预警机制的运行过程

（一）政策制定，信息收集

高校学业负担预警机制是新型学校管理方式，它的颁布执行必须广泛征求教师、高校管理人员、学生以及家长的意见和建议，经过各院系、学生管理部门、行政部门磋商后，提交给学校相关领导审核批准"学业负担预警机制"的推行，必须有相关的实施细则，有完整的实施流程和具体的职能分工，以获得有关领导重视和肯定，这样该制度才具有权威性的特点，拥有制度化保障。学生的学业信息收集是学业预警的基础性工作，有效实施学业预警机制首先要做好的工作是学生相关学业信息的整理和建档。建立一个多层次、多渠道、多时段的学生学业信息

---

① 薛海平：《我国义务教育均衡发展预警机制探讨》，《教育科学》2013 年第 3 期，第 10 - 11 页。

收集网，保证渠道广泛畅通无阻，以使经过分析处理的信息变成相应职能部门做出预警和采取措施的可靠依据。[①]

（二）**监控预警，信息分析**

执行预警是学业负担预警机制实施过程的重要环节，有效的预警是学业负担预警机制成功与否的决定因素。根据事先确立好的系列制度，对学生的学业情况进行适时监控。首先，安排专门的调查人员，负责定期的观察和登记学生每天的作业完成情况、完成作业的时长、对作业难度的认知以及在完成作业过程中情绪体验和身心反应，了解学生每天真实的学习情况。此外，还要不定期的以访谈、问卷调查和电话、邮件等形式抽查个别学生的学习情况，收集完备的信息。由专门调研人员负责将所得信息输入"信息管理系统"，建立完善的作业情况数据库和数据分析系统，由此，根据已有信息可以自动生成各类分析图表，如学生每周作业时间变化图、各学科作业时间动态图及难度变化表，然后根据所得的分析图表对学生的学业负担状况进行预测，若学生学业负担有过重的趋势则及时发出预警信息，提醒相关教职人员调整教学进度和教学难度，若学生学业负担处于合理范围内则不需要发出预警，但也需要持续监控。

（三）**跟踪调查，信息反馈**

将数据分析结果通过各种不同的方式有针对性地反馈给各年级、各学科备课组、各任课老师，让学校各教学组织及个人都能全面了解学生近期的学习情况和作业情况，及时掌握学生的学业负担状况和对教师教学方式的适应情况，调整下一步的教学进度、教学难度和作业安排。再次，学生的学习是动态发展的过程，因此需要做好学业负担的跟踪调查，追踪每个学生的预警档案，记录其学业负担的预警动态，并根据相关预警执行制度对其进行监督和评估。

[①]　陈钦华：《构建学分制下高校学生学业预警机制的探索》，《广西师范学院学报》（哲学社会科学版）2007 年第 S2 期，第 63 页。

二、学业负担预警机制的运行保障

（一）树立风险防范意识，加强领导权责

学业负担风险防范意识是教育行政部门以及学校构建学业负担预警机制并使其有效运行的前提，这就要求相关管理人员一方面在思想上对潜在的危机要有清醒的认识和高度的警惕，尤其是学校领导层要深刻认识到学业负担预警机制对于学生身心的健康发展、学校声誉和教学质量的提高及至国家兴衰荣辱的重要性，另一方面还要高度重视一线教师在学校教育过程中所发现的问题并采纳其提出的合理建议，教师在教学过程中对学生的学习情况、身心发展状态要及时觉察，将考试信息、作业信息、人际交往信息等及时反馈给学校管理部门。学校领导层要统筹兼顾各方提供的有关学生学业状况的信息，组织各教学单位有计划、有指导、有步骤地做好学生学业负担预警工作，统一安排，相互协调，明确各方责任。

（二）依靠制度创新，创建信息平台

制度的创新与完善，是开展学业负担预警工作的核心内容和关键环节。学业负担预警机制建设是一项创新的工作，目前尚没有典型的制度体系可以借鉴，只有建立学业负担预警机制的一系列制度规定，才能保障学业负担预警工作的顺利进行，因此，学校应该出台有关学业负担预警机制的规章制度。要制定信息传递的具体办法，确保预警信息迅速、及时地流通。完善预警预报系统，及时发现、全面收集党风廉政的有关预警信息。要整合资源，采取上下联动、点面结合的方法，形成覆盖面广、渠道畅通的信息平台，使其在学业负担预警机制中起到宏观调控的指导作用。

（三）形成整体合力，实行分级管理

学业负担预警机制是一个长期的、复杂的、连续的系统工程，单靠某一方面力量孤军奋战是远远不够的，需要学校各部门、各层级分工协

作，共同完成。建构学业负担预警机制，并使其真正发挥作用，既需要教育行政部门的大力支持，也需要其他相关部门（如学校、社区等）的大力协助和配合。开展学业负担预警工作，相关部门之间的合力推进是前提条件，广大干部群众积极参与是基础，教育行政部门统一领导是关键所在。此外，也要根据学校教学工作中的不同层级，相应地实行学业负担的分层预警管理工作，将责任分摊到个人，明确各层级在学业负担预警工作中的责任。

（四）多举措收集预警信息，充分运用好预警信息成果

预警信息的收集不能仅局限于预警信息网络，还要采取其他举措，多途径收集。一要结合业务工作，发掘信息资源。要结合日常检查、学业评价等工作，提高信息敏感度，及时发现预警信息。二要整合相关部门的信息资源。要把预警信息工作与教育监督、学业评价等工作结合起来，采取"多员合一"，分类梳理的办法，从中获取有价值的学业负担预警信息。此外，预警信息成果的运用，是预警机制建设的重点环节和最终目的。因此，运用好预警信息成果尤为重要，对问题重大、倾向性严重的问题，要及时向教育决策部门提出合理性的建议。

参考文献

中文类

教育部：《小学生减负十条规定》，2013 年。

《国家中长期教育改革和发展规划纲要（2010－2020 年）》，2010 年。

《柏拉图论教育》，人民教育出版社 1958 年版。

《牛津高阶英汉双解词典》，商务印书馆 2009 年版。

班杜拉：《自我效能：控制的实施》，华东师范大学出版社 2003 年版。

保罗·艾克曼：《情绪的解析》，杨旭译，南海出版公司 2008 年版。

北京大学哲学系：《十八世纪法国哲学》，商务印书馆 1963 年版。

柴少明：《计算机支持的外语协作学习》，科学出版社 2013 年版。

陈时见：《课堂学习论》，广西教育出版社 2001 年版。

陈玉琨：《教育评价学》，人民教育出版社 1999 年版。

储建明：《原来教育是一种文化》，国家行政学院出版社 2013 年版。

丁煌：《政策执行阻滞机制及其防治对策——一项基于行为和制度的分析》，人民出版社 2002 年版。

董妍：《学业情绪与发展》，安徽教育出版社 2012 年版。

范丽恒：《教师期望效应研究》，中国社会科学出版社 2008 年版。

顾明远：《教育大辞典》，上海教育出版社 1998 年版。

洪早清、吴伦敦主编：《教师职业素养导论》，华中师范大学出版社 2011 年版。

黄济：《教育督导学》，中华人民大学出版社 2011 年版。

蒋家傅、冯伯虎主编：《现代教育技术》，科学出版社 2013 年版。

靳玉乐：《现代教育学》，四川教育出版社 2006 年版。

李钢：《话语文本国家教育政策分析》，社会科学文献出版社 2009 年版。

李森：《现代教学论》，人民教育出版社 2011 年版。

李晓燕：《教育法学》，武汉工业大学出版社 1992 年版。

李汪洋、秦元芳：《教育管理学》，南海出版公司 2004 年版。

李宜江：《义务教育均衡发展的法律保障研究》，安徽师范大学出版社 2013 年版。

李永生：《学校效能建设》，教育科学出版社 2012 年版。

联合国教科文组织：《世界教育报告》，教育科学出版社 2001 年版。

林国彬：《学校管理学辅导提纲》，光明日报出版社 2013 年版。

刘大力主编：《高等艺术教育教学研究》第 3 辑，山东大学出版社 2010 年版。

刘复兴：《教育政策的价值分析》，教育科学出版社 2003 年版。

刘合荣：《学业负担问题缓解——课堂内外的探索与行动》，华中科技大学出版社 2010 年版。

刘合荣：《学业负担问题研究》，华中师范大学出版社 2008 年版。

陆学艺：《当代中国社会流动》，社会科学文献出版社 2004 年版。

彭向刚主编，袁明旭、朱丽峰副主编：《领导科学概论》，高等教育出版社 2013 年版。

彭小虎、王国锋、朱丹主编：《儿童发展与教育心理学》，华东师范大学出版社 2014 年版。

钱铁峰：《教育力与教育关系》，南京师范大学出版社 2013 年版。

瞿谋奎、吴慧珠：《教育学文集第 11 卷：课外校外活动》，人民教育出版社 1991 年版。

上官子木：《创造力危机》，华东师范大学出版社 2004 年版。

宋金花：《中西方教育理念下的大学机制运行比较研究》，郑州大学出版社 2013 年版。

孙绵涛：《教育政策分析——理论与实务》，重庆大学出版社 2011 年版。

梯利：《西方哲学史》，商务印书馆 2004 年版。

涂端午：《高等教育政策生产》，北京大学出版社 2012 年版。

汪正中主编，刘夕华编著：《特色学校办学经验》，中国档案出版社 2003 年版。

王宏伟：《重在突发事件应急机制研究》，中国人民大学出版社 2010 年版。

王忠民主编，《幼儿教育辞典》编委会编：《幼儿教育辞典》，中国大百科全书出版社 2004 年版。

学习考试用书研发中心编著：《教师资格认定考试系列教材小学教育心理学》，清华大学出版社 2013 年版。

郑也夫：《知识分子研究》，中国青年出版社 2004 年版。

中公教育师资格考试研究院编著：《美术学科知识与教学能力（初级中学）》，世界图书出版公司 2013 年版。

冯建军：《生命与教育》，教育科学出版社 2004 年版。

杨自伍：《教育：让人成为人》，北京大学出版社 2010 年版。

袁振国：《教育政策学》，江苏教育出版社 2009 年版。

张承芬：《教师心理》，山东教育出版社 1986 年版。

赵俊峰：《解密学业负担——学习过程中的认知负荷研究》，科学出版社 2011 年版。

赵伶俐、白智宏：《视点结构教学操作技术》，百家出版社 2002 年版。

［德］卡西尔：《人论》，甘阳译，上海译文出版社 1985 年版。

［美］约翰·I. 古得莱得：《一个被称作学校的地方》，苏智欣译，

华东师范大学出版社 2005 年版。

[美] 杰克逊：《教学可以很简单：高效能教师轻松教学 7 法》，李端红译，中国青年出版社 2013 年版。

[美] 科恩：《论民主》，商务印书馆 2004 年版。

[美] 约翰·罗尔斯：《正义论》，何怀宏等译，中国社会科学出版社 2012 年版。

[美] 艾伦·C. 艾萨克：《政治学：范围与方法》，郑永年译，浙江人民出版社 1987 年版。

[美] 道格拉斯·C. 诺斯：《经济史中的结构与变迁》，陈郁等译，上海人民出版社 1994 年版。

[英] 约翰·洛克：《教育漫画》，人民教育出版社 1979 年版。

艾兴：《中小学生学业负担：概念、归因与对策——基于当前基础教育课程改革的背景》，《西南大学学报》（社会科学版）2015 年第 7 期。

白水：《英国采取措施减轻小学生的考试负担》，《课程·教材·教法》1990 年第 8 期。

毕恩铭：《学生课业负担过重的学习心理探析》，《山东教育科研》1996 年第 1 期。

蔡丽芳：《"教师期望效应"之负效应及其消解》，《教育研究与评论·小学教育教学》2011 年第 7 期。

蔡伟：《提高教学时效　减轻学生负担》，《中国教育学刊》2000 年第 4 期。

昌庆钟、郭宾元：《新课程背景下高中生课业负担的调查研究》，《当代教育论坛》2011 年第 10 期。

陈德瑛：《教师期望与学生自我期望的协调及其实施》，《中国教育学刊》1993 年第 4 期。

陈钦华：《构建学分制下高校学生学业预警机制的探索》，《广西师范学院学报》（哲学社会科学版）2007 年第 52 期。

陈霜叶、柯政：《从个人困扰到公共教育议题：在真实世界中理解中小学生课业负担》，《全球教育展望》2012 年第 12 期。

陈艳华：《论教师在"减负"过程中的作用》，《学科教育》2001 年第 7 期。

程晗：《对"减负"的理性解读》，《教育理论与实践》2000 年第 5 期。

程志宏、刘兆宇：《论学习负担的情感体验与减负对策》，《淮北煤师院学报》2001 年第 1 期。

褚远辉：《从学生课业要素及负担的不均衡性看"减负"》，《现代教育管理》2009 年第 9 期。

代其平：《不应片面提倡减轻学业负担》，《教育评论》1987 年第 5 期。

董辉、杨兰：《课业负担的学校层面变量研究综述》，《全球教育展望》2012 年第 6 期。

董辉：《课业负担的学校层面变量研究综述》，《全球教育展望》2012 年第 12 期。

范丽恒：《初中教师期望的影响因素研究》，《心理研究》2009 年第 5 期。

范永丽：《中小学课业负担的深层成因与综合防治》，《课程·教材·教法》2014 年第 10 期。

方洪峰：《论初中毕业生学业考试的价值追求》，《课程·教材·教法》2006 年第一期。

钢花、刘保莲：《人力资本理论对教育的异化》，《现代营销》2013 年第 10 期。

高惠瑛、王璇：《我国城市灾害预警系统建设的思考》，《灾害学》2010 年 S1 期。

高如峰：《欧盟国家基础教育学年课时安排的比较研究》，《外国教育研究》1998 年第 5 期。

顾志跃：《积极探索新世纪的教育模式》，《上海教育科研》1996 年第 4 期。

顾志跃：《中小学生课业负担问题——中小学教育改革热点问题导读之十一》，《教育科学研究》2004 年第 11 期。

郭晴秀：《教师期望的偏差与矫正》，《黑龙江教育学院学报》2012 年第 4 期。

郭振有：《"减负"的难为与可为》，《中国教育学刊》2009 年第 4 期。

洪幼娟：《浅谈教师期望的负效应》，《浙江教育科学》2010 年第 2 期。

胡卫：《"减负"问题：一个制度层面的思考》，《教育发展研究》2005 年第 11 期。

扈中平、刘朝晖：《减负：不仅仅是"减"》，《教育研究与实验》2004 年第 3 期。

黄静、肖威：《小学生学习兴趣与学习负担的关系研究》，《时代教育》2011 年第 8 期。

黄首晶：《学生学业负担过重的理论缘由探析》，《教育探索》2011 年第 2 期。

黄首晶：《学生负担过重沦为民族之痛》，《中国教育学刊》2014 年第 1 期。

黄顺康：《公共危机预警机制研究》，《西南师范大学学报》（人文社会科学版）2006 年第 6 期。

黄崴：《政府与学校关系模式及其变革问题》，《华东师范大学学报》（社会科学版）1998 年第 6 期。

靳玉乐、张铭凯：《探寻学业负担与教学效能的关系——基于新世纪以来文献的分析》，《课程·教材·教法》2015 年第 5 期。

靳玉乐：《学业负担政策的价值重建》，《西南大学学报》（社会科学版）2015 年第 4 期。

李红梅、罗生全：《学业负担问题解决的教学效能逻辑》，《教育发展研究》2014 年第 10 期。

李红梅、罗生全：《学业负担优化：学校效能视角》，《基础教育》2015 年第 6 期。

李谨瑜：《论师生关系及其对教学活动的影响》，《西北师大学报》1996 年第 3 期。

李利红：《教育的万能与无能之争》，《成人教育》2011 年第 4 期。

李涛：《家庭作业与学业成绩的关系》，《心理科学》2011 年第 3 期。

李小平、郭江澜：《学习态度与学习行为的相关性研究》，《心理与行为研究》2005 年第 4 期。

李效基：《学习负担过重问题不容忽视》，《中国学校卫生》1995 年第 8 期。

林小英、陈霜叶：《教育政策文本的类型及其生产——以民办高校学历文凭考试试点政策为例》，《教育发展研究》2008 年第 24 期。

林小英：教育政策文本的模糊性和策略性解读》，《教育发展研究》2010 年第 2 期。

刘复兴：《教育政策的四重视角》，《清华大学教育研究》2002 年第 4 期。

刘合荣：《学业负担问题：1990 年代以来国内学理研究述评》，《湖北教育学院学报》2006 年第 11 期。

刘合荣：《对学业负担问题的若干规律性认识》，《内蒙古师范大学学报》2007 年第 8 期。

刘合荣：《学业负担问题：理性的事实判断与缓解策略》，《教育研究与实验》2008 年第 5 期。

刘合荣：《学业负担：学生的内在需要》，《当代教育论坛》2009 年第 1 期。

刘家访：《未来十年立足减负的课程改革》，《课程·教材·教法》2013 年第 5 期。

刘延金、刘建华：《学业负担从何而来》，《湖南第一师范学报》

2004 年第 3 期。

娄延常：《理念定位学科——论高等学校办学特色的战略选择》，《高校理论战线》2003 年第 4 期。

鲁建彪：《社会流动存在的问题及其对策》，《云南民族大学学报》2007 年第 3 期。

鲁林岳：《综合辩证论减负》，《教育研究》2007 年第 5 期。

罗生全、李红梅：《学业负担的社会机制》，《教育发展研究》2014 年第 24 期。

罗生全、张铭凯：《观念·能力·场域：学业负担优化的教学视点》，《西南大学学报》（社会科学版）2015 年第 4 期。

马健生、吴佳妮：《为什么学生减负政策难以见成效？——论学业负担的时间分配与机制》，《北京师范大学学报》（社会科学版）2014 年第 2 期。

马健生、臧洪菊：《减负———高考改革的错误定位》，《教育科学研究》2008 年第 2 期。

庞维国：《认知负荷理论及其教学涵义》，《当代教育科学》2011 年第 2 期。

秦玉友、赵忠平：《多不多？难不难？累不累？——中小学生课业负担调查研究》，《课程·教材·教法》2014 年第 4 期。

山子：《过重课业负担的概念分析及问题求解》，《基础教育》2011 年第 5 期。

沈玉顺：《中小学学生学业负担过重问题的评价学分析》，《教育理论与实践》2000 年第 6 期。

盛群力：《论有效教学的十个要义——教学设计的视角》，《课程·教材·教法》2012 年第 4 期。

施铁如：《学业负担模型与"减负"对策》，《教育导刊》2002 年 Z1 期。

宋保忠、蔡小明、杨珏玲：《家长期望教育价值的思考与探索》，《唐都学刊》2003 年第 3 期。

宋保忠、蔡小明等：《中小学生家长期望水平的个体化指向》，《陕西教育学院学报》2007 年第 4 期。

宋乃庆、杨欣、王定华、朱德全：《学生课业负担测评模型的构建研究——以义务教育阶段学生为例》，《西南大学学报》（社会科学版）2015 年第 5 期。

宋卫民：《小学生学业负担过重问题的社会成因研究》，《宿州教育学院学报》2006 年第 5 期。

孙广坤：《高校突发性事件预警机制研究》，《黄河科技大学学报》2012 年第 6 期。

孙孔懿：《学校特色的内涵与本源》，《教育导刊》1997 年第 3 期。

孙绵涛：《学校效能初探》，《教育与经济》1994 年第 3 期。

汤林春、傅禄建：《课业负担与学业成绩的实证研究》，《上海教育科研》2007 年第 12 期。

陶能祥：《学生学业负担过重问题的社会深层原因分析》，《邵阳学院学报》2004 年第 5 期。

田若飞：《文化视域下的教育"减负"》，《沈阳师范大学学报》（社会科学版）2013 年第 1 期。

涂端午：《教育政策文本分析及其应用》，《复旦教育论坛》2009 年第 5 期。

涂端午：《中国高等教育政策制定的宏观图景》，《北京大学教育评论》2007 年第 4 期。

王安全：《论学生学业负担过重的不确定性》，《现代教育论丛》2006 年第 2 期。

王博：《减轻学生学业负担的政策工具选择与体系设计》，《中国教育学刊》2014 年第 4 期。

王后雄：《专家型教师学科教学认知结构探析》，《中国教育学刊》2011 年第 4 期。

王健敏：《转换"减负"的思路》，《长兴教育（网络版）》2008 年第 11 期。

王彦芳：《减轻学生过重负担的理发思考与实践研究》，《课程·教材·教法》2001 年第 8 期。

王彦斌：《转型期的社会流动与教育选择》，《宁夏大学学报》2007 年第 3 期。

王颖：《论家庭教育中的过度期望》，《阴山学刊》（社会科学版）1997 年第 3 期。

王永军、王战军：《高等职业教育评估的价值取向研究》，《教育研究》2014 年第 2 期。

文剑冰：《课业负担的个体层面变量研究综述》，《全球教育展望》2012 年第 12 期。

文雪、扈中平：《从博弈论的角度看"教育减负"》，《中国教育学刊》2007 年第 1 期。

闻岳春、严谷军：《论金融危机预警系统的构建》，《浙江大学学报》（人文社会科学版）2000 年第 5 期。

邬志辉：《"减负"与"加负"——关于学生负担问题的深层次思考》，《现代中小学教育》1997 年第 6 期。

邬志辉：《关于学生负担问题的深层次思考》，《课程·教材·教法》1998 年第 1 期。

吴钢：《我国教育评价发展的回顾与展望》《教育研究》2000 年第 8 期。

吴清山、林天佑：《文化资本》，《教育研究月刊》2005 年第 12 期。

项贤明：教育改革中的问题辨析》，《中国教育学刊》2015 年第 1 期。

肖建彬：《学习负担：涵义、类型及其合理性原理》，《教育研究》

2001 年第 5 期。

谢利民：《社会学视角：顺境下学生负担问题的再思考》，《上海师范大学学报》2004 年第 11 期。

谢利民：《顺境下学生负担问题成因分析》，《湖南师范大学教育科学学报》2005 年第 3 期。

谢利民：《我国半个世纪减负问题的历史回溯与思考》，《集美大学学报》2005 年第 3 期。

许杰：《论我国现行教育价值取向与学生的学习负担》，《教育科学》2003 年第 1 期。

许诺兰：《论情绪管理》，《理论与实践》2001 年第 11 期。

许蔚萍：《学业负担过重是教育问题还是社会问题——兼与项贤明先生商榷》，《中国教育学刊》2015 年第 8 期。

许育辉：《学校"减负"缘何遭遇"行路难"——基于教育功能被夸大与泛化的视角》，《吉林工程技术师范学院学报》2013 年第 3 期。

薛海平：《我国义务教育均衡发展预警机制探讨》，《教育科学》2013 年第 3 期。

闫炳亮、王法军：《避免教师期望负面效应的策略分析》，《中国教育科研论坛》2012 年第 5 期。

杨秀治、刘宝存：《中小学生学习负担的国际比较》，《上海教育科研》2002 年第 4 期。

姚计海、陈瑛华：《中小学生考试态度与学业成绩、学业自我概念的关系研究》，《教育学报》2009 年第 12 期。

阴国恩、李勇：《学习负担的压力理论与对策》，《天津教育》2004 年第 10 期。

余文森：《学生学习负担过重的教育学分析》，《福建师范大学学报》1998 年第 2 期。

俞国良、董妍：《学业情绪研究及其对学生发展的意义》，《教育研究》2005 年第 10 期。

张春莉：《减轻学生课业负担——一种认知负荷观》，《教育理论与实践》1999 年第 7 期。

张洁等：《大学生学业预警机制初探》，《山西农业大学学报》（社会科学版）2012 年第 10 期。

张林、张向葵：《中学生学习策略应用、学习效能感、学习坚持性与学业成就关系研究》，《心理科学》2003 年第 4 期。

张灵：《也谈减轻学生课业负担：差异性假设视角》，《中国教育学刊》2012 年第 2 期。

张敏、卢家楣：《中学生学习效能感及其与智力、学习成就之关系研究》，第十届全国心理学学术大会论文摘要集，2005 年 10 月。

张铭凯：《学业负担的政策治理机制》，《全球教育展望》2015 年第 12 期。

张烨：《试论我国教育政策分析的可能范式》，《清华大学教育研究》2006 年第 2 期。

郑燕祥：《世纪初学校效能的新取向——从指向内部、联接外界到面向未来》，《教学与管理》2001 年第 5 期。

郑逸农、徐须实：《高中生"减负增效"对策的研究与实验》，《教育科学》2000 年第 2 期。

中央教育科学研究所中小学生学业成就调查研究课题组：《我国小学六年级学生学业成就调查报告》，《教育研究》2011 年第 1 期。

周润智：《生活方式转型与教育者的职业观念变革》，《教育理论与实践》2002 年。

周作宇：《教育、社会分层与社会流动》，《北京师范大学学报》2001 年年第 5 期。

朱怡华：《从传统文化心理看学业负担问题》，《上海教育科研》1994 年第 12 期。

庄西真：《社会结构变化趋势及其对职业教育的影响》，《教育发展研究》2006年。

高嘉蔚：《我国县域义务教育评价制度研究》，硕士学位论文，东北师范大学2007年。

陈敏：《大连市初中生学业负担调查研究》，硕士学位论文，辽宁师范大学教育学院2012年。

程琳：《父母期望、初中生自我期望与学习成绩的关系》，硕士学位论文，河南大学2010年。

陆国娟：《中小学生负担结构优化研究》，硕士学位论文，苏州大学2010年。

莫利华：《中小学生课业负担监测制度建设研究》，硕士学位论文，西南大学2012年。

于涛：《我国幼儿园教师资格政策的内容分析》，硕士学位论文，西南大学2013年。

刘合荣：《事实与价值》，硕士学位论文，华中师范大学2007年。

王宪平：《课程改革视野下教师教学能力发展研究》，博士学位论文，华东师范大学2006年。

侯世昌：《国民小学家长教育期望、参与学校教育与学校效能之研究》，博士学位论文，"国立"台湾师范大学。

向葵花：《中小学学生学习行为研究——旨在改进学生生活与发展状态的学习行为分析》，博士学位论文，华中师范大学2014年。

袁贵仁：《题海战术加重课业负担，不符合教育规律》，中新社2009-11-13。

杜飞进、温红彦、袁新文、赵婀娜：《学生负担过重已成民族之痛》，《人民日报》2013-08-02。

鲁林岳：《关于"减负"的两点思考》，《光明日报》2006-06-09。

王东亮：《近八成高中生视力不良》，《北京日报》2012 – 06 – 18。

杜丁：《报告显示我国中小学生近八成睡眠不足》，《新京报》2011 – 12 – 01。

张志勇：《监测使评价体系多元化科学化》，《中国教育报》2007 年第 12 期。

李虎林：《课业负担重，谁说了算?》，《中国教育报》2013 – 11 – 14，http://www. jyb. cn/basc/sd/201311/t20131114_ 559572. html。

《教育部出组合拳为学生减负 "减负万里行" 将席卷全国》，2013—03—27，http://edu. people. com. cn/n/2013/0327/c1053 – 20928538. html。

孙立平：《社会结构固化，贫困代际效应增强》，2014 – 07 – 15，http://star. news. sohu. com/20070618/n250639892. shtml.

英文类

Andrew W. Dobelstein, *Social Welfare: Policy and Analysis*, Chicago: Nelson – Hall Publishers, 1990.

Christopher Winch& John Gingell, *Philosophy and Educational Policy: A Critical Introduction*, London; New York: Routledge Falmer, 2004.

Deal, T. & Peterson, K. , *The Principal's Role in Shaping School Culture*, Washington, DC: US Government Print Office, 1998.

Fetterman, D. M. (1994) , Empowerment Evaluation, Evaluation Practice, 15(1) .

Kimberly A. Neuendorf, *The Content Analysis Guidebook*, Thousand Oaks, Calif. . Sage Publications, 2002.

Lynn, R: "Gender Differences in Homework and Test Scores in Mathematics, Reading and Science dt Tenth and Twelfth Grade", *Psychology, Evolution&Gender*, 2000(2) .

R. Pekrun, *The Impact of Emotions on Learning and Achievement: Towards the Theory of Cognitive/ Emotional Mediators*, Applied Psychology: An International Review, 1992.

W. I. Jenkins, *Policy Analysis: A Political and Organizational Perspective*, London: Martin Robertson, 1978.